中国政法大学
优秀博士学位论文丛书

李伟伟 / 著

民法典中的
法律拟制规范研究

A STUDY OF THE NORMS OF LEGAL FICTION
IN THE CIVIL CODE

中国政法大学出版社

2023·北京

图书在版编目（ＣＩＰ）数据

民法典中的法律拟制规范研究/李伟伟著. —北京：中国政法大学出版社，
2023.10

ISBN 978-7-5764-1222-2

Ⅰ.①民… Ⅱ.①李… Ⅲ.①民法－研究－中国 Ⅳ.①D923.04

中国国家版本馆 CIP 数据核字(2023)第 237815 号

出 版 者	中国政法大学出版社
地　　址	北京市海淀区西土城路 25 号
邮寄地址	北京 100088 信箱 8034 分箱　邮编 100088
网　　址	http://www.cuplpress.com (网络实名：中国政法大学出版社)
电　　话	010-58908586(编辑部) 58908334(邮购部)
编辑邮箱	zhengfadch@126.com
承　　印	固安华明印业有限公司
开　　本	880mm × 1230mm　1/32
印　　张	10.5
字　　数	260 千字
版　　次	2023 年 10 月第 1 版
印　　次	2023 年 10 月第 1 次印刷
定　　价	56.00 元

总序

　　博士研究生教育是我国国民教育的顶端，肩负着培养高层次人才的重要使命，在国民教育体系中具有非常重要的地位。相应地，博士学位是我国学位制度中的最高学位。根据《中华人民共和国学位条例》的规定，在我国，要获得博士学位需要完成相应学科博士研究生教育阶段的各项学习任务和培养环节，特别是要完成一篇高水平的博士学位论文并通过博士学位论文答辩。

　　博士学位论文是高层次人才培养质量的集中体现。要写出好的博士论文，需要作者定位高端，富有思想；需要作者畅游书海，博览群书；需要作者术业专攻，精深阅读；需要作者缜密思考，敏于创新。一位优秀的博士生应该在具备宽广的学术视野和扎实的本学科知识的基础上，聚焦选题、开阔眼界、精耕细作、孜孜以求，提出自己独到、深刻、创新、系统的见解。

　　为提高中国政法大学博士学位论文的整体质量，鼓励广大博士研究生锐意创新，多出成果，中国政法大学研究生院设立校级优秀博士学位论文奖，每年通过严格的审评程序，从当年的200多篇博士学位论文中择优评选出10篇博士论文作为学校优秀博士学位论文，并对论文作者和其指导教师予以表彰。

　　优秀博士学位论文凝聚着作者多年研究思考的智慧和指导

教师的思想，是学校博士研究生教育质量的主要载体，是衡量一所大学学术研究和创新能力的重要指标。好的哲学社会科学博士论文，选题上要聚焦国内外学术前沿问题，聚焦国家经济社会发展基础命题和重大问题，形式上要符合学术规范，内容上要富有创新，敢于提出新的思想观点，言而有物，论而有据，文字流畅。中国政法大学评出的优秀博士学位论文都体现了这些特点。将中国政法大学优秀博士学位论文结集，冠名"中国政法大学优秀博士学位论文丛书"连续出版，是展示中国政法大学博士研究生的学术风采，累积法学原创成果，促进我国法学学术交流和繁荣法学研究的重要举措。

青年学子最具创造热情和学术活力。从中国政法大学优秀博士学位论文丛书上可以看到中国政法大学博士研究生的理性睿智，沉着坚定，矢志精进的理想追求；可以看到中国政法大学博士研究生的关注前沿，锐意进取，不断创新的学术勇气；可以看到中国政法大学博士研究生的心系家国，热血担当，拼搏奋进的壮志豪情。

愿中国政法大学优秀博士学位论文丛书成为法学英才脱颖而出的培育平台，成为繁荣法学学术的厚重沃土，成为全面推进依法治国的一块思想园地。

李曙光

中国政法大学研究生院院长、教授、博士生导师

序言

　　我在中国青年政治学院法学院工作期间指导过李伟伟的硕士学位论文写作，在中国政法大学民商经济法学院工作期间指导过李伟伟的博士学位论文写作。李伟伟的博士学位论文《民法典中的法律拟制规范研究》被评为中国政法大学2021~2022学年优秀博士学位论文。

　　学位论文的写作是一件严肃而庄重的事情。学位论文是学者学术规划的开始。学术规划是评价学者学术成熟度的重要指标。清晰的学术规划，可以具体化到研究领域、研究方向乃至研究选题。学位论文是学生核心能力甚至可以说是综合能力的最集中体现，要真正在准备学位论文过程中养成自己的写作态度、培养自己的写作方法和提升自己的写作能力。言为心声，文如其人。学位论文是伴随我们一生的档案，学位论文是研究生阶段的头等大事。博士学位论文要侧重思想性和方法性，要注意选题及成果不单在学术史上，还包括在学科史乃至思想史上的定位和意义。

　　我在研究民法证据规范论和民法典中的参照适用条款时，发现这两个研究主题都会关涉法律拟制规范，我曾专门讨论法律推定与法律拟制、参照适用与法律拟制的关系，也建议李伟伟对民法典中的法律拟制规范做类型化和体系化研究。

拟制是不可反驳推翻的推定。拟制规范常伴随"视为"的立法用语，我国《民法典》中"视为"一词出现44次，大致可以分为如下类型：对民事主体资格的拟制规范，对民事权利或民事义务的拟制规范，对意思表示的拟制规范，对其他民事法律事实的拟制规范。立法上存在对推定规范和拟制规范的混用。

立法上何时配置拟制规范，何时配置直接适用（认定）规范，值得思考。完全可以涵摄"认定"到构成要件事实中的情形，不宜配置"视为"的拟制规范，因为此时不存在非A拟制为A的问题，它本身就是A。例如，2022年1月1日起施行的《全国人民代表大会常务委员会关于修改〈中华人民共和国民事诉讼法〉的决定》第7条规定，将第92条改为第95条，第一款修改为："受送达人下落不明，或者用本节规定的其他方式无法送达的，公告送达。自发出公告之日起，经过三十日，即视为送达。"留置送达和公告送达都属于送达，而《民事诉讼法》对留置送达和公告送达都采取"视为送达"的拟制技术。《市场主体登记管理条例》第30条第4款规定："市场主体歇业的期限最长不得超过3年。市场主体在歇业期间开展经营活动的，视为恢复营业，市场主体应当通过国家企业信用信息公示系统向社会公示。"结合《民法典》第140条，市场主体在歇业期间开展经营活动的，是默示作出恢复营业的意思表示，而非"视为恢复营业"。类似地，《民法典》第145条第2款、第171条第2款、第551条第2款、第680条第2款和第3款、第726条第2款、第727条不过是第140条第2款的当然解释、反面解释结论，不必"视为"不同意。《民法典》第503条、第638条第2款、第1142条第2款不过是第140条第1款中默示意思表示的具体表现，也不必设置"视为"的拟制规范。

拟制是"指鹿为马"，参照适用是"指鹿似马"。立法上的拟制和参照适用不同。我国《民法典》中"参照适用"出现28次，对应28个形式意义上的参照适用条款，此外还有1个实质意义上的参照适用条款。拟制规范是立法者有意地将明知为不同的构成要件事实同等对待。参照适用是授权式类推适用、法定类推适用。

司法实践中存在对类推适用与拟制的混淆。类推适用遮蔽了拟制规范的方法论品格。最高人民法院指导案例29号"天津中国青年旅行社诉天津国青国际旅行社擅自使用他人企业名称纠纷案"，本案裁判要点有二："1. 对于企业长期、广泛对外使用，具有一定市场知名度、为相关公众所知悉，已实际具有商号作用的企业名称简称，可以视为企业名称予以保护。2. 擅自将他人已实际具有商号作用的企业名称简称作为商业活动中互联网竞价排名关键词，使相关公众产生混淆误认的，属于不正当竞争行为。"该案裁判要点中所谓"视为企业名称予以保护"是拟制技术，但法学方法论上，拟制首先是作为立法技术存在，对应拟制性法条（法律拟制规范）。法律适用中的"视为"本质上是类推适用，最高人民法院指导案例29号的核心法律适用方法从法学方法论上看实际为类推适用，而非"视为"对应的拟制。

法律适用技术与立法技术可能存在转化，成熟的类推适用可能转化为立法的拟制性法条或者参照适用法条。例如，《民法典（草案）》第1017条对笔名、艺名、网名、字号、简称的保护规定："具有一定社会知名度的笔名、艺名、网名、字号、姓名和名称的简称等，被他人使用足以造成公众混淆的，与姓名和名称受同等保护。"该条文属于隐藏的引用，对应定义性拟制规范。不过，从立法技术的角度，可以对比反思《民法典（草案）》第1023条第2款的参照适用规定与第1017条拟制规定的区别。参照适用是主要相似但仍有一定差别，拟制是完全同一对待。《民法典》第1017条没有采纳拟制技术，而是采纳参照适用技术，该条规定："具有一定社会知名度，被他人使用足以造成公众混淆的笔名、艺名、网名、译名、字号、姓名和名称的简称等，参照适用姓名权和名称权保护的有关规定。"参照适用情形下的同等对待，程度上或多或少可以有所出入，不需要在每一个点上都被同样实行，而拟制或者直接适用则不然。

以上寥寥数语，是我对法律拟制规范的一些困惑，特别是如何妥当界定拟制规范在民法学方法论体系中的位置坐标。

李伟伟写作和完善博士学位论文过程中，结合他的开题报告、论文初稿、论文修改稿等，我建议他在如下四个方面下足功夫、精益求精：

第一，行文要简洁流畅、单刀直入、通俗易懂，要站在读者角度，让读者易读、易懂和易解，增强文章说服力和可接受度。在李伟伟写作硕士学位论文、专题学术论文、博士学位论文过程中，我都曾给他提出过这个建议。

第二，实事求是地对待和评价前人的研究成果，充分回应前人的相关研究结论。前人的研究成果对这篇博士学位论文的研究提供了诸多正面的、有益的、可以借鉴的视角、框架、观点和方法。在学术史上，后人会对前人的学术研究成果进行定位和评价。我们对前人贡献进行定位和评价的过程中，应当本着实事求是的态度，本着最大善意尊重和理解前人研究付出、研究成果，不能回避，不能一言带过。

第三，更加充分、认真地对待他人未公开发表作品（包括他人口头作品）中的观点和表达、思想和方法。在学术研究中，究竟是个人的创新还是对他人的借鉴，要充分、妥当对待；以实事求是的学术态度区分个人研究创新与对他人学术成果的借鉴引用，切实提升博士学位论文的规范性，使博士学位论文成为自己行稳致远的重要基础。

第四，突出博士学位论文的实践品格。民商法学关注的理论命题最终大多要落脚到立法司法实践中。从《民法典》44个拟制条款中能够提炼出何种共通法理，不同拟制条款有什么共性和个性，有分有合，具体和抽象、特别和一般关联互动，在写作中可将此作为检验标准之一，不断反思法律拟制规范相关研究结论的科学性、可行性和解释力。

以上四个方面，是我结合李伟伟先前已经走过的学术道路提出的建议，既面向李伟伟的博士学位论文，也面向他未来的学术工作。

王　雷*

2023 年 7 月 11 日于北京市朝阳区

＊ 王雷，中国人民大学法学院教授，中国人民大学民商事法律科学研究中心研究员。

前言

　　本书的研究对象是《民法典》中的拟制规范，即拟制规范的现象、思想和方法。就是要树立拟制规范在民法学方法论体系中应有的理论地位；就是要在教义学层面和认识论层面推进拟制规范的讨论方法与可能结论；就是要切实回应拟制规范的困惑与难题。对立法者无意识配置的拟制规范加以体系化，对立法者配置不当的拟制规范进行解释论融贯，为拟制规范立法和司法的科学化储备理论。

　　第一章是拟制规范的现象描述。拟制规范的现象描述是为法律适用服务的，就是要发现抑制拟制规范法律适用方法的立法和司法因素，洞察拟制规范法律适用方法的发展空间和方向。拟制规范蕴涵丰富的方法论命题，不仅具有立法技术品格，还具有司法技术品格。拟制规范立法惯性中心主义、立法面向中心主义与非拟制规范中心主义三个立法现象命题，拟制规范司法适用的粗糙性及相关司法现象描述命题，需要我们时刻警惕、反思和修正。但是，拟制规范立法与司法现象描述中的积极因素，将助力形成拟制规范民法学方法论的研究确信。

　　第二章是拟制规范的基础理论。法律拟制与不完全法条是拟制规范的两个上位概念。法律拟制的理论，不当然作为拟制规范正当性与合理性的论证理由。拟制规范的性质复杂，蕴涵丰富的法律适用方法。拟制规范区分为实质意义上的拟制规范和形式意义上的拟制规范，前者区分为简单拟制规范和复杂拟制规范。类推适用遮蔽拟制规范的方法论品格，二者在方法论功能和方法论内部构成上均有不同，但作为例外规范的拟制规范有被类推适用的空间。准用规范为拟制规范的司法适用提供性质方法的借鉴，拟制规范与基础规范调整案型的性质具有高度相似性。拟制规范对基础规范法律效果的参引界定为参照适用更妥当。拟制规范与推定规范的各种区分标准都无法担当区分重任。

第三章是拟制规范的方法论功能。拟制规范的方法论功能，是其在民法规范中优越性的转化表达，展现法律实用主义色彩，区分为对事实判断、价值判断、解释选择、立法技术和司法技术的功能。拟制规范方法论功能要解决的问题具有阶层化、类型化与内外部区分性特点。方法论功能是拟制规范正当性的补强理由，但既不解决拟制规范的法律适用，也无法消除拟制规范的正当性危机。部分拟制规范可能不当限制法律的发展和方法论的完善，保管合同拟制规范就是典型。为了克服部分拟制规范在方法论功能上的缺陷，需要借助外部方法矫正和完善拟制规范的法律适用方法。

第四章是拟制规范的方法论构成。拟制规范的方法论构成，从微观层面继续证成拟制规范的正当性，继续发现拟制规范的方法论命题。拟制规范法理基础是平等和类比中的相似性及相似性论证规则，相似性的观点及其论证规则，对拟制规范具有足够充分的解释力。拟制规范的相似性是通过"当为"层面的目的和"存在"层面的性质共同展现出来的。整体视阈观和个体视阈观下，拟制规范一般结构的建构路径不同。现有拟制规范一般结构无法担当起一般结构的功能，需要外部的方法辅助识别实质意义上的拟制规范。拟制规范的司法适用是有边界的、有限度的适用，包括构成要件的适用边界和法律效果的适用边界。

目录

导　论

一、研究对象与立场

（一）研究对象

在民法规范家族中，法律拟制规范（以下简称"拟制规范"）极具魅力，也极具困惑。拟制规范以"拟制"这种非常规方法，拓展和完善了人们对民法规范体系强制和逻辑强制品格的认识边界。"拟制"以反逻辑的方式实现法典体系化。在认识论和方法论上，如何看待拟制规范与基础规范之间的关系，是理解"拟制"这种体系化方法的关键。这种方法鲜明体现出民法的想象力，[1]却包含民法的非理性因素。以往的民法理论，习惯从正面、肯定和积极的立场去建构法律方法论或法学方法论，[2]

---

[1]　想象力对民法的发展具有重要意义。王轶教授认为："推动社会的发展，需要人类展现自己的想象力；推动法治的进步，同样需要法律人展现自己的想象力。"参见"中国人民大学法学院 2019 届学位授予仪式暨毕业典礼隆重举行"，载 http://www.law.ruc.edu.cn/article/？id＝55171，2023 年 2 月 7 日访问。"步入后民法典时代，在民商法治体系中，构建中国民法学的解释力、回应力、想象力任重道远。"参见"郑州大学法学院举办建院 40 周年纪念大会系列活动之二'法学名家四人谈'"，载 http://www5.zzu.edu.cn/newlaw/info/1080/6662.htm，2023 年 2 月 7 日访问。苏永钦教授也以"法学的想象：大陆法系法学突破困境的议程设定"为主题作过讲座。

[2]　严崴："论司法拟制的性质与意义"，载《安徽大学学报（哲学社会科学版）》2021 年第 3 期，第 97 页。

这种立场下的方法论，催生了正面、肯定和积极的民法规范配置方法，即体系完整、逻辑融贯的方法。在该视野下，拟制规范甚至成了民法规范的剩余。事实上，人类理性的有限性与生活事实的无限性之间存在永恒张力，拟制规范既是立法的必然，也是观察民法体系和民法科学的独特视角。民法理论与其回避和忽视拟制规范，不如直面和正视拟制规范，理论关照上由被动转为主动。

应然地，"视为"语词是拟制规范的形式表征，这是民法理论和实务上的基本共识。[1]在《民法典》[2]中，"视为"语词共出现 44 次，对应 44 个拟制规范。这里的"拟制规范"是一个上位概念，它的下位概念是"形式意义上的拟制规范"和"实质意义上的拟制规范"。[3]立法者借助"视为"语词，得以

---

〔1〕 需要特别澄清的是，本书将研究样本限定在《民法典》中"视为"语词表征的 44 个民法规范，主要有三点考虑。其一，本书语境下的民法拟制规范，是民法规范的例外和特殊，不宜过于泛化，不宜对拟制规范的类型作广义理解。本书警惕这样一种法理学拟制观，即"所有实体法规范都是拟制的"。限制和限缩拟制规范的样本，是本书一以贯之的思想。但是，本书也注意到有些非"视为"规范的拟制性品格，例如《民法典》第 641 条规定的所有权保留规范、第 994 条规定的死者人格利益保护规范。其二，立法者所用的"视为"，本身就是限制性语词，带有限缩性功能。其三，"视为"与拟制规范挂钩，是一种理论和实务共识。

〔2〕 《民法典》，即《中华人民共和国民法典》。为表述方便，本书中涉及我国法律文件直接使用简称，省去"中华人民共和国"字样，全书统一，后不赘述。

〔3〕 需要澄清一个概念术语的解释选择问题。在本书语境中，"形式意义上的拟制规范"对应"实质意义上的拟制规范"，前者是指《民法典》中以"视为"语词表征的规范中的注意规范、解释规范、推定规范等，后者是指《民法典》中以"视为"语词表征的名实相符的规范，既有拟制规范之名，也有拟制规范之实。就此有两点说明：一是本书不使用"真正拟制规范"与"不真正拟制规范"，因为"形式意义上的拟制规范"和"实质意义上的拟制规范"这组概念的指向更加明确具体；二是本书"形式意义上的拟制规范"和"实质意义上的拟制规范"与民法理论中的"形式意义上的民法"和"实质意义上的民法"这组概念不是一一对应关系，而是存在包含关系。"形式意义上的拟制规范"和"实质意义上的拟制规范"，都是"形式意义上的民法"中的规范类型。

体系化、有意识地配置拟制规范；裁判者根据"视为"语词，得以妥当识别和适用拟制规范。拟制规范是重要的民法规范现象和立法现象（das Phänomen der Fiktionen im Recht），既是具体的民法规范类型，又是法律拟制的立法技术和立法方法在民法领域的具体体现。因此，《民法典》中拟制规范具有鲜明的方法论品格，具有立法论的意义，更具有解释论的意义，甚至包括很多解释论的难题。但是，因拟制规范"拟制性""虚构性"的品格，民法理论将其划入纯粹立法技术和纯粹民法学问题的范畴，遮盖了其民法学方法论的品格。因此，有必要体系地研究《民法典》中的拟制规范，借助拟制规范"小体系"的丰满发达，[1]丰富和完善民法学方法论，适应日新月异的民法实践。

　　综上，本书的研究对象是《民法典》中的拟制规范，即拟制规范的现象、思想和方法。[2]《民法典》中 44 个形式意义上的拟制规范是讨论拟制规范现象、思想[3]和方法的例证，目的就是塑造拟制规范的民法学方法论品格，揭示蕴涵在拟制规范中的民法学方法论命题。本书研究对象具有学术延续性和理论

---

　　〔1〕　民法拟制规范的体系化，有助于构建"具有鲜明中国特色、实践特色、时代特色的民法理论体系和话语体系，为有效实施民法典、发展我国民事法律制度提供理论支撑"。参见习近平："充分认识颁布实施民法典重大意义　依法更好保障人民合法权益"，载 https://www.12371.cn/2020/06/15/ARTI1592205653788733.shtml，2023 年 3 月 1 日访问。

　　〔2〕　思想和方法对行为规范的指导价值无论如何强调都不足为过。"智慧只在于一件事，就是认识那善于驾驭一切的思想。"参见《赫拉克利特著作残篇》，〔加〕罗宾森英译、楚荷中译，广西师范大学出版社 2007 年版，第 53 页。思想是文章的制高点、海拔线。参见许海清：《好文章是"磨"出来的——谈谈如何写好文章》，中共中央党校出版社 2014 年版，第 34 页。

　　〔3〕　只有对思想的道路采取深情的态度，才能洞悉逻辑功能的方法和它所走的往往是美妙的弯路。Vgl. Hans Vaihinger, *Die Philosophie des Als Ob*, Raymund Schmidt (Hrsg.), 2. Aufl., 1924, S. 34.

延展性，其时效性是不间断的，因其背后的法律拟制是一个已经使用 2000 多年的方法论工具，且在各种法律体系中都如此。[1]后民法典时代，拟制规范的立法论难题在相当程度上要借助解释论加以完善和发展。

（二）研究立场

整体上，研究对象决定研究立场。本书以《民法典》中拟制规范为研究对象，首先坚持以《民法典》中具体拟制规范为基本遵循的研究立场，具体表现在拟制规范的现象、思想和方法三个层面。在现象层面，以谱系学与考古学方法梳理拟制规范，关照其演变脉络和发展可能，总结可能的立法现象命题；分析我国司法实践中拟制规范的适用现状、存在问题、改进之处及有益经验，展现拟制规范的具体内容和实践品格。这种现象描述没有优劣之别和对错之分，只有真假之辨。在思想层面，总结具体拟制规范的增设、删除、修改等对民法基础理论和民法思想形成碰撞与冲击的命题，诸如与民事责任竞合理论、民事法律行为构成要件理论、民法通说知识形成方法、民法学方法论的宏观转向等交流与互动。在方法层面，以凸显拟制规范的民法学方法论品格为目的，总结其民法学方法论功能和方法论内部构成的命题，包括拟制规范法理基础、一般结构、论证规则、适用边界等，拓宽民法学方法论边界，最终落脚到拟制规范的解释和适用上。

本书的第二个研究立场，是凸显、贯彻和反思拟制规范的思想和方法。相对于拟制规范贡献的具体民法知识而言，民法思想和方法更加重要。通说认为，拟制规范是民法问题中的纯粹

---

〔1〕 Kristin Y. Albrecht, *Fiktionen im Recht*, 1. Aufl., 2020, S. 22.

立法技术和纯粹民法学问题。[1]但是，该通说不是拟制规范理论研究的终点，而是其理论再研究的起点。通说往往代表人类知识的边界，本书就是要以此为基础反思通说观点可能存在的不足。

本书的第三个研究立场，是坚持广义民法学方法论和广义民法实践观。[2]广义民法学方法论既包括司法方法，也包括立法方法。这是对传统民法学方法论的有益补充和完善。在广义民法学方法论视野下，适用方法是民法学方法论的核心与关键。拟制规范是打开《民法典》的独特密码，为研究目光在立法学问和司法适用之间往返流转提供了宝贵样本。过往的研究立场往往严格区分解释论和立法论，把解释论研究视为正途。事实上，这种严格区分有特定目的指向，即避免把论证环节缺失和论证力量薄弱的纯立法建议，作为是否建构某项法律规则的论证理由。在方法上，立法论和解释论不是泾渭分明的，立法方法和司法方法之间会互相转化。本书的目光不断往返流转于立法沿革、理论发展与司法运作之间。

二、研究现状与评述

（一）国内学术史梳理及研究动态
学理上，拟制规范是立法者借助法律拟制的立法技术，有

---

〔1〕　关于民法问题与民法学问题的区分，参见王轶："民法价值判断问题的实体性论证规则——以中国民法学的学术实践为背景"，载《中国社会科学》2004年第6期，第104页。

〔2〕　特别需要强调的是，本书中的"广义民法学方法论和广义民法实践观"的理论，直接借鉴于王雷教授的学术思想。参见王雷："对《中华人民共和国民法典（草案）》的完善建议"，载《中国政法大学学报》2020年第2期，第85页；"活动实录｜漫谈教学茶座第二十四期——民法典视野下的广义法学方法论和广义法律实践观"，载 https://mp. weixin. qq. com/s/mpF0rzi UsxebXvmJ7GVnCQ，2023年3月1日访问。

意将明知不同者等同视之。被引用条款（基础规范）和拟制规范是本书的基本范畴。在规范论视野下，拟制规范或法律拟制是法理学和民法学、刑法学、诉讼法学等部门法绕不开的议题，不定期会有研究该议题的学术作品诞生。谢潇 2016 年博士学位论文《私法拟制论：概念、源流与原因》总结道："目前我国关于拟制的研究，仍主要停留在将其作为法律难题的解答方法予以适用的层面，对于私法拟制之探究而言，参考价值仍然有限。"用该判断结论来描述拟制规范或法律拟制的研究现状，也是妥帖和公允的。赵春玉 2018 年专著《刑法中的法律拟制》总结道："法律拟制发展过程中，表现出来的一个重要特点就是聚焦拟制正当性问题的论证，很少关注拟制规定的具体适用，在某种程度上导致了法律拟制规定适用的混乱。"赵春玉对刑法拟制规范研究的判断结论，高度符合民法拟制规范研究。

　　拟制规范是民法学的重要研究议题，但常被忽视，被决疑论遮蔽理论品格。目前，拟制规范的研究不仅对《民法典》中拟制规范的类型区分、体系建构、法律适用和法律发展等缺乏足够的解释力和涵括力，而且与拟制规范适用的结合度明显不足甚至可以说是"两张皮"。拟制规范兼具立法技术和司法技术品格，蕴涵的丰富方法论命题亟待挖掘。例如，拟制规范与类推适用、参照适用、法律推定的关系如何界定？拟制规范的方法论功能如何完善？拟制规范的法理基础、一般结构、论证规则与适用边界如何展开？拟制规范作为民法规范的异例，在类型上究竟是违反典范的异例，还是被典范遮掩的异例？拟制规范的例外品格对民法通说的体系效益如何发挥？凡此种种关于拟制规范民法学方法论内部构成和外部体系的命题，既有研究几乎无法给出让人满意的答案。

　　《民法典》实施之前，民法理论对民事基本法、单行法及司法解释中的拟制规范缺乏体系研究。谢潇 2016 年博士学位论文《私法拟制论：概念、源流与原因》从私法史视角详细论证了私法拟制的概念、精神和哲学基础。目前为止，这篇博士论文是我国民法学研究私法拟制的学术高峰，不仅充分关照了私法拟制的方法论品格，而且从民法基础理论的高度凸显和确认了私法拟制的学术品格。特别地，这篇博士论文为本书提供了诸多正面、有益、可借鉴的视角、框架、观点和方法。法理学与刑法学对拟制的研究成果，为民法拟制规范的体系化提供了方法论和原理论的借鉴。例如，卢鹏 2009 年专著《拟制问题研究》、李振林 2014 年专著《刑法中法律拟制论》、赵春玉 2018 年专著《刑法中的法律拟制》。这些研究虽有短板，但已有很大推进，整体上使得拟制规范的研究形成了气候。

我国民法学方法论著作普遍缺乏对拟制规范的体系研究和方法论关注。王泽鉴《民法思维》在"请求权基础"一章法条类型下并列论及准用性规定与拟制性规定，但没有论证拟制性规定的方法论。在"解题的体裁、结构和风格"一章第五节强调要认识完全性法条、不完全性法条、定义性法条、准用性法条、拟制性法条及其相互关系。梁慧星《民法解释学》、王利明《法学方法论》和杨仁寿《法学方法论》都没有论及拟制性法条/拟制规范。黄茂荣《法学方法与现代民法》在"法律规定之逻辑结构"一章"法条之种类"下论述作为不完全法条类型的拟制性法条，将拟制性法条区分为"隐藏的引用"与"隐藏的限缩"，尤其是特别重要地论证拟制性法条的适用限制与修正。

从法学专题论文角度，检索中国知网相关数据如下。其一，篇名含"拟制"或"法律拟制"的核心期刊论文有 79 篇，[1]

---

[1]　需要强调的是，笔者在校对书稿的过程中，对相关统计数据作了更新，截止日期为 2023 年 2 月 8 日。

民商法学论文仅 18 篇，代表性论文有：江平、龙卫球《法人本质及其基本构造研究——为拟制说辩护》（1998 年）、杨代雄《意思表示理论中的沉默与拟制》（2016 年）、尚连杰《拟制条件成就的法理构造》（2017 年）、谢潇《罗马私法拟制研究》（2017 年）、张焕然《论拟制规范的一般结构——以民法中的拟制为分析对象》（2021 年）。其二，部分民商法论文篇名虽未含"拟制"或"法律拟制"，但正文涉及拟制的讨论，代表性论文有：李永军《民法上的人及其理性基础》（2005 年）、冯珏《作为组织的法人》（2020 年）、刘征峰《嗣后财产灭失、相反行为与遗嘱效力》（2021 年）。其三，法理学研究法律拟制的代表性论文有：王学棉《论推定的逻辑学基础——兼论推定与拟制的关系》（2004 年）（被引用 88 次）、卢鹏《法律拟制正名》（2005 年）（被引用 179 次）、谢晖《论法律拟制、法律虚拟与制度修辞》（2016 年）（被引用 43 次）。这三篇论文的问题设置、论证方法等，深远影响着部门法中拟制规范的分析框架和延展方向，成为部门法学者绕不开的基础文献。另外，陈金钊教授有作品专论法律拟制，代表性论文有：《批判性法理思维的逻辑规制》（2019 年）、《探究法学思维的基本姿态——尊重逻辑、塑造法理、捍卫法治》（2020 年），展现了法理学者对法律拟制的最新跟进与思考。

从司法裁判案例的角度，在"威科先行法律信息库"检索并梳理《民法典》中 44 个形式意义上的拟制规范在民事基本法、单行法、司法解释及《民法典》时代的司法案例，可以得出如下三个结论。其一，拟制规范法律适用的准确性不足，常与推定混淆。其二，拟制规范法律适用方法彰显不足。裁判者对拟制规范和推定规范法律适用的不同给出了明确的答案，即拟制规范是不可以反驳推翻的，推定规范是可以反驳推翻的。但是，拟制规范和推定规范的识别方法，还停滞在依靠"视为""推定"语词的形式判断阶段。其三，裁判者在部分案件中的论证说理，隐藏着拟制规范法律适用方法的命题；裁判者对相同拟制规范的性质之争，为拟制规范理论建构的可能性提供了更强的实践论据。

总体上，梳理国内学术史及研究动态，有助于从源流脉络的视角，[1]总体把握拟制规范民法学方法论的学术脉络和谱系演变。目前的研究成果，虽然进行了极有意义的探索和推进，但是常有对"法律拟制"和"类推适用""参照适用""法律推定"概念的混淆和方法论的忽视。精品性研究不多，推进性研究不足，体系性研究欠缺，拟制规范方法论几乎处于停滞状态，难有突破性的洞见和分析框架。[2]拟制规范的理论研究不足，抑制了拟制规范的法律适用，其法律适用缺乏系统的方法论指引。因此，体系研究拟制规范具有迫切性和必要性。

（二）国外学术史梳理及研究动态

法律拟制（德文 Rechtsfiktion，英文 legal fiction，意大利文 le finzioni legali）是大陆法系常用的立法技术。英美法系的法律拟制很少包括拟制规范，更多关注法律适用中的司法拟制。大陆法系并没有发展出体系化的拟制规范方法论，重要原因是"在欧洲进入所谓科学时代后，拟制作为一种古老的法律技术受到学者的猛烈攻击"。[3]毫无疑问的是，国外法学界对法律拟制

---

〔1〕 关于源流研究的问题意识和方法取向，参见孟庆延："历史社会学的本土实践：'源流'研究的理论、议题与方法"，载《广东社会科学》2020年第3期，第196~200页。

〔2〕 本书坚持认为，研究拟制规范及类似理论议题，要有足够的理论抱负和学术勇气。在论证过程中，更多地要单刀直入剖析议题本身，不能铺陈过远。我们要充分重视但不受制于罗马法以来的法律拟制、萨维尼时代的法律拟制等。如果受制于此，我们的研究方向和研究结论就可能更偏向于描述性的、还原性的和考古性的，而不是创造性的、推进性的和现实性的。

〔3〕 张世明："由简约通达正义：税法类型化观察法的适用"，载《经济法论丛》2019年第2期，第116页。

的学术积累，是研究我国民法拟制规范的重要比较法资源，诸多学术洞见也是历久弥新。

德国法学著述中，类推抑制了拟制规范方法论发展的可能性。Gustav Demelius 对法律拟制作了考古学意义上的脉络分析。[1] Demelius 认为，拟制永远不能提供科学基础，只能作为实证法规范的技术表达。[2] Hans Vaihinger1918 年专著《拟制哲学》（die Philosophie des Als Ob）中将法律拟制与类推结合。Vaihinger认为，拟制具备认识论特征，但方法上是一种编造、对立、障眼法和思维片段，即认识论上有意义，方法论上无意义。[3] Rolf Mallachow 将类推逻辑引入法律拟制的证成，[4] 类推的拟制是法律拟制性质的重要类型。Arthur Kaufmann1999 年专著《类推与"事物本质"：兼论类型理论》（Analogie und Natur der Sache：Zugleich ein Beitrag zur Lehre vom Typus）断言"拟制终究无非是类推"。在此观点下，类推是法律拟制/拟制规范重要且首要的理论基础。Josef Esser1969 年专著《法律拟制的价值与重要性：立法技术与古典私法教义学批判》对法律拟制做了溯源性专题研究。[5] Esser 拟制理论中具有永恒价值的是作为"技术上权宜之计"（technisch zweckmäßigen）的法律拟制类型。[6] Manfre Pfeifer1980 年专著《公法中的拟制：尤其是公务员法中的拟制》

〔1〕 Gustav Demelius, *Die Rechtsfiktion in ihrer Geschichtlichen Und Dogmatischen Bedeutung：Eine Juristische Untersuchung*, 1858.

〔2〕 Gustav Demelius, *Die Rechtsfiktion in ihrer Geschichtlichen Und Dogmatischen Bedeutung：Eine Juristische Untersuchung*, 1858, S. 79f.

〔3〕 Hans Vaihinger, *Die Philosophie des Als Ob*, Raymund Schmidt（Hrsg.）, 2. Aufl., 1924.

〔4〕 Rolf Mallachow, *Rechtserkenntnistheorie und Fiktionslehre：das Als-Ob im Jus*, 1922.

〔5〕 Josef Esser, *Wert und Bedeutung der Rechtsfiktionen*, 2. Aufl., 1969.

〔6〕 Josef Esser, *Wert und Bedeutung der Rechtsfiktionen*, 2. Aufl., 1969, S. 199.

（Fiktionen im öffentlichen Recht, insbesondere im Beamtenrecht）对法律拟制的性质、公务员法中的拟制内容进行探讨和梳理，将法律拟制作为一种启发性原则（Die Fiktion als heuristisches Prinzip），强调法律拟制简洁参引、澄清疑难问题、生动呈现法律内容的方法论功能。Hans-Peter Haferkamp2006年论文《方法的忠诚性：变化中的法律拟制》（Methodenehrlichkeit-Die juristische Fiktion im Wandel der Zeiten）勾勒了法律拟制在不同时期的方法论转向和图景。德国法律拟制最新理论成果是 Kristin Y. Albrecht2020年专著《法律中的拟制》（Fiktionen im Recht）。Albrecht 分别对中世纪、19世纪、20世纪罗马法律体系和18、19、20、21世纪英美法律体系中拟制的代表性学者及其思想，做了历史溯源性考究。详细探讨了法律拟制的哲学，定义了法律拟制的通用术语，系统论证了法律拟制的方法论功能。该专著包含了制度发生史和制度比较论。当深入考虑拟制时，即使其目的可能很简单，也不能简化为法律后果参引而将其放在方法论著述的一个简短段落中处理。拟制的方法以不同形式贯穿于每一项法律、每一项判决与法学理论中。[1]

　　大陆法系法学方法论著述中，正当拟制就是法定拟制。拉伦茨《法学方法论》"法条的理论"章第二节"不完全法条"下论述作为指示参照的法定拟制，[2]与指示参照性法条并列。齐佩利乌斯《法学方法论》"法律规范的结构和关联"章"基本事实构成和补充性规定"部分论述了法律拟制。[3]魏德士《法理学》"法律规范"章第四节"典型的规范内容"论述了法

---

〔1〕 Kristin Y. Albrecht, *Fiktionen im Recht*, 1. Aufl., 2020, S. 142ff.

〔2〕 ［德］卡尔·拉伦茨：《法学方法论》（第6版），黄家镇译，商务印书馆2020年版，第333~334页。

〔3〕 ［德］齐佩利乌斯：《法学方法论》，金振豹译，法律出版社2009年版，第50~51页。

律参照与拟制，法定拟制是法律后果参照。[1]克莱默《法律方法论》未专门讨论法律拟制，但认为特别"令人尊重"的传统是合同法中的概念滥用，它以拟制方式建构的默示（或推断）意思表示得以运作。[2]弗卢梅《法律行为论》第一章"意思表示及法律行为的性质"第十节"法律行为与具有法律上相关性的行为"论述了"法律拟制的意思表示"。[3]整体上，拟制规范是重要的民法规范类型。但是，在不同时代、不同国家和不同地区法学家的头脑里，始终萦绕着一个根本叩问：法律拟制/拟制规范的困惑与难题究竟是什么？

三、研究价值与方法

（一）研究价值

本书具有三个学术价值。其一，弥补民法学方法论的研究空白。民法学方法论存在对拟制规范与类推适用、参照适用、法律推定的混淆，本书树立拟制规范在民法学方法论体系中的地位，展现其民法学方法论品格，拓展传统民法学方法论的范围；丰富、完善民法解释、表达、描述和想象生活世界的方法，为其他部门法研究拟制规范提供方法论借鉴。[4]其二，梳理

---

〔1〕 ［德］魏德士：《法理学》，丁晓春、吴越译，法律出版社 2005 年版，第 64 页。作者认为，法律参照包括法律基础参照（Rechtsgrundverweisung）和法律后果参照（Rechtsfolgenverweisung）。

〔2〕 ［奥］恩斯特·A. 克莱默：《法律方法论》，周万里译，法律出版社 2019 年版，第 136 页。

〔3〕 ［德］维尔纳·弗卢梅：《法律行为论》，迟颖译，法律出版社 2013 年版，第 137~142 页。

〔4〕 欧阳天健：《税法拟制论》，北京大学出版社 2021 年版，前言第 1 页。作者认为，民法是法律拟制的"发源地"。该书序言中，陈少英教授认为，将法学方法论与税法学研究相结合更是基础理论研究的重点所在。可见，税法等部门法拟制规范的"理论故乡"多在民法，尤其是民法拟制规范方法论品格。民法拟制规范方法论命题的研究深度和广度，直接影响其他部门法拟制规范的研究。

《民法典》中拟制规范的内在体系，形塑《民法典》的外在体系。本书发掘拟制规范体系化的条件，结合具体拟制规范展开作业。横向宽度与纵向深度相结合，总结、不断检验拟制规范体系化的方法和因素，在民法知识谱系中确立拟制规范的结构性功能。拟制规范的体系化将助力《民法典》的再体系化。其三，发展民法适用方法和法律实践观。拟制规范有助于辅助释放《民法典》体系效益，推动广义体系解释等民法适用方法的生成，避免禁锢民法适用方法的发展。本书立足广义法律实践观，立法学问与司法适用同等重要，不存在泾渭分明的立法论与解释论，力图展现拟制规范沟通立法与司法的功能。

本书也具有三个应用价值。其一，有助于立法妥当配置拟制规范。法律拟制是大陆法系重要的立法技术，但其立法规范配置和司法适用方法有待提升科学性。体系化研究拟制规范，有助于立法者借助法律拟制理论，尤其是其中的民法学方法论，有意识、体系化地配置拟制规范，审慎使用"视为"语词，使拟制规范体系兼具逻辑稳定性和价值妥当性。[1]其二，有助于司法完善裁判说理论证；完善拟制规范适用的司法技术，避免法律适用者因缺乏拟制规范理论支撑得出不尽相同的裁判结论；唤醒法律适用者有意识、科学地适用和研究拟制规范，以司法实践助推理论创新。其三，有助于形成契合实践的民法理论体系与话语体系。拟制规范直接回应日新月异的实践问题，具有鲜明的实践品格，建构拟制规范的理论体系和话语体系，

---

〔1〕 笔者观察发现，立法者配置民法拟制规范时，更关注拟制规范的法律效果，更关注何时配置或不配置拟制规范的问题，很少关注前端的术语之争和性质之争等。同样的立法考量，也体现在推定规范的配置中。参见"'实体法与程序法交错背景下的法律推定'学术研讨会成功举办"，载 http://msjjfxy. cupl. edu. cn/info/1046/7404. htm，2023 年 3 月 1 日访问。该研讨会上，清华大学龙俊副教授认为，相较于程序法而言，实体法上更关注推定所引发的实际效果。

防止理论缺失导致实践目的落空，揭示拟制方法的内在生命力。

（二）研究方法

规范实证分析与类案实证分析相结合。分析拟制规范立法变迁，总结可能的历史解释和体系解释结论。规范实证分析方法在本书的运用主要体现在两个方面：一是纵向追溯；二是横向剖析。类案实证分析方法展示具体拟制规范的司法适用，解决实践问题，凝聚共识，助推理论发展。

类型化和体系化相结合。类型化分析《民法典》中拟制规范，界定不同类型拟制规范的性质和讨论方法，论证拟制规范一般结构的适用空间和完善方法。体系化分析《民法典》中拟制规范，实现拟制规范内在体系化与《民法典》外在体系化的衔接，释放拟制规范和《民法典》的体系效益。

解释论和立法论相结合。《民法典》中拟制规范沟通立法学问与司法适用，其民法学方法论指导立法者妥当创设拟制规范，辅助裁判者正确适用拟制规范。对立法者配置不当的拟制规范，通过解释论妥当化解，助推立法者有意识、有针对性、科学、体系化地配置拟制规范。在此过程中，讨论者需要将辩证的批判与批判后的论证相结合，强调批判过程的可还原性、可讨论性与批判结论的可理解性、可接受性。在后民法典时代，借鉴比较法的有益成果，摆脱所谓"通说"的桎梏，科学而艺术地解释我国的制度，使法律与时俱进以满足社会交往对规则的需求，是民法学使命之所在。[1]

---

〔1〕 参见翟远见："论宣告死亡及其撤销在婚姻上的效力"，载《中国法学》2021年第2期，第50页。

四、研究结构与创新

（一）研究结构

本书先描述《民法典》中拟制规范的立法现象与司法现象，提炼拟制规范现象描述的六大命题，即三大立法现象命题和三大司法现象命题。以此为前提，讨论拟制规范的原理论和方法论，即拟制规范的基础理论和民法学方法论，后者包括方法论功能和方法论构成。本书是在两个维度上展开的，一是拟制规范的规范、学说与实践关联互动；二是拟制规范的现象、思想与方法关联互动。本书旨在基于拟制规范的通说，完善并超越拟制规范的通说。

本书共四章，原理论与方法论相结合，实践论与类型论相结合，科学研究拟制规范的现象描述、基础理论、方法论功能和方法论构成。

第一章讨论拟制规范的现象描述。首先，从立法自觉或立法惯性、立法面向或司法面向、边缘规范或中心规范三个视角，总结拟制规范的立法现象命题。其次，从法律适用困境、法律适用出路、法律适用指引三个视角，总结拟制规范的司法现象命题。最后，总结可能的初步结论。

第二章讨论拟制规范的基础理论。首先，考察拟制规范概念术语，廓清其内涵与外延，辨识其涵括力与解释力。其次，服务于妥当判断民事法律行为效力的目的，将拟制规范区分为简单规范与复杂规范，辅之以民事法律事实类型区分论、民法证据规范论，确定拟制规范的性质。再次，根据法律拟制类型区分方法，实然地对 44 个形式意义上的拟制规范做类型区分和体系建构。最后，横向探讨拟制规范与类推适用、准用规范、推定规范之间的外部关系，提炼可能的方法论命题和超越术语本身的区分结论。

第三章讨论拟制规范的方法论功能。根据民法问题类型区分论，从事实判断问题、价值判断问题、解释选择问题、立法技术问题与司法技术问题五个方面，梳理、归纳、丰富、完善、扩展拟制规范的方法论功能。

第四章讨论拟制规范的方法论构成。首先，论证拟制规范的法理基础。提取拟制规范法理基础和哲学基础的主线和关键词，总结其抽象法理基础和具象适用方法，揭示拟制创设新规范的正当性基础，其次，论证拟制规范一般结构的可能性及其方法，推进拟制规范立法创设和司法适用方法论研究。再次，探讨拟制规范的论证规则。相似性论证是拟制规范最重要的具体适用技术，包括构成要件相似性论证和法律后果相似性论证。事物性质是相似性论证具体落地的方法，总结这种民法学方法论对拟制规范的解释力。拟制规范相似性论证就是要揭示事物性质中的民法学方法论命题。最后，论证拟制规范适用边界，以《民法典》第 469 条第 3 款的书面形式拟制规范为例，总结可能的方法论命题。

总之，本书就是要树立拟制规范在民法学方法论体系中应有的理论地位；就是要在教义学和认识论层面推进拟制规范的讨论方法；就是要切实回应拟制规范的难题。对立法者无意识配置的拟制规范加以体系化，对立法者配置不当的拟制规范进行解释论融贯，为拟制规范的立法和司法储备理论。

（二）研究创新

本书的创新可以概括为四个层次。其一，选题视角创新。既有民法学方法论以司法三段论大前提的法律解释和漏洞补充为重点，本书发掘拟制规范在教义学与司法适用层面蕴涵的方法论命题。其二，学术思想创新。本书树立拟制规范在民法学方法论中的独立地位，构建拟制规范适用方法的理论体系，提出拟制规范的法律解释方法。其三，学术观点创新。本书体系化研究拟制规范，促进拟制规范立法正当性和适用正确性的良性互动，谨慎证立拟制规范一般结构。在法律适用方法上，增加更多的论证环节和论证要素，控制拟制规范适用的随意性和粗糙性，为法官充分的裁判论证提供理论资源。其四，研究方法创新。本书着重进行实证研究，梳理、归纳与分析民事基本法、单行法、司法解释、民法典草案历次审议稿及《民法典》中拟制规范的历史谱系，总结相应的历史脉络与可能方法。在研究方法上力求应然与实然结合、原理论与方法论结合、教义学与认识论结合。

第一章

拟制规范的现象描述

　　本书语境下的拟制规范论，就是拟制规范现象、思想和方法的统一体。本章对拟制规范的立法和司法现状做一个全面体检，展示拟制规范民法学方法论长期被遮蔽、被忽视的原因，凸显本书研究的必要性。这也是增强下文论证的说服力和可接受程度的重要基础。立法现象命题来源于拟制规范的配置变迁史，司法现象命题来源于拟制规范的类案分析。拟制规范现象描述是一个上位概念，是由立法现象和司法现象命题构成的。拟制规范现象描述也是一个事实判断问题，没有优劣对错之分，但有真假之辨。合理的现象描述结论，对思想和方法的广度和深度发挥着前提性和基础性功能。理论上，拟制规范现象描述具有科学性，体现了有机的法律观，这种科学性也是"纯粹法学说"所坚持的。[1]

第一节　立法的实证分析

　　在《民法典》中，"视为"语词共出现 44 次，对应 44 个形

_____

　　〔1〕凯尔森的"纯粹法学说"，完全是一种客观主义——普遍主义的立场，根本上深入具有客观效力的法整体中，只在与所有其他具体现象体系性关联中寻找每个具体现象，在每个法律部分中把握法律的整体功能，是一种真正有机的法律观。参见〔奥〕汉斯·凯尔森：《纯粹法学说》（第 2 版），雷磊译，法律出版社 2021 年版，第 239 页。

式意义上的拟制规范，"推定"语词出现在 6 个条文中。[1]站在语义学立场，以最大善意理解立法者追求立法语言准确、统一和简洁的初衷，[2]可以得出两个结论：《民法典》立法者在配置规范时，明显有区分"视为""推定"语词的意识；根据"视为""推定"语词通用习惯，"视为"语词一般作为拟制规范的表征，"视为"规范等同形式意义上的拟制规范。"视为"规范是讨论《民法典》中拟制规范立法配置和司法适用的逻辑起点。在拟制规范的配置、变迁与发展中，十分鲜明表现出立法惯性中心主义、立法面向中心主义和非拟制规范中心主义三大现象，这些负面描述是我们要竭力警惕与避免的误区。

一、立法自觉或立法惯性：立法惯性中心主义

在理论和实践中，"视为"规范一般就是拟制规范。这是理论研究和司法适用的重要前见，具有足够高程度的法律共识。本着最大善意理解立法者区分规范语词的主动性，理解我国民事立法体系与科学的相对完满性，如果反驳"视为规范是拟制规范"，就要提出实质性甚至革命性的论证理由。哪些"视为"规范不是拟制规范，哪些非"视为"规范是拟制规范，这关系拟制规范一般结构的问题，本书会在"拟制规范的一般结构"中讨论。就"视为"存在范围而言，《民法典》《公司法》等民商事法律和司法解释中，都存在"视为"规范。[3]就"视为"

---

〔1〕《民法典》第 466 条、第 544 条、第 623 条、第 1121 条、第 1165 条、第 1222 条，都出现了"推定"语词。

〔2〕有学者指出："民事立法语言是精确表达和模糊表达的集合，其中精确表达应当占据优势地位。""遗憾的是，我国立法机关对此没有清楚认识，反而将法律的模糊视为法律富有弹性和生命力的表现，一味追求简洁。"参见朱涛："民法典编纂中的立法语言规范化"，载《中国法学》2017 年第 1 期，第 244 页。

〔3〕《公司法》第 71 条第 2 款："股东向股东以外的人转让股权，应当经其他

数量而言，立法者是非常谨慎地使用该语词的。例如，《公司法》仅有 3 个"视为"。这就说明，"视为"在民商法规范中出现的场景是被严格控制的。据此，立法者似乎有配置拟制规范的自觉性，但这种判断是不全面的。根据理论研究和立法资料，更为实事求是的判断是：立法者关照拟制规范配置既不是偶然、片段的，也不是有意识、有体系的。概念识别是立法的逆向思维，也是重要的法律适用方法。有观点认为，为了增强立法可操作性和适用性，立法者会有意无意地淡化界定法律概念的场景，引发在一部法律中识别某一表述是否确立特定法律概念的问题。立法时如能增强运用法律概念界定立法技术的自觉，便能起到意想不到的作用。[1]

法律拟制通说定义蕴涵拟制规范一般结构的启示。通说认为，法律拟制就是将明知不同的构成要件等同视之，将非 A 视为 A，非 A 全部或部分参引 A 的法律效果。立法者不是"全有全无式"缺乏配置拟制规范的自觉，只是贯彻得不够彻底，甚至被立法惯性遮蔽，整体上缺乏有意识、有体系、有方法地配置拟制规范。因此，拟制规范的立法技术是粗疏的，识别是困难的，适用方法是不完善的。如果既不修正一般结构，也不完善语词区分，拟制规范的立法配置有明显的"立法惯性中心主义"：形式上，《民法典》中 44 个"视为"规范分布在 37 个条款中，66% 的"视为"规范来自原有民事基本法、单行法和司法

（接上页）股东过半数同意。股东应就其股权转让事项书面通知其他股东征求同意，其他股东自接到书面通知之日起满三十日未答复的，视为同意转让。其他股东半数以上不同意转让的，不同意的股东应当购买该转让的股权；不购买的，视为同意转让。"第 72 条："人民法院依照法律规定的强制执行程序转让股东的股权时，应当通知公司及全体股东，其他股东在同等条件下有优先购买权。其他股东自人民法院通知之日起满二十日不行使优先购买权的，视为放弃优先购买权。"

〔1〕 参见张越：《立法技术原理》，中国法制出版社 2020 年版，第 2~3 页。

解释，包括 28 个条款对应 29 个"视为"规范；实质上，民法典草案及《民法典》不加反思吸收原"视为"规范，将成熟司法解释升格为拟制规范时犹豫不决。

（一）拟制规范立法惯性中心主义的初始理由

立法者把原民事单行法中的拟制规范，直接作为民法典草案中的拟制规范，初步展现拟制规范立法惯性中心主义。《民法典各分编（草案）》（2018 年 8 月委员长会议审议稿）第 264 条第 2 款规定："商业广告的内容符合要约规定的，视为要约。"这延续了 1999 年《合同法》[1]第 15 条第 2 款。如果立法把商业广告视为要约，该条第 1 款和第 2 款的法条逻辑是：商业广告是要约邀请，而不是要约，作为要约邀请的商业广告仅在特定情形下视为要约，形成"原则/例外"关系。从拟制规范新设规则角度，也属于"典范/异例"关系，拟制规范是被典范规则遮蔽的异例，是对典范规则合理的增补与扩充。《合同法》第 15 条第 2 款规定："商业广告的内容符合要约规定的，视为要约。"换言之，商业广告名实不符，有商业广告之名，无商业广告之实。商业广告内容具体确定，表明经受要约人承诺，商业广告发出者就要受意思表示规则拘束，构成实质的要约。以此而论，《合同法》第 15 条第 2 款是提示规范，此处"视为"含义就是"直接认定/构成"。《合同法》第 15 条第 1 款和第 2 款之间是并列关系，不是"原则/例外"关系。事实上，立法者也意识到了该问题，在民法典合同编历次审议稿、草案及《民法典》中都予以纠偏。《民法典》第 473 条第 2 款规定："商业广告和宣传的内容符合要约条件的，构成要约。"这个例子初步展

---

〔1〕　2021 年 1 月 1 日《民法典》实施后，《婚姻法》《担保法》《继承法》《收养法》《合同法》《物权法》《侵权责任法》《民法总则》《民法通则》同时废止，下文不再赘述。

现，民法典草案部分拟制规范的配置欠缺深思熟虑，更像基于立法惯性对《合同法》相应拟制规范的自然延续。

（二）拟制规范立法惯性中心主义的决定理由

原民事基本法与单行法中，存在混淆推定规范、拟制规范和普通规范的现象，即普通规范拟制化、推定规范拟制化与拟制规范推定化三种现象。这三种现象延续到《民法典》规范配置中，展现拟制规范立法惯性中心主义。

《民法典》存在普通规范拟制化现象。例如，《民法典》第503条"视为"规范即为适例。《民法典》第503条规定："无权代理人以被代理人的名义订立合同，被代理人已经开始履行合同义务或者接受相对人履行的，视为对合同的追认。"本条是普通规范拟制化的典型，须结合《民法典》第140条"意思表示作出方式"、第490条第2款"履行治愈"作体系解释。《民法典》第140条规定："行为人可以明示或者默示作出意思表示。沉默只有在有法律规定、当事人约定或者符合当事人之间的交易习惯时，才可以视为意思表示。"《民法典》第503条中"被代理人已经开始履行合同义务或者接受相对人履行"，无论结合《民法典》第490条第2款，还是结合《民法典》第140条第1款，都属于以默示方式作出的意思表示。以默示方式作出意思表示的，可作为合同追认的意思表示。那么，《民法典》第503条第3句是否有必要加"视为"语词？笔者认为是没有必要的，这里本就是"构成/认定为"对合同的追认。根据《民法典》第140条第1款，这是以默示方式作出的意思表示，而不是意思表示的拟制。根据体系解释方法，《民法典》第490条第2款也没有"视为"语词，《民法典》第503条就是以默示方式作出意思表示的情形，而不是"视为"意思表示作出方式。可见，立法者并非完全有意识、体系化地配置拟制规范。

《民法典》第 145 条第 2 款容易被误认为普通规范拟制化。《民法典》第 145 条第 2 款规定："相对人可以催告法定代理人自收到通知之日起三十日内予以追认。法定代理人未作表示的，视为拒绝追认……"主张这是普通规范的论证路径至少有两种：第一种认为，《民法典》第 140 条第 2 款滥用拟制规范，没有必要使用"视为"，[1]无需绕弯被"视为"意思表示。第二种认为，"法定代理人未作表示的"属于沉默，只有在法律规定、当事人约定或符合特定交易习惯时，才能根据《民法典》第 140 条第 2 款"视为"意思表示，否则沉默可以认定为拒绝追认。在当事人的沉默"无中生有"情形下，要采取"视为"立法技术。但是，《民法典》第 145 条第 2 款第 2 句的"沉默"不是对意思表示积极追认，而是对意思表示拒绝追认，无需借助"视为"立法技术，因为沉默原本意味拒绝。据此，《民法典》第 145 条第 2 款第 2 句实然为"法定代理人未作表示的，认定/构成拒绝追认"。第二种观点立论基础有两个：拟制规范是"无中生有""以假为真"的虚构；混淆沉默的民法意义与法外空间。[2]笔者认为，《民法典》第 145 条第 2 款是拟制规范。根据

---

〔1〕 参见王琦："论民法典的规范技术——以《民法总则》为主要例证的阐释"，载《北大法律评论》2018 年第 1 期，第 57 页。作者认为，基于法律规定、当事人约定或交易习惯，沉默例外具有表示价值，相对人合理认为该沉默传达了表示人实施或不实施某一法律行为的意愿。这时沉默和一个积极行为并无区别，自然而然构成意思表示。

〔2〕 法律对沉默敬而远之，因其缺乏表征，阻碍司法裁判决断论证说理的形成。哲学家的深刻阐述，为沉默得以妥当作为意思表示的作出方式提供足够充分的法理和哲学基础。海德格尔认为："听和沉默这两种可能性属于话语的说道。话语对生存的生存论结构的组建作用只有通过'听和沉默'这些现象才变得充分清晰。但首先得把话语本身的结构清理出来。""话语的另一种本质可能性即沉默也有其生存论基础。比起口若悬河的人来，在交谈中沉默的人可能更本真地'让人领会'。"参见［德］海德格尔：《存在与时间》，陈嘉映、王庆节合译，生活·读书·新知三联书店 1999 年版，第 189、192 页。

意思表示类型区分论，意思表示包括消极和积极意思表示。单纯沉默不是积极意思表示（追认/肯定/同意），也不是消极意思表示（拒绝/否定/不同意），不具有民法意义。[1]只有规范化的沉默（拟制的意思表示）才是意思表示。[2]

《民法典》存在推定规范拟制化现象。例如，《民法典》第621条第1款"视为"规范即为适例。有学者主张，《民法典》第621条第1款"视为"规范是推定规范，而非拟制规范。[3]因为，拟制规范不会消解诉讼法上的问题，其过强效力反而致使基础事实构成要件化，可能不当限制民事主体在其他案型中的自由。这里涉及拟制规范和推定规范的识别方法和区分标准，笔者将此括为"阶层区分论"。实际上，该区分标准无法在"视为"规范中区分拟制规范和推定规范，本书会在"拟制规范与推定规范"部分专门论述。《民法典》第621条第1款基本延续了《合同法》第158条第1款的规则，都采用"视为"立法技术。《民法典》第621条第1款规范性质的争论，既关涉检验期间规范定性的问题，也关涉民事实体法与民事程序法交错背景下，法律推定理论的解构与重构问题。这种争论由来已久，从《合同法》第158条第1款延续到《民法典》第621条第1款。从这个角度看，拟制规范立法惯性中心主义在其中发挥了相当

---

〔1〕 Vgl. Reinhard Bork, *Allgemeiner Teil des Bürgerlichen Gesetzbuchs*, 3. Aufl., 2011, Rn. 571, 574. 笔者认为，沉默的民事主体，很可能处在整体确认与理解交易的"不置可否"的两难境地。但是，民法规范无法把这种包含哲学、心理学等因素的复杂现象完整或绝大部分描述出来。民法规范只是调整社会生活的一种方法，是对复杂社会生活中符合民法调整元素的抽取与抽象，且要时刻照应民法规范"定分止争"的目的。

〔2〕 Vgl. Larenz/Wolf, *Allgemeiner Teil des Bürgerlichen Rechts*, 9. Aufl., 2004, § 28 Rn. 77.

〔3〕 参见纪格非："论法律推定的界域与效力——以买受人检验通知义务为视角的研究"，载《现代法学》2020年第6期，第17~31页。

大的作用。

《民法典》存在拟制规范推定化现象。例如，《民法典》第544条与第1222条两个"视为"规范即为适例。《民法典》第544条规定："当事人对合同变更的内容约定不明确的，推定为未变更。"实际上，如果认可拟制规范一般结构是"以非 A 为 A"，本条将非 A 拟制为 A，为何使用"推定"，而不使用"视为"？这涉及推定规范和拟制规范的根本差别。如果承认可反驳推定与不可反驳推定的区分，推定规范通常属于可反驳推定，"视为"的拟制规范属于不可反驳推定。非 A 拟制为 A 后，就直接产生 A 的法律后果。例如，《民法典》第16条就是不可反驳推定，只要符合本条构成要件，胎儿就具有民事权利能力。同样地，《民法典》第1222条规定了"患者在诊疗活动中受到损害，有下列情形之一的，推定医疗机构有过错"。其一，"违反法律、行政法规、规章及其他有关诊疗规范的规定"，则推定医疗机构有过错吗？此时立法技术是"推定"还是"视为"？是推定规范还是拟制规范？其二，"隐匿或拒绝提供与纠纷有关的病历资料……遗失、伪造、篡改或违法销毁病历资料"。只要医疗机构有这些违法行为，则"推定"医疗机构有过错，还是"视为"医疗机构有过错，抑或"认定"医疗机构有过错？这分别对应推定规范、拟制规范和普通规范三种立法技术与规范类型。[1]笔者认为，本条应为"认定"医疗机构有过错。换言

---

〔1〕"推定说"参见高圣平主编：《〈中华人民共和国侵权责任法〉立法争点、立法例及经典案例》，北京大学出版社2010年版，第621页；黄薇主编：《中华人民共和国民法典侵权责任编解读》，中国法制出版社2020年版，第231页，该书明确解释道："推定医疗机构有过错，并非当然认定医疗机构有过错。也就是说，医疗机构可以提出反证，证明自己没有过错。""拟制说"参见梁慧星："论《侵权责任法》中的医疗损害责任"，载《法商研究》2010年第6期，第39页；程啸：《侵权责任法》，法律出版社2015年版，第565页。

之，即使医疗机构可以抗辩，但抗辩之前法院或仲裁机构可以直接认定其有过错。因为最高人民法院《关于民事诉讼证据的若干规定》（法释〔2019〕19 号）第 95 条规定："一方当事人控制证据无正当理由拒不提交，对待证事实负有举证责任的当事人主张该证据的内容不利于控制人的，人民法院可以认定该主张成立。"第 98 条第 2 款规定："当事人或者其他诉讼参与人伪造、毁灭证据，提供虚假证据，阻止证人作证，指使、贿买、胁迫他人作伪证，或者对证人、鉴定人、勘验人打击报复的，依照民事诉讼法第一百一十条、第一百一十一条的规定进行处罚。"[1] 最接近证据的医疗机构有证据妨碍的情形时，就认定医疗机构有过错，认定对患者有利的事实成立。因此，《民法典》第 1222 条可直接认定医疗机构有过错。如果只能"视为""推定"二选一，应该"视为"医疗机构有过错，不允许医疗机构反驳推翻。事实上，医疗机构有过错并不意味其必然承担医疗损害赔偿责任，因为医疗机构有过错与承担医疗损害赔偿责任之间是必要不充分条件，还要判断过错与损害之间是否存在因果关系。

（三）拟制规范立法惯性中心主义的补强理由

拟制规范立法惯性中心主义的补强理由，可从正反面举例论证。从正面来说，立法者不仅将原民事司法解释中普通规则上升为拟制规范，而且借助拟制规范回应审判实践的普遍疑难问题。例如，2012 年最高人民法院《关于审理买卖合同纠纷案件适用法律问题的解释》第 41 条第 2 款规定："在试用期内，买受人对标的物实施了出卖、出租、设定担保物权等非试用行

---

[1] 根据 2023 年 9 月 1 日第十四届全国人民代表大会常务委员会第五次会议《关于修改〈中华人民共和国民事诉讼法〉的决定》第五次修正，2017 年《民事诉讼法》第 110 条至第 111 条对应现行《民事诉讼法》第 113 条至第 114 条。

为的，人民法院应当认定买受人同意购买。"《民法典》第638条第2款规定："试用买卖的买受人在试用期内已经支付部分价款或者对标的物实施出卖、出租、设立担保物权等行为的，视为同意购买。"同样地，《民法典》第622条第1款将2012年最高人民法院《关于审理买卖合同纠纷案件适用法律问题的解释》第18条第1款的外观瑕疵异议规则升格为拟制规范。同时，立法者借助拟制规范确定疑难法律问题的解决方案。例如，《民法典》第888条第2款规定："寄存人到保管人处从事购物、就餐、住宿等活动，将物品存放在指定场所的，视为保管，但是当事人另有约定或者另有交易习惯的除外。"该规则回应了特定场所自助寄存行为定性之争。此前，当事人存放在特定场所自助寄存柜中的财物发生毁损灭失的，对于该自助寄存行为是保管合同法律关系，[1]还是安保义务法律关系，抑或是服务合同法律关系中的附随义务，[2]理论和实践存在很大争议。在不考虑保管合同拟制规范掣肘民法基础理论的情形下，其解决了自助寄存行为定性问题，将该行为作为保管合同具体类型加以调整，消除定性争议，倾向保护寄存人合法权利。正面描述可得出如下结论：立法者并非全然无意识、全有式地依赖立法惯性配置拟制规范，其心目中自始存在拟制规范。立法者心目中不仅存在清楚的拟制规范概念，还将其作为发展法律的重要方法。

从反面来说，如果原民事基本法、单行法和司法解释中，没有特定拟制规范或拟制性规则，民法典草案新设拟制规范的阻力就更大，对新设拟制规范反对理由的再反对也更无力。《民

---

〔1〕 李某英诉上海大润发超市存包损害赔偿案中，上海市第二中级人民法院认定自助寄存行为不构成保管合同法律关系。

〔2〕 苏州市吴中区人民法院〔2018〕苏0506民初6790号民事判决书。该院认定原告至被告处游泳消费，双方建立了合同关系。被告对原告消费过程中存放至被告设置的储物柜内的个人财物负有妥善保管的附随义务。

法典各分编（草案）》（2018年8月委员长会议审议稿）第281条规定："当事人一方在订立合同前向对方所作的允诺内容具体确定，对合同的订立有重大影响，对方有理由相信其为合同内容的，该允诺视为合同条款。"本条试图确立的拟制规范，原型是2003年最高人民法院《关于审理商品房买卖合同纠纷案件适用法律若干问题的解释》第3条："商品房的销售广告和宣传资料为要约邀请，但是出卖人就商品房开发规划范围内的房屋及相关设施所作的说明和允诺具体确定，并对商品房买卖合同的订立以及房屋价格的确定有重大影响的，应当视为要约。该说明和允诺即使未载入商品房买卖合同，亦应当视为合同内容，当事人违反的，应当承担违约责任。"[1]该规则一度被民法典历次草案和审议稿吸收。该规则原本是针对房地产纠纷领域常见案型的，但立法者试图借助拟制技术将其上升为交易领域一般性规则，突破商品房买卖合同领域。换言之，在合同行为订立过程中，只要要约方为受要约人描述的蓝图，足以促使受要约人对标的物价款等形成决定性意志，要约人前期谈判的允诺就升格为合同条款，受法律约束。但是，该拟制规范因口头证据而遭到极力反对。[2]反对理由认为，口头证据规则不能冲击书面证据方法。根据民事证据规范类型区分，口头证据规则对应当事人陈述，书面合同对应书证。在我国民事立法和司法实践中，当事人陈述和书证是并列存在的证据类型，反对理由明显

---

〔1〕 本条已被实质性修改。2020年最高人民法院《关于审理商品房买卖合同纠纷案件适用法律若干问题的解释》第3条："商品房的销售广告和宣传资料为要约邀请，但是出卖人就商品房开发规划范围内的房屋及相关设施所作的说明和允诺具体确定，并对商品房买卖合同的订立以及房屋价格的确定有重大影响的，构成要约。该说明和允诺即使未载入商品房买卖合同，亦应当为合同内容，当事人违反的，应当承担违约责任。"

〔2〕 参见王利明："民法典合同编通则中的重大疑难问题研究"，载《云南社会科学》2020年第1期，第81页。

差别对待二者的证据能力和证明力。《民法典》也未保留《民法典各分编（草案）》（2018 年 8 月委员长会议审议稿）第 281条。即便如此，该反对理由还是站不住脚的。立法者之所以没有坚持，或多或少可能因为新设拟制规范，在原法律文本中缺少相同规范的支持与背书。笔者对该反对理由持再反对态度，理由如下。

首先，该反对理由在具体规则上站不住脚。一方面，从现行《民事诉讼法》及 2019 年最高人民法院《关于民事诉讼证据的若干规定》等司法解释出发，无法得出立法者或司法解释起草者认为书证的证据能力和证明力高于当事人陈述，所有法定证据方法的证据能力和证明力是平等的。另一方面，英美法上的口头证据规则强调，当事人明确约定权利义务关系以书面合同约定为准，没有写到合同中的谈判内容就不具有法律意义和规范评价的必要性。此时，才不能以先前口头允诺否定事后合同书。如果当事人没有上述约款，口头证据可以补充合同书的约定，甚至推翻合同书的约定。[1]其次，该反对理由在证据思想和方法上也站不住脚。一方面，该反对理由背后是"书证万能主义"思想。在民法学知识和民法学方法的发展过程中，我们要时刻警惕将某种思想推向极端。就"书证万能主义"思想来说，[2]从预防法律纠纷角度，书证能更好地实现定分止争，但从解决法律纠纷角度，不能认为书证的证明力比当事人陈述更高。还要警惕"书证泛化主义"的极端，书面形式拟制规范

---

〔1〕 关于英美法上的口头证据规则的详细介绍，参见郭蔚："口头证据规则及其启示"，载《云南大学学报（法学版）》2016 年第 3 期，第 2~3 页。

〔2〕 笔者注意到，"声音中心论"是西方哲学思想史中一个有趣现象，即"在真理与意义的关系中，声音优于文字，这是一个基本教条。在西方两千多年哲学传统中，此教条几乎从未受到质疑。"参见朱刚：《本原与延异——德里达对本原形而上学的解构》，上海人民出版社 2006 年版，第 172 页。

适用边界就是对其进行的矫正。另一方面，要约人的先前承诺并不都对应口头证据规则。例如，开发商展示的商品房规划沙盘就是物证。

二、立法面向或司法面向：立法面向中心主义

（一）拟制规范的立法面向中心主义

"编纂"是《民法典》重要的立法技术之一。《民法典》的规则并不都是"从无到有"的新设，也不是"另起炉灶"的重设，而是在原民事基本法、单行法及司法解释规则之上，增加、删除、修改之后编纂而成。有观点认为，编纂"本身就是一种值得深刻思考的立法现象，其中包含丰富的方法论命题，可以总结提炼广义的法学方法论"。[1]编纂技术对拟制规范现象描述的方法启示是：规范考古学与谱系学相互作用、相互补充。这就要从拟制规范的演变中总结可能的立法现象命题，把握相同论证理由在不同时期和阶段的转化和流变。在此过程中，从立法语词的变化探究立法者真意，探究拟制规范可能的立法现象结论。以《民法典》中的拟制规范为基点，以原民事基本法、单行法、司法解释及民法典历次草案、审议稿为参照，拟制规范整体表现为三种变化样态，即从无到有、从有到无、[2]从此到彼。具体而言，"从无到有"是指，《民法典》直接创设新的拟制规范，调整拟制规范构成要件对应的生活事实，这在原法律和司法解释中没有对应规则借鉴。"从有到无"是指，规定在原法律和司法解释中的拟制规范或拟制性规则，没有继续保留

---

〔1〕 王雷："对《中华人民共和国民法典（草案）》的完善建议"，载《中国政法大学学报》2020年第2期，第85页。

〔2〕《民法总则（草案）》一审稿第59条第2款与第95条第2款规定法人住所拟制规范、非法人组织住所拟制规范，但《民法总则（草案）》二审稿均删除。

在《民法典》中，或者民法典历次草案和审议稿中的拟制规范，没有最终保留在《民法典》中。"从此到彼"是指，原法律或司法解释中的规则转化为《民法典》中的拟制规范。

拟制规范与法律拟制的表现形式不同。法律拟制的范畴，包括语义学与语用学上的法律拟制、作为方法与作为制度的法律拟制、可见与不可见的法律拟制。例如，作为方法的法律拟制，包括法源理论拟制、[1]论证理据拟制等。[2]拟制规范对应语用学上、作为制度和可见的法律拟制。拟制规范的变迁和依托的拟制技术，都展现其流动性和替代性功能。拟制规范是在一种关系领域和比较观点下展开的。福柯认为，尺度的比较和秩序的比较，是存在且只存在的两种比较形式。[3]树立拟制规范的民法学方法论品格，揭示拟制规范丰富的民法学方法论命题，微观具体地解释、想象和描述拟制规范的现象、思想和方法，就不能忽视拟制规范立法面向中心主义现象，这是相对其司法适用面向而言的。在大多数学术著述中，民法学方法论是指法律解释方法或法律漏洞补充方法。近年，民法学方法论的家族成员逐渐丰富和发展，包括民法规范论中的方法论命题、民法证据

---

〔1〕 陈金钊："法源的拟制性及其功能——以法之名的统合及整饬"，载《清华法学》2021年第1期，第55页。作者认为，法源拟制，不是赤裸裸的造法，也不同于直接用道德、政策等代替法律。法源拟制是附条件的，是穷尽制定法依然不能解决问题才使用。不是对立法权的篡夺，而是在法源之名掩饰下的变通。

〔2〕 加藤新太郎：「因果関係の割合的認定（交通損害賠償の諸問題17）」，判例タイムズ633号46-58ページ（1987）。现实中，加害人的行为总是与受害人行为、第三人行为以及自然力共同作用产生同一损害，对全部损害结果只具有"部分因果关系"，如果认可全部赔偿责任，将会使加害人对超出自己行为结果的部分承担赔偿责任，与责任自负原则不符。现实生活中很难区分原因力，该说进一步分裂为心证说和寄予度减责说。后者认为，应当根据原因力分配损害，加害人只对自己的原因力负责。由于将受害人行为等同于自然力，过失相抵变成了纯原因力分配，不要求受害人的责任能力，且存在广泛的类推适用空间。

〔3〕 ［法］米歇尔·福柯：《词与物——人文科学的考古学》，莫伟民译，上海三联书店2016年版，第55页。

规范论中的方法论命题、参照适用条款中的方法论命题等。以往研究很难给法律拟制或拟制规范独立的方法论地位，"法律拟制是纯粹立法技术"命题，不仅是其中重要的论证理由，还是拟制规范立法面向中心主义、法律适用方法被忽视的核心原因。

要辩证且认真对待"法律拟制是纯粹立法技术"命题为本书提供的指引。首先，法律拟制与提取公因式、参照适用、编纂等立法技术，协力实现民法典体系化和科学化。不能因法律拟制是一项立法技术，就否定拟制规范存在方法论命题的可能性。有学者讨论作为法律创设方法的拟制时，就敏锐地注意到了这种法律拟制的方法论价值。[1]更有洞见的观点认为，2021年中国民法学界对"参照适用"规范和拟制规范的方法论建构与运用，是民法典体系化研究方法的具体展现，也是民法方法论的本土化建构与运用的具体展现。[2]其次，法律拟制与拟制规范存在原因和结果、引起和被引起的关系，不能当然把法律拟制通说观点复制到拟制规范研究上，并以此作为研究起点。立法技术一般具有转化性，都能转化为法律适用方法。因该命题束缚，拟制规范民法学方法论长期停滞在方法论功能的概括表达上，很少迈向方法论内部构成领域。最后，"法律拟制是纯粹立法技术"命题也提示我们，研究拟制规范，要有区分论题涉及的民法问题和纯粹民法学问题的意识，落脚到拟制规范教

---

〔1〕 参见吴柯苇：“仿制药专利挑战机制解释学分析与进路选择”，载《科技进步与对策》2021年第1期，第83页。

〔2〕 "CLSCI年度报告⑪ | 2021年CLSCI民法学论文发表情况与统计分析"，载 https://mp.weixin.qq.com/s/Y_ C8qXgyeNvJcegcA3mk0w，2023年3月1日访问。该文总结道："民法学研究逐渐形成了以解决中国实际问题为研究导向的理论自觉，凸显了本土化的研究倾向。在此过程中，年度研究成果在方法论上的关注和运用尤为突出。""《民法典》最为核心的特征便是体系性，年度研究成果对此予以极大关注。突出对'参照适用'规范和拟制规范的方法论构建与运用，强调内在体系与外在体系的融贯性……"

义学，总结拟制规范认识论命题。

（二）立法面向中心主义的可能原因

知识考古学是一种思想史方法，是纯粹的拟制规范立法现象描述，是其特殊性与差异性的独立表达，也是其在大历史观下稳定的渊源。谱系学的一般意义是指对事物的起源和演变进行考察。[1]描述立法现象是要展现不同阶段拟制规范在立法者心目中呈现的蓝图，关照拟制规范的转变，特别是法律解释方法的转变。拟制规范立法面向中心主义现象的原因究竟是什么？

讨论者基于对“拟制”“法律拟制”语义的理解，在思维上选择性排除拟制规范存在法律适用方法的可能。拟制和想象、虚构是同源词，虚构性是拟制规范的质地和底色。借用一种哲学化方式表达拟制规范的底色，即“虚构的力量和强度恐怕根本无法从理性秩序中通过，这是永远伴随虚拟威力的困难与风险”。[2]但是，“拟制”的语义解释有方法上的局限性和结论上的初始性，其通常只能提供一个结论，无法解答该结论背后的原因，还要民法学原理和民法学方法论配合给出答案。据此，可以得出两个结论。其一，“拟制”“法律拟制”语义解释仅仅具有拟制规范的周边揣测功能，只能告诉我们拟制规范是什么，怎么来的，只能让我们通过拟制技术发现拟制规范这种现象，却无法告诉我们拟制规范背后的原因和法律适用方法是什么。其二，我们要把拟制规范的知识、原理和方法关联互动，客观地总结拟制规范的法律适用方法。

---

〔1〕　参见［法］福柯：《福柯说权力与话语》，陈怡含编译，华中科技大学出版社 2017 年版，第 27、28、33 页。

〔2〕　黄瑞祺主编：《再见福柯：福柯晚期思想研究》，浙江大学出版社 2008 年版，第 67 页。

讨论者基于拟制规范的结论疑难性与论证风险性，有意识地将其风险限缩在立法决断层面，不再扩展到法律适用领域。英美法系的司法拟制被猛烈抨击，就是其控制机制失灵，应受限制的法官自由裁量权无限扩张，裁判权不当限制了私法自治。司法拟制是不正当的，因其贬损了法官裁判说理的可理解性和可讨论性，法律论证丧失了可还原性。从该角度延伸思考，拟制规范除立法权威确认之外，还具有司法拟制的基本品格，讨论者有意识地限缩拟制规范的扩张空间。相伴而生的负面效应是，拟制规范具体法律适用方法也被有意或无意地忽视了。

讨论者对待立法论和解释论的态度，深刻影响了该现象的形成。改革开放较早期的法学研究方法，立法论和解释论大致合在一起，典型表现是法学论文多以立法建议结尾。再往后，立法论和解释论合久必分，学者逐渐开始严格区分立法论与解释论，二者不再并身而立，而是被严格控制在法律发展的不同阶段，具有时间递进关系。这种时间递进关系，反倒遮蔽了立法论与解释论的横向关联互动。二者真就泾渭分明吗？答案是否定的。立法方法与解释方法相互转化、相辅相成。将立法论与解释论的适用理解为时间递进关系，可能会导致二者走向水火不相容的极端，立法归立法机关和权力决断，[1]司法归裁判机构和法律解释。再加上，法律拟制的立法技术定位，拟制规范当然被界定为纯粹立法技术的外在表现。总之，只要将拟制规范看作立法者意志的简单延伸，拟制规范就不具有方法论

---

〔1〕 特别地，该思想催生了拟制规范"权力关系"视角，法律拟制存在公权力对私权利的干预。在某种意义上，立法权代表的公权力对个人意思自由构成一定的干预与决断。例如，民事主体在特定情境下事实上未作出意思表示，但法律赋予某种意思表示相应的法律效果，难以直截了当地说相应规范完全符合私法自治原则，这也形成了不同私法原则的竞争关系，即交易庇护原则与意志自由原则的竞争。

品格，也就不具有发展拟制规范认识论、方法论和原理论的必要。

三、边缘规范或中心规范：非拟制规范中心主义

除拟制规范立法惯性和立法面向中心主义现象外，还存在非拟制规范中心主义现象，该现象贯穿民事立法始终。在民商事法律和司法解释中，非拟制规范是"压倒性强调的部分"，这种客观现象本没有不当之处。但是，如果把非拟制规范的数量优势发展成"非拟制规范中心主义"，进而在教义学层面边缘拟制规范，忽略其法律适用方法、民法思想和方法的发现，这就是要反思和批判的。非拟制规范中心主义至少有两种表现。形式上，民法拟制规范的规范密度很低，44 个"视为"语词表征的形式意义上的拟制规范，散见在《民法典》总则编、物权编、合同编、婚姻家庭编和继承编 37 个法条中，这些法条数量约占《民法典》总条文数的 2.94%。拟制规范在民法典中只是一个微型规范群，不同的拟制规范都是附属在相应的基础规范之后，这些基础规范为拟制规范供给法律效果。拟制规范始终是个配角，看起来更是无法构成一个具有充足方法性和体系性的主体。实质上，从拟制规范表达的民法学知识、原理和方法的角度，非拟制规范中心主义现象是一种客观描述，是对我国民事法律和司法解释中拟制规范的过去和现在的一种总结，是在一种关系中描述拟制规范的现象。拟制规范现象依赖的这种关系的确立、解构或重构，直接或间接影响了非拟制规范中心主义的转向。但是，这种关系不是拟制规范的形成原因，而是其内在的分析方法。实然地，立法者创设的拟制规范，以边缘规范的形态，堆积和沉淀在中心规范周围。在讨论者心目中，拟制规范向中心规范的演进方法，被不当限缩为拟制规范向普通规范的

转化方法，这也被当作低位阶规范向高位阶规范的进化，后者在民法规范类型中具有优越性。

对非拟制规范中心主义现象是要反思和警惕的。这种现象会阻碍拟制规范适用方法的发展，会阻碍拟制规范的方法论对传统民法学方法论的完善。首先，这会限制在整理拟制规范基础上形成"第一手法教义学"的可能性，限制不同的拟制规范在应然和实然之间形成清晰关系的可能性。长此以往，被默认彼此之间关联微小的拟制规范，就成了民法典中一个个独立的点，其体系效益也就无法释放。后民法典时代，能否建构具有中国特色、实践特色、时代特色的民法理论和话语体系，既离不开对非拟制规范的研究，也离不开对拟制规范等边缘规范的研究。边缘规范方法论与认识论的完善程度，是检验我国民法学解释力、回应力和想象力深度和广度的试金石。福柯认为，如果人们想从事知识考古学分析，充当指导线索并确定这一设想的，不应该是著名的争论。"人们必须重构一般的思想体系，该思想的网络，就其实证性而言，使得同时且显然相矛盾的观点之间的相互作用成为可能。正是这一网络才限定了使得一个争论或问题成为可能并拥有知识的历史性的种种条件。"[1]其次，拟制规范存在诸多待研究命题。例如，拟制规范类推适用的方法及限度、拟制规范与推定规范的识别与适用。最后，拟制规范的方法论内部构成具有足够的理论和实践价值。例如，拟制规范的法理基础涉及如何以"虚构性"为主线梳理、建构其学说和理论；拟制规范一般结构涉及如何看待法律逻辑及科学性、[2]

---

〔1〕 [法]米歇尔·福柯:《词与物——人文科学的考古学》，莫伟民译，上海三联书店 2016 年版，第 79 页。

〔2〕 "法学的科学性命题不断困扰却激励着法学家的研究热情，时至今日，该命题也是法学方法论研究的起源性问题和最基本的关切。"参见姚辉:《民法学方法论研究》，中国人民大学出版社 2020 年版，第Ⅵ页。

如何完成拟制规范一般结构；拟制规范的论证规则涉及如何理解事物性质的相似性；拟制规范的适用限度涉及如何形成拟制规范法律适用的"度"。

无论是立法惯性中心主义、立法面向中心主义，还是非拟制规范中心主义，都是拟制规范的立法现象，不是价值判断结论。但是，要在价值判断层面展现其方法论命题，释放其法律适用效益。这三种现象指向同样的危险：抑制拟制规范适用方法的发现和发展，抑制拟制规范方法论命题的发现和发展。深入拟制规范微观，就会发现在其立法流变的背后，是民法基本理论转向的浩浩大势。在部分领域，拟制规范发挥民法基础理论和通说转向的风向标功能。要关注拟制规范背后的民法现象和思想的变化，不是所有民法现象都能引起民法思想史的变化、改变民法知识的发展。在新的社会和商业惯例重建法律理论的领域，总是呈现"人为的构造"，在很多情况下是彻头彻尾的拟制。[1]强调拟制规范体系效益时，还要警惕演绎逻辑一家独大，避免以演绎逻辑中心主义排斥拟制规范的立法配置和司法适用。拟制规范看似是一个局部问题，实际关乎全局，要描述其现象，归纳隐藏在拟制规范转化、流变背后的原因，并对这些原因进行反思。具体的反思方法就是民法学方法论，以摆脱拟制规范仅是纯粹立法技术这种强有力观点的束缚。

第二节　司法的实证分析

法律科学的部分核心概念术语、分析框架与思想资源，不是由法学本身创造、供给的，而是借鉴其他学科的。相较其他哲学社会科学而言，法学独立性的根本特征是其鲜明的定分止

---

[1] Lon L. Fuller, *Legal Fictions*, Stanford University Press, 1967, p. 68.

争功能，同时实现正义的目标，是其生命力的根本所在。[1]挖掘拟制规范中的丰富方法论命题，最终目的就是引导拟制规范的正确适用。[2]可见，解决案件纠纷既是法学的根本特性，又是民法学方法论的目标指引。本书塑造拟制规范相对独立的方法论品格，揭示其中的方法论命题，就要对拟制规范进行司法实证分析，总结司法现象命题，不断完善拟制规范法律适用的裁判说理。围绕拟制规范展开的类案实证分析，既要身处案例的具体情境中分析案例，又要站在案例的情境因素外观察案例。围绕发现和发展拟制规范方法论命题这个目标，实现学说、理论和实践的关联互动与融洽对接。

一、法律适用方法的困境：裁判说理的粗糙性

拟制规范相关案例的裁判说理略显粗糙。具体而言，其一，欠缺拟制规范类型区分的思维和法律适用的自觉；其二，存在法律适用错误或争议，拟制规范的法律论证严谨性不足；其三，无法为拟制规范理论供给充足的司法智慧，司法适用空间有限。这可能不会影响法律适用结果，但会减损法律适用准确性。最

---

〔1〕　参见于飞："《民法典》实质债法总则的确立与解释论展开"，载 https://mp. weixin. qq. com/s/jG-tf1L35XJiOBism0kJww，2023 年 3 月 1 日访问。于飞教授认为："唯一的一个法学能干、别的学科干不了的，就是法学能够解决纠纷。你让一个哲学家或者一个经济学家、一个社会学家去解决一个纠纷，让他解决纠纷了以后，说服人们去接受，并且让这里面的正义可以被复制，他们是做不到的。法学能做到这一点，所以这是它学科的根本生命力之所在。"

〔2〕　参见"王泽鉴：法学方法－判例研究与民法发展（精华摘录）"，载 https://mp. weixin. qq. com/s/LCa2LhvltL_ 2Ujik1W0kIg，2023 年 3 月 1 日访问。王泽鉴教授认为："实践是目的，而以一定的规则引导法之正确适用，犹如路标指引登山的道路。进步很快的时候，往往也是方法进步的时候。法学方法系法之适用的论证及正当化，借方法控制仅以前理解而为法之适用。另外，法学方法也不在于就一切法律问题获得唯一正确答案，而是在于提供可供检验、达成共识能力、具说服能力的论证理由及价值判断，最终实现正义。"

终就是，理论无法促进实践，实践也无法反哺理论。

拟制规范的部分案例中，裁判说理时常出现混淆"拟制"与"推定"的情形，欠缺拟制规范类型区分思维与法律适用自觉。[1]例如，意思表示拟制规范适用中，存在很多混淆"默示"与"沉默""拟制"与"推定"的情形。部分法院适用拟制规范时，缺乏区分"拟制"与"推定"的意识，经常援引拟制规范于前，论证意思表示推定于后。[2]在某排除妨碍纠纷案中，法院认为，根据《民法总则》第 140 条第 2 款，沉默只有"在法律规定、当事人约定或者符合当事人之间的交易习惯时"，才可以视为意思表示。赵某占有、使用村民集体所有的土地不属于上述法律规定可通过默示作出意思表示的范畴。[3]在某建设工程施工合同纠纷案中，法院认为，放弃民事权利必须采取明示意思表示才能发生效力，默示意思表示只有在法律明确规定及当事人有特别约定时才能发生效力，不宜在无明确约定或法律无特别规定情况下，推定当事人对权利进行放弃。[4]

拟制规范的部分案例中，存在法律适用错误或争议。例如，在 17 岁艺人经纪合同案中，一审适用《民法典》第 145 条第 2款"法定代理人拒绝追认拟制规范"，以该限制民事行为能力人实施的合同行为未经法定代理人追认为由，认定合同行为无效。二审认为一审适用法律错误，该限制民事行为能力人实施的合同行为内容不违反法律规定，以民事行为能力欠缺为由主张合

[1]　拟制规范法律适用欠缺方法论自觉，这种现象代表理论界与实务界对拟制规范的普遍认知。例如，《民法典》第 308 条"共有类型拟制规范"，对应《物权法》第 103 条，威科先行法律信息库中《物权法》第 103 条之下的法条要点标注是"共有关系性质不明时的推定"，也可以作为拟制与推定混淆的例证。

[2]　新疆维吾尔自治区高级人民法院［2021］新 40 民终 33 号民事判决书。

[3]　江苏省宿迁市中级人民法院［2020］苏 13 民终 4432 号民事判决书。

[4]　江西省高级人民法院［2018］赣执复 75 号执行裁定书。

同行为无效的理由不成立，合同行为有效。[1]本案涉及的拟制规范适用方法是：其一，符合拟制规范构成要件时，是直接适用还是补充适用？如果直接适用，一审根据证明责任分配法则认定该限制民事行为能力人的法定代理人未追认，适用拒绝追认的法律效果并无不妥。其二，拟制规范能否成为当事人实施的民事法律行为违反的对象？如果能，是所有拟制规范都能够成为民事法律行为违反的对象，还是要进行类型区分？本案的合同行为是否违反《民法典》第145条第2款？违反后，合同行为效力如何？这就回归到拟制规范性质问题。本案一审、二审根本没有论及上述法律适用方法。

　　拟制规范的多数案例，无法提供拟制规范具体适用方法的蛛丝马迹，无法为拟制规范理论提供启示和洞见。质言之，多数案例无法为完善和拓展既有拟制规范通说的解释力、创建新的拟制规范通说贡献司法智慧。[2]梳理、归纳和分析《民法典》第18条第2款"完全民事行为能力拟制规范"、《民法典》第519条第1款"连带债务份额拟制规范"、《民法典》第521条第1款"连带债权份额拟制规范"、《民法典》第528条"债务不履行拟制规范"、《民法典》第571条第2款"标的物交付拟制规范"、《民法典》第692条第2款"无保证期间拟制规范"、《民法典》第707条"租赁形式拟制规范"、《民法典》第726条第2款"承租人优先购买权拟制规范"、《民法典》第730

---

　　〔1〕　贵州省毕节市（地区）中级人民法院［2020］黔05民终5517号民事判决书。

　　〔2〕　王轶教授强调法学知识层次性，参见"让我们一起前行——王轶院长在法学院2018届毕业典礼上的致辞"，载http://www.law.ruc.edu.cn/home/t/? id = 54059，2023年2月15日访问。王轶教授认为："一流的法学院，一定是贡献思想资源和分析框架的法学院；二流的法学院，运用一流法学院所贡献的思想资源和分析框架，去贡献洞见；三流的法学院，运用一流法学院所贡献的思想资源、分析框架和二流法学院所贡献的洞见，在法学领域中去进行知识的拓展；四流的法学院，学习并重复别人的知识。"

条"不定期租赁拟制规范"、《民法典》第759条"融资租赁物拟制规范"相关案例,几乎没有发现拟制规范民法学方法论命题的存在空间。

二、法律适用方法的出路:实践供给理论命题

司法案例无法为证成拟制规范民法学方法论提供任何论据吗?答案是否定的。在看似零散的拟制规范司法现象中,蕴涵着拟制规范方法论的发展方向,蕴涵着富有解释力的理论命题和较为精细的法律适用方法。拟制规范的具体适用方法和法律发展方法并存,体系守成和方法创新并存。

(一)拟制规范关系范畴及法律发展

《民法典》第16条规定了"胎儿民事权利能力拟制规范",胎儿民事权利能力是法律拟制的产物,具有拟制性,[1]这是站在法律主体性立场的拟人化表达,法律主体性本质恰恰被说成是对一切拘束的否定,即自决或自治意义上的自由。法律主体性概念这种确定方式显而易见是虚构性的。如果终究可以在法律领域谈论个人自我决定,自治则只在一种十分有限和非固有意义上存在。[2]借助胎儿民事权利能力拟制规范案例,可以总结、反思两个拟制规范方法论命题:拟制规范是"原则/例外"关系中的例外规范,还是原则规范或其他关系范畴中的规范类

---

〔1〕 杨震:"民法总则'自然人'立法研究",载《法学家》2016年第5期,第25页。

〔2〕 〔奥〕汉斯·凯尔森:《纯粹法学说》(第2版),雷磊译,法律出版社2021年版,第214~215页。凯尔森认为,将法律主体在概念上确定为主观法的承载者,这种完全自相矛盾的做法的意识形态功能是显而易见的;独立于客观法而存在之法律主体的思想会保护私有财产度免受法秩序的废弃。不难看出,为什么法律主体性的意识形态与个人自由、自治的人格这些伦理价值相关,如果这种自由总是将产权包含在内的话。一个不承认人类作为这一意义上之自由人格的秩序,也即不保障产权这一主观法的秩序,终究不应该被视为法秩序。

型？该拟制规范发展了债的类型，即法定补偿义务之债。

《民法典》第 16 条对拟制规范关系范畴的反思，是借助附条件民事法律行为制度展开的。通说认为，接受或放弃继承、遗赠不得附条件。因为接受或放弃继承、遗赠，对被继承人的债权人、债务人、后位继承人、受遗赠人甚至国家，均产生法律上的重大影响。[1]但是，胎儿民事权利能力拟制规范明显突破了该通说，因为胎儿遗产继承、接受赠与等是附解除条件的民事法律行为。可见，拟制规范不仅可以突破通说，这种作用力还具有体系性和穿透性。根据"原则/例外"范畴，一般把拟制规范作为一种例外规范，对应的原则规范就是其分享法律效果的规范（基础规范）。同时，该拟制规范也是附条件民事法律行为通说的例外，即《民法典》第 158 条第 1 句"民事法律行为可以附条件，但是根据其性质不得附条件的除外"的例外规范。在"原则/例外"范畴中，胎儿民事权利能力拟制规范对应两个原则规范，即《民法典》第 13 条"自然人民事权利能力制度"和《民法典》第 158 条"附条件的民事法律行为制度"。似乎"原则/例外"范畴对拟制规范的解释力不足。[2]笔者认为，拟制规范是立法者创设、具有独立地位的规范类型，与相关规范互相补充，而不是互相对立，但这不妨碍"原则/例外"范畴对其的解释力。另外，"胎儿民事权利能力拟制规范"中还隐藏着一个立法拟制。通说认为，赠与属于双方民事法律行为，这就意味着受赠人要具有相应民事行为能力。但是，胎儿无论

---

〔1〕 翟远见："《合同法》第 45 条（附条件合同）评注"，载《法学家》2018年第 5 期，第 181 页。

〔2〕 易军："原则/例外关系的民法阐释"，载《中国社会科学》2019 年第 9期，第 68 页。作者认为，在规范关联的意义上，原则/例外关系意谓两个或多个有关联的规范中，一为原则规范，一为例外规范。例外规范是对原则规范的背离，其所提供的行为模式与原则规范所提供的行为模式相对立。

如何都是不具有民事行为能力的。此时，就涉及一个双重拟制结构。如果裁判者无法认识到这一点，会使民事立法与民事司法产生内在冲突，也会使拟制规范的方法论内部构成无法在司法实践中精细化发展，更会使对拟制规范的解释学建构空间被极大压缩。

《民法典》第 16 条的司法适用难题对应法定补偿义务之债的发展。该拟制规范的适用难题是：胎儿父或母因侵权行为受损害，其出生后的抚养权利损害与侵权行为之间是否有法律因果关系？抚养费是否属于侵权损害赔偿范围？根据文义解释，这涉及如何理解"涉及遗产继承、接受赠与等胎儿利益保护的"中的"等"字。案例中相互矛盾的结论增加"等"字的解释论难度。有法院认定，该拟制规范"尚未增加损害赔偿请求的内容，侵权赔偿义务人无需承担被侵权人受到人身损害之时腹中胎儿的抚养费义务"。[1]此时，"等"字被限缩解释为与遗产继承、接受赠与性质类似的身份关系协议中的胎儿利益保护，不会外溢到胎儿因侵权行为受损害的利益。例如，胎儿不是被抚养人范畴。[2]再审在一审论证理由基础上增加补强性论证理由：侵权行为发生时胎儿未受孕的，抚养法律关系不存在，胎儿因该法律关系而遭受的损害不属于侵权损害赔偿范围。[3]但是，类似案件中，法院认定被侵权人死亡时尚在腹中的胎儿出生后享有抚养费请求权，该项请求权属于因侵权行为产生的损害赔偿请求权。[4]可见，在上述两个本质相似的案例中，法院的论证理由、论证结论有很大出入。

---

〔1〕　福建省福州市中级人民法院［2019］闽 01 民终 5342 号民事判决书。

〔2〕　福建省高级人民法院［2020］闽民申 4609 号民事裁定书。

〔3〕　相同裁判结论参见山东省高级人民法院［2019］鲁民申 1665 号民事裁定书。

〔4〕　福建省高级人民法院［2020］闽民再 238 号民事判决书；湖北省高级人民法院［2020］鄂民申 5031 号民事裁定书。

胎儿民事权利能力拟制规范是否扩大损害赔偿范围、升格因果关系？有观点认为，《民法总则》第 16 条未明确胎儿损害赔偿请求权。[1]前者是权利能力解决的问题，后者是因果关系解决的问题。理论上是否存在对拟制规范的误解或偏见？讨论者往往徘徊在拟制规范外部地带，很难找到进入其内部的门径。有观点认为，这不是赋予胎儿权利能力或主体地位，胎儿区别于一般民事主体。[2]也有观点认为，胎儿民事权利能力与自然人民事权利能力既相互区别又有相当一致性，胎儿人格是一种准人格。[3]胎儿民事权利能力属于部分民事权利能力制度的重要组成部分。[4]笔者认为，胎儿民事权利能力拟制规范是《民法典》第 13 条自然人民事权利能力基础规范的补充与发展，不能根据体系理性在解释论上把前者从后者的概念中排除出去。胎儿民事权利能力拟制规范与自然人民事权利能力基础规范属于权利能力这一上位概念的具体类型。[5]如果偏向性强调拟制规范与基础规范不同，并在体系思维下强行解释这种不同，会忽略拟制规范本身性质特殊之所在。

---

〔1〕 李永军："我国《民法总则》第 16 条关于胎儿利益保护的质疑——基于规范的实证分析与理论研究"，载《法律科学（西北政法大学学报）》2019 年第 2 期，第 105~106 页。

〔2〕 李永军："我国《民法总则》第 16 条关于胎儿利益保护的质疑——基于规范的实证分析与理论研究"，载《法律科学（西北政法大学学报）》2019 年第 2 期，第 101 页。

〔3〕 杨立新："《民法总则》中部分民事权利能力的概念界定及理论基础"，载《法学》2017 年第 5 期，第 52 页。

〔4〕 刘召成："部分权利能力制度的构建"，载《法学研究》2012 年第 5 期，第 122 页。

〔5〕 谭启平："论民法典第 16 条的限缩解释——以胎儿不能成为征地补偿对象而展开"，载《东方法学》2020 年第 4 期，第 190~191 页。作者认为，胎儿毕竟不是"人"，第 16 条仅从技术角度将胎儿拟制成"人"，对其利益保护必须限制在相对"必要"的范围内才具有合理性，才能符合正当的立法目的。

限缩解释"等"字基础上，实践发展出胎儿抚养费补偿性义务，这是从胎儿保护理念延伸出来的，而不是因满足拟制规范构成要件产生的胎儿权利，相当于法定补偿义务。[1]有法院认为，可适当保护事故发生时的胎儿合法权益。[2]这展现了重要的民法实践命题：在胎儿民事权利能力拟制规范中发展出胎儿利益保护的法定补偿义务，为法定补偿义务作为债之独立类型做了重要背书。换言之，拟制规范适用限度与拟制规范法律发展并存不悖。法定补偿义务展现民法规范这样的品格，即规范可以涉及个人却不涉及其行为。例如，为他人不法行为承担责任的情形，尤其是集体责任的情形就是如此。[3]拟制规范既有守成的本心，又有创新的野心。拟制规范不突破传统民法理论的基础框架（如民事权利能力制度），维持民法的体系性，但又为民法理论和方法提供足够的发展空间。可见，在法律发展视野下，拟制规范具有相对独立性，也具有谦抑性品格。拟制规范的法律适用，要在民法规范的解释融贯、拟制规范性质与目的、社会生活事实等基础上，运用目的性限缩的法律续造方法，控制拟制规范负面性过度外溢。

（二）拟制规范类型区分及规范性质

拟制规范法律适用论证与其类型理论的解释力直接相关。借助民事法律行为约定排除某拟制规范法律适用时，该民事法

---

[1] 王轶："作为债之独立类型的法定补偿义务"，载《法学研究》2014年第2期，第116~130页。

[2] 安徽省高级人民法院［2019］皖民申2311号民事裁定书。法院认为，张某愿之子张某楠于事故发生后正常出生，需张某愿尽抚养义务，故张某楠应被视为事故发生时应由张某愿承担抚养义务的未成年人，张某愿有权主张相应的被扶养人生活费。另案明确指出，胎儿出生后，以支付扶养费的方式请求事故责任方作出经济方面的补偿合理有据，参见广东省高级人民法院［2018］粤民终451号民事判决书。

[3] ［奥］汉斯·凯尔森：《纯粹法学说》（第2版），雷磊译，法律出版社2021年版，第130页。

律行为效力如何？当事人实施的民事法律行为违反某拟制规范时，该民事法律行为效力如何？笔者举两个案例具体说明。第一个案例与《民法典》第48条的法律适用相关。《民法典》第48条规定："被宣告死亡的人，人民法院宣告死亡的判决作出之日视为其死亡的日期；因意外事件下落不明宣告死亡的，意外事件发生之日视为其死亡的日期。"这关系自然人被宣告死亡前的权利享有及被宣告死亡后的遗产继承。实践中，某人被宣告死亡前是合作社村民，但不是合作社社员或股东。合作社决议：此人到合作社办理股权证书等手续前，保留其股份，但属于合作社。此人被宣告死亡之日，其法定继承人能否主张合作社为其保留股份的分红及其因村民身份享有的权益属于遗产范围吗？[1] 合作社认为，宣告死亡仅是一种法律程序，不是确定自然人遗产的日期。法院认为，集体经济组织不得以表决形式否定宣告死亡的法定效力。换言之，决议行为不得约定排除死亡日期拟制规范，但不是"决议行为不得违反死亡日期拟制规范"。该拟制规范调整的"死亡"属于民事法律事实中的事件，不会成为民事法律行为违反对象。但是，以往司法实践并未对此区分予以重视。还可以在"借助民事法律行为约定排除某拟制规范"基础上追问：拟制规范都不能借助民事法律行为约定排除其适用吗？拟制规范都不能成为民事法律行为违反的对象吗？

　　第二个案例与《民法典》第397条第2款的法律适用相关。《民法典》第397条第2款规定："抵押人未依据前款规定一并抵押的，未抵押的财产视为一并抵押。"该抵押物范围拟制规范涉及抵押合同效力及其范围。[2] 有法院认为，"房随地走，地随房走，房地一体"规则是效力性强制性规范，不得以合同约定

---

〔1〕 浙江省宁波市中级人民法院［2020］浙02民终5597号民事判决书。

〔2〕 江西省高级人民法院［2021］赣民终98号民事判决书。

排除其适用。[1]逻辑上,《物权法》第 182 条规定了"房随地走,地随房走,房地一体"具体规则,抵押物范围拟制规范属于效力性强制性规范。根据"二元法律规范体系",效力性强制性规范是不能被当事人借助民事法律行为约定排除的,违反此类型规范的民事法律行为无效。如果某拟制规范无法成为民事法律行为违反的对象,也就不会属于效力性强制性规范。有法院认为:"《物权法》第 182 条第 2 款规定拟制抵押权,拟制前提是当事人应就某些事项明确意思表示而未表示,法律为结束这种不确定、稳定法律秩序,推定当事人作出某种意思表示,赋予其确定法律效果。房地分别抵押时,当事人已就房地分别抵押作了明确意思表示,当然不适用《物权法》第 182 条第 2款。虽然房地分别抵押与《物权法》第 182 条第 1 款相违背,但仅违反管理性规范,不能否定其效力。因此,在房地一致原则下,建筑物及占用范围内建设用地使用权应一并抵押,但房地单独抵押、房地分别抵押时,并不因违反该原则而无效。"[2]这就是说,当事人可以借助民事法律行为约定排除抵押物范围拟制规范的法律适用,该规范是任意性规范。可见,不同法院对该拟制规范性质存在根本分歧。因为效力性强制性规范和任意性规范是无法相互转化的。第二个法律规范体系中的强制性规范,同时也是第一个法律规范体系中的强制性规范,不可能是第一个法律规范体系中的任意性规范。[3]裁判说理论证可能混淆这两个法律规范体系,混淆分属这两个法律规范体系的论证理由。据此,拟制规范类型区分及规范性质,具有鲜明的法

---

〔1〕 湖南省慈利县人民法院〔2020〕湘 0821 民初 1015 号民事判决书。

〔2〕 新疆维吾尔自治区高级人民法院〔2019〕新民终 113 号民事判决书。

〔3〕 参见王轶:"行政许可的民法意义",载《中国社会科学》2020 年第 5期,第 96 页。

律适用方法意义。

（三）拟制规范识别方法及适用方法

拟制规范识别方法是规范结构要直面并回答的问题，拟制规范适用方法是在参照/类推/补充/直接适用中不断被认识和发展的。在逻辑上，拟制规范的识别在前，适用在后，共同确保其法律适用的准确性。实践中，相关案例展示了拟制规范的识别与适用方法，进一步确认了拟制规范的方法论品格，下文以《民法典》第 621 条第 1、2 款"标的物合约拟制规范"司法适用为例说明。在某买卖合同纠纷案中，法院认为该规范"视为"的性质是法律拟制，不是法律推定，[1]是一项实体法规则，不容反驳，司法必须直接适用，案涉货物已被法律拟制为无质量瑕疵，上诉人主张的履行抗辩权无从行使。[2]法律拟制与法律推定不同之处在于法律拟制不容反驳或反证，定做人超过检验期间未提质量异议的，法律会拟制标的物没有瑕疵，不论标的物是否确实存在瑕疵，即使定做人充分证明存在瑕疵或有权威瑕疵鉴定报告，均不能阻却该法律上的拟制。[3]也就是说，"视为"作为标的物合约拟制规范的形式表征，彰显法律拟制的立法技术和拟制规范的司法技术。该条"视为"的性质是法律拟制，拟制是指"立法或司法基于某种原因将两种不相同的事实等同起来，做相同的法律评价，使不同的法律事实产生相同的法律后果"。该拟制是绝对的，在法律上不容反驳或反证，在司

---

〔1〕 有法院认为，此处"视为"是法律拟制，不是事实推定，不能被相反证据推翻。但是，"法律推定"与"事实推定"这组概念术语的使用差异，足以显示出司法实践欠缺拟制规范与推定规范的法律适用方法。参见贵州省遵义市中级人民法院〔2019〕黔 03 民终 3442 号民事判决书。

〔2〕 黑龙江省大庆市中级人民法院〔2020〕黑 06 民终 94 号民事判决书。

〔3〕 湖北省宜昌市中级人民法院〔2014〕鄂宜昌中民二终字第 00124 号民事判决书。

法上必须直接适用，故本案应当认定上诉人与被上诉人买卖合同标的物"泵车"质量符合合同约定。上诉人在使用该泵车 8 年后，要求被上诉人承担 30 年质量担保责任，即丧失了事实根据和法律基础。[1]根据实践观点，拟制规范是一种直接适用的司法技术，而不是补充或参照适用等司法技术。对拟制规范这种法律适用方法判断的合理性，是拟制规范基础理论要解决的，不是拟制规范现象描述要回答的。

不可反驳推翻是拟制规范的鲜明品格，这是站在拟制规范适用立场"向前看"得出的结论，而不是站在拟制规范识别立场"向后看"得出的结论。但是，不能宏观、概括而应微观、具体地理解拟制规范的不可反驳推翻。其一，主张适用拟制规范的当事人应对拟制规范中有利于己方的构成要件承担举证责任。其二，仅是拟制规范的拟制要件不得反驳推翻，且仅不得以拟制规范对应的基础规范推翻拟制要件，[2]其他要件都允许举证推翻。此时，"原则/例外"范畴对拟制规范的解释力就显现出来了。也就是说，拟制规范是基础规范的例外，如果用原则规范反驳推翻例外规范，例外规范就名存实亡，但也存在例外情形。例如，在符合《民法典》第 621 条第 3 款"出卖人知道或

---

[1] 山东省烟台市中级人民法院［2019］鲁 06 民终 6556 号民事判决书。

[2] 《民法典》第615条规定，出卖人交付的标的物数量或质量，应当符合约定。符合"标的物合约拟制规范"构成要件时，买受人不能以标的物数量或质量事实上不符合约定的证据，主张推翻该拟制规范。例如，金港动力公司未在约定期间向田庄铸造公司发出质量异议通知，视为案涉活塞环粘土砂生产线的质量符合约定，即从法律意义上认为金港动力公司认可该设备，不论客观是否符合约定，超过检验期间将产生法律拟制标的物无瑕疵的后果，不论是否确存瑕疵。因此，即使一审中通过鉴定证明该活塞环粘土砂生产线存在设计瑕疵，亦不能阻却该法律上的拟制。参见山东省日照市中级人民法院［2019］鲁 11 民终 380 号民事判决书；重庆市第一中级人民法院［2018］渝 01 民终 2677 号民事判决书；浙江省杭州市中级人民法院［2018］浙 01 民终 6121 号民事判决书；河北省南宫市人民法院［2018］冀 0581 民初 1169 号民事判决书。

应当知道提供的标的物不符合约定的"的情形时，可以推翻法律拟制。[1]换言之，证明出卖人恶意，也可以反驳拟制规范。[2]

综上，拟制规范蕴含丰富的方法论命题，不仅具有立法技术品格，还具有司法技术品格。在拟制规范法律适用中，可以更直观、清晰地观察拟制规范的具体内容和实践品格，这也是拟制规范理论研究的出发点。

三、法律适用方法的指引：方法论具有指向性

拟制规范法律适用方法的困境，初步展现其法律适用方法完善与发展的可能性与必要性；拟制规范法律适用方法的出路，进一步展现其法律适用方法的具体性与实践性。拟制规范法律适用方法的指引，更进一步展现其实践对学说、理论的指引与指导，使拟制规范学说与理论的发展，具有更强的自发性和明确性，具有更广阔的理论和现实空间。海德格尔认为："从来没有任何新揭示是在完全晦蔽状态的基础上进行的，一切新揭示

---

〔1〕 法院论证理由"法律拟制并不存在以相应证据推翻的余地"过于绝对。甚至有认为，在买受人怠于履行检验、通知义务情形下，其主张标的物数量或质量不符合约定的实体权利消灭，出卖人相应地不再负有物的瑕疵担保责任。参见吉林省长春市中级人民法院［2017］吉01民终5186号民事判决书。

〔2〕 福建省福州市中级人民法院［2020］闽01民终868号民事判决书。该院认为，《购销合同》关于付款方式约定"所有设备进场并安装完成，经宇菱公司审定与报价清单设备及工程量准确无误后7个工作日内支付22万元验收款；余款3万元作为维修款待保修期结束且工程无维保问题后支付"，宇菱公司于2013年12月20日出具验收报告并于2015年8月11日支付了包括维修款在内的所有款项，应视为宇菱公司对欧普斯公司提供的设备验收无误。前述"视为"虽属于法律拟制而非事实推定，但能产生因期间经过而拟制标的物合乎约定的法律逻辑；且案涉《购销合同》已履行完毕，赵某并未提供证据证明欧普斯公司交付的标的物存在导致合同目的无法实现的重大瑕疵或情形，亦未举证证明宇菱公司在检验期间或保修期间向欧普斯公司主张设备不符约定或提出质量问题等异议，在案证据无法证明欧普斯公司存在主观恶意，故对于赵某以欧普斯公司存在主观恶意为由主张前述法律拟制不能成立的上诉理由，本院不予采纳。

都以假象样式中的揭示状态为出发点。"[1]拟制规范方法论作为一个真命题，就是在既有法律拟制的通说基础上，在不断拓展通说的过程中，形成符合民法学发展趋势的新通说，为该命题的研究贡献洞见、思想资源和分析框架。拟制规范法律适用方法辅助划定其在法教义学层面作业的范围。在教义学层面，讨论者要着重关注拟制规范的类型区分、规范性质、识别定性、适用方法及适用边界、司法论证说理的局限与发展、分析框架（如"原则/例外"的解释力、规范结构）的修正与完善以及它本身的力量与弱点等。

拟制规范法律适用方法揭示其方法论命题不是抽象、宏观的，而是具体、微观的。关系论视野下，具体、真实的法是在三组协调互动的关系中生长出来的，即规范与事实的协调互动、当为与存在的协调互动、抽象与具象的协调互动。拟制规范在法律理念、法律规范和具体生活关系中被证成和描述，脱离具体拟制规范和生活事实，形而上地研究拟制规范，很难获得具体、真实的方法论。法律拟制不能从其概念本身被证成，而是在具体拟制规范中被证成和展现出来的。如果仅在抽象层面想象拟制规范，只能领会"法律拟制/拟制规范"的存在，但其民法意义却始终隐藏在晦暗之处。考夫曼认为："将案件与规范等同处置的思维操作，都发生在演绎的法律适用、包摄之前的，这种等同不具有演绎的性格，也不是分析的，而是综合的；'新的'事物是隐藏在每一次的法律适用中的。"[2]事实上，司法实践更多需要综合的视角，对应民法体系化的思维方式；理论提炼更多需要分别的视角，对应民法类型化的思维方式。

---

〔1〕［德］海德格尔：《存在与时间》，陈嘉映、王庆节合译，生活·读书·新知三联书店 1999 年版，第 255~256 页。

〔2〕［德］考夫曼：《法律哲学》，刘幸义等译，法律出版社 2004 年版，第 110 页。

拟制规范法律适用方法受制于理论的深度和广度。实践中，不是所有"视为"语词表征的拟制规范的法律适用，都直接或间接包含方法论命题。换言之，在一部分拟制规范身上可以观察到法律适用方法的充分运用，但另一部分拟制规范缺乏相关司法案例，仅有的案例在论证说理上也很单薄，没有法律适用方法充分运用的空间。整体上存在这样一种现象，即理论提炼越充分的拟制规范，裁判者在适用该拟制规范时，论证理由会更加扎实、论证思路会更加严谨、适用方法会更加复杂、方法创新会更加活跃。事实上，这种理论与实践协调互动的积极现象，是对我国民法理论、民事立法和司法领域另一种消极现象的引导和矫正，即民法理论和民事立法、司法的二元化现象。这种积极现象有助于否定否定拟制规范方法论者的观点。以《民法典》第159条"条件拟制规范"为例，其呈现了学说、理论和实践的关联互动。条件拟制规范关系到民事法律行为的效力判断，因此该规范的理论命题得到了充分的总结和提炼。其一，在区分意定条件与法定条件情形下，条件拟制规范对法定条件的类推适用空间，是理论和实践都关注的问题。[1]司法实践认为，法定条件不是条件拟制规范调整的范围。[2]民法理论认为，当事人一方对法定条件的成就具有决定力时，条件拟制规范有适用空间。[3]例如，拖延不到相关行政部门办理物权变

---

〔1〕 冯洁语："论法定条件的教义学构造"，载《华东政法大学学报》2018 年第 5 期，第 105 页。

〔2〕 民事法律行为所附条件，必须是将来发生的、不确定的事实，是当事人约定的而不是法定的。政府机关审批或批准有关事项的权限和职责，源于法律和行政法规的规定，不属于当事人约定的范围。参见广东省广州市中级人民法院［2020］粤 01 民终 18584 号民事判决书。

〔3〕 尚连杰："拟制条件成就的法理构造"，载《法律科学（西北政法大学学报）》2017 年第 4 期，第 69 页。

更登记的，可以视为条件成就。[1]其二，在区分拟制规范被拟制前的应然状态和被拟制后的实然状态情形下，拟制规范法律效果是否会不当排斥其他民事法律事实引发的法律效果？这涉及拟制规范中请求权或民事责任竞合理论。其三，条件拟制规范适用中会存在推定法则或推定因素。拟制规范与推定规范可能共享适用方法。实践对条件拟制规范中不正当阻止或促成条件成就之人可归责性的判断，常采推定。其四，条件拟制规范中"不正当阻止行为"类型多样，实践活跃，虽然最终都对应条件成就的法律效果，但涉及不同民法知识和原理的衔接与适用。例如，当事人意图通过撤销人民调解协议阻止条件成就；[2]意图通过买卖合同等民事法律行为阻止条件成就[3]（这在身份关系协议中尤为常见）；[4]意图通过消极不主张债权的行为阻止条件成就；[5]意图设立权利负担，增加条件实现难度阻止条件成

---

〔1〕 湖南省临澧县人民法院［2020］湘 0724 民初 1848 号民事判决书。

〔2〕 江苏省常州市中级人民法院［2020］苏 04 民终 3010 号民事判决书。法院认为，上诉人港宏公司在被上诉人提交了所有索赔材料，并承诺愿意协助上诉人办理相关索赔事宜的前提下，仍提起撤销人民调解协议，上诉人的行为系阻止条件成就，应当视为条件已成就。

〔3〕 云南省宾川县人民法院［2020］云 2924 民初 1867 号民事判决书。法院认为，离婚协议中共同财产约定附条件时，一方不正当阻止约定条件成就，以此逃避履行离婚协议的约定，属于不正当阻止条件成就。

〔4〕 浙江省杭州市中级人民法院［2019］浙 01 民终 10843 号民事判决书。法院认为，离婚协议是夫妻双方为了解除婚姻关系及离婚后对子女抚养、夫妻共同财产和债权债务处理作出安排而订立，是基于婚姻家庭关系达成的协议，各项条款整体构成离婚协议，密不可分。相关条款均依附于婚姻关系的解除，具有身份关系的性质，其中夫妻双方将夫妻共同财产或一方将其个人所有财产赠与子女的条款，不同于单纯财产赠与，在法律适用上，不应适用《合同法》进行调整，而应适用《婚姻法》及相关司法解释规定。该类赠与条款非因法定事由，依法不应予以变更或撤销。

〔5〕 这涉及条件拟制规范与债权人代位权的衔接适用问题。参见天津市东丽区人民法院［2021］津 0110 民初 1123 号民事判决书；四川省成都市中级人民法院［2021］川 01 民终 1946 号民事判决书。

就；[1]约定不可能实现的履行条件等。[2]其五，条件拟制规范适用方法不断精确与细化。例如，在居间合同"跳单"情形中，有法院认为应视为支付居间服务合同约定佣金的条件成就，买受人应按照约定向居间人支付佣金。[3]但是，有法院认为应根据居间服务程度支付部分约定报酬，但并不是沿着拟制规范的方向论证，而是提供新的论证理由，即"跳单"行为发生在居间合同成立、生效后，并未阻止合同生效，而是委托人利用居间人提供的信息、机会等条件却不通过居间人而达成买卖交易的行为，违反合同诚实履行的义务。[4]

总之，拟制规范法律适用方法在司法实践中形成与发展，指引拟制规范理论研究的方向与深度，更加充分的理论研究又可以反哺司法实践，构成良性循环。

第三节　可能的初步结论

描述拟制规范的立法现象和司法现象，旨在客观展现过去忽视拟制规范民法学方法论的因素，当下与未来重视拟制规范民法学方法论的可能。无论是立法现象还是司法现象，我们都要辩证看待其中可能的现象命题。拟制规范立法惯性中心主义、立法面向中心主义和非拟制规范中心主义三个立法现象命题，拟制规范司法适用的粗糙性及相关司法现象命题，需要我们时刻警惕、反思和修正。但是，拟制规范立法和司法现象中的积极因素，助力形成拟制规范民法学方法论的研究确信。拟制规

---

〔1〕　河南省新野县人民法院［2021］豫 1329 民初 887 号民事判决书。

〔2〕　云南省昆明市五华区人民法院［2020］云 0102 民初 14746 号民事判决书。

〔3〕　江苏省无锡市中级人民法院［2021］苏 02 民终 1591 号民事判决书。

〔4〕　北京市第三中级人民法院［2020］京 03 民终 11165 号民事判决书。

范立法实证分析，间接展现了其作为渐进的法律发展方法的面向。这主要表现在司法解释中成熟规则的拟制化，民事单行法中普通规范的拟制化，新规则以拟制方法进入民法典。实践和理论共识的拟制化，体现立法者的谨慎态度，提示法律适用者和理论研究者注意拟制规范特殊性并妥当适用。拟制规范司法实证分析展现学说、理论和实践关联互动，显示其实践运行状态及精神面貌相当程度上受制于其理论的发展。至此，如下初步结论作为下文基本立场。

第一，立法实证分析和司法实证分析是拟制规范现象描述的一体两面。在立法实证分析中，对原民事基本法、单行法、司法解释及民法典中拟制规范的谱系学分析，总结拟制规范可能的历史结论和现象命题。在司法实证分析中，对司法实践中拟制规范适用状况进行分析，以问题为导向，提炼拟制规范适用难题的抽象命题，为其方法论的确立、展开、完善和发展提供实践素材。这不是对案件事实的泛泛之谈，而是要深入拟制规范适用问题中，以此关联民法学知识、原理和方法，完善和拓展既有通说的边界，融入拟制规范的特殊性，解释、想象、描述和表达拟制规范丰富的民法学方法论命题，发展民法学方法论。这种现象描述方法，吸收和借鉴哲学现象学的研究方法和立场，具有深层次的可靠性。哲学现象学为法律实证提供了现象学的思想和方法。有学者认为，现象学方法不是一般直观的方法或描述的方法，而是现象学的悬搁和还原，悬搁任何现成的理论预设和理论框架，甚至是事物的现成存在。悬搁是现象学还原的第一步，还原的第二步是重新解释事物的存在。现象学始终存在两个不同的问题域：揭示并描述纯粹意识领域的本质结构，把握意识行为的构造过程及意识结构本身的发生。[1]

第二，法律拟制及周边命题向拟制规范的现象、思想和方法命题转变。在法律拟制及周边命题下，拟制是虚构要件事实、以假为真的立法技术；在拟制规范的现象、思想和方法命题下，拟制是创设新规范类型的立法技术与司法技术，集规范性、价值性和证据性三大法律思维于一身。规范的体系自足与逻辑自洽是民法科学的最高标榜，也是民法学者的执着追求。自由法学、利益法学、评价法学和法教义学对概念法学的修正与发展，表明民法体系自足与逻辑自洽是有限度的，民法规范难免无法妥当调整某些生活事实，缺乏对特定社会情境的规范性诠释，而拟制规范就是对该限度的增补。拟制规范与其他民法规范一样，是法律科学的构造物，但又具有自身规范的特殊性。该特殊性不是法律"构造物"意义上的，而是民法规范论意义上的；不是原则性的，而是程度性的，法律科学既无需对其研究对象表示赞成，也无需表示反对，只需认知和描述。[2]法律命题不是对法律规范的简单复述，而是对法律规范的现象、思想和方法的提炼与抽象表达。申言之，现象描述是对拟制规范的实然认知，基础理论和方法论是对拟制规范的应然认知。由此形成的拟制规范论就是对民法拟制规范进行描述和认知的理论。

第三，认真对待拟制规范的共性与个性。体系研究民法拟制规范，基本路径应是从具体拟制规范中抽象共性做一般化处理，发现个性做类型化处理，从对具体拟制规范的精细分析到对抽象一般原理的概括凝练，再到对相同类型拟制规范的重新

[1] 朱刚：《本原与延异——德里达对本原形而上学的解构》，上海人民出版社2006年版，第11~12页。

[2] ［奥］汉斯·凯尔森：《纯粹法学说》（第2版），雷磊译，法律出版社2021年版，第19页。

归纳。问题是：能否从所有民法拟制规范中提取出共通性要素？能够提取出何种共通性要素？以何种方法提取？这种共通性要素的提取是困难的，因为不同拟制规范的体系位置、功能价值等都不尽相同，提取标准难以把握。这就使得洞察拟制规范，尤其是其民法学方法论，显得更加艰难。但是，可以从法律拟制及其周边命题的脉络中，提炼出拟制规范思想和方法层面的形式上的共同特征，如虚构性、流动性与相似性等。基于语义学立场，从简单的形式认识出发，拟制规范留给我们的直观印象是"决断与简单"的，最多属于纯粹民法学问题，不会牵扯到民法学方法论的具体内容，遑论对民法学方法论的完善和拓展。事实上，拟制规范对既有民法知识及其自身通说都形成一定的挑战，有待于实践和理论做出补足性回应。不仅包括立法者已经意识到但却选择沉默的拟制规范中的民法问题，还包括立法者没有意识到的拟制规范中的民法问题，如《民法典》各编的拟制规范适用问题，尤其是各分编的拟制规范之间的适用问题。

第四，既要在拟制规范之内研究拟制规范，又要跳出拟制规范之外研究拟制规范。讨论拟制规范民法学方法论，不仅要在民法规范论视野下研究拟制规范的现象、思想和方法，丰富拟制规范的民法学知识层次，还要跳出拟制规范之外，细腻而敏锐地洞察拟制规范对民法知识、原理和方法的独特价值，将拟制规范的推进性研究作为民法发展甚至革命的契机。例如，拟制规范可以完善通说的认识，拓展通说的边界，《民法典》第16条就完善和拓展了继承、遗赠不得附条件的这一通说。[1]拟

---

〔1〕　冯洁语："论法定条件的教义学构造"，载《华东政法大学学报》2018年第5期，第111页。作者认为，《民法典》第16条对胎儿权利能力的拟制，以权利能力为法定的解除条件，属于我国实证法上法定条件的类型之一，即以法律关系的主体或客体为法定条件。

制规范关涉法律论证方法、法律逻辑及构造，都是超越拟制规范本身的民法问题，都可能形成新的民法知识增量。拟制规范蕴含的很多民法理论命题历久弥新，民法学知识的完善、民法学原理的成熟、民法学方法的发展，都在拟制规范的背后逐渐酝酿，使民法的想象之树愈加繁茂。

第二章

拟制规范的基础理论

第一节　拟制规范的基市概念

一、法律拟制与拟制规范

（一）"法律拟制"的概念

思想的骨骼是概念，[1]研究拟制规范的现象、思想和方法，就绕不开对其核心概念的讨论和界定。概念间的必要界分是法律科学成熟的重要标志。在法律拟制类型区分与体系建构视角下，[2]法律拟制是拟制规范的上位概念之一，是首要讨论的概念。大多数情形下，汉语文献中的"法律拟制"概念，就等同于德语文献"法律中的拟制"（Fiktionen im Recht）一词。在理论研究过程中，法律拟制面临着三大基本挑战，即定义、分类

---

[1]　李巍："相似、拣选与类比：早期中国的类概念"，载《社会科学》2021年第2期，第123页。

[2]　法律拟制的类型区分与拟制规范的类型区分不同，前者服务于法律拟制的类型区分与体系建构，属于纯粹民法学问题；后者服务于拟制规范的规范配置与法律适用，属于民法问题。

和评价，[1] 这直接影响着法律拟制的核心命题及其周边命题的推进性成果的深度和广度。法律拟制是一个概念，抽象和描述其构成性特征是有可能的，但对其下定义确是极为困难的。[2] 定义本身又是危险的，它会预先设定并限制概念的讨论方向，限制概念的发展方向与空间。考察法律拟制概念，不会是无底棋盘上的游戏，[3] 而是要借助历史的方法，从已有的学术前见出发，展现法律拟制在不同学术史阶段的构成性特征及关联命题。法律拟制形象中正面、积极因素在不断地增加，即从以真相成分为特征的对虚构的负面看法，到以目的成分为特征的对虚构的正面形象。[4] 在学术史视野下，法律拟制从来不缺少有力的竞争对手，很多著名法学家都为反拟制论做过扎实的脚注，这也凸显了法律拟制本身的价值。可以确定的是，法律拟制从未缺席对法律体系的建构、解构与重构。富勒认为，拒绝和重新定义是从法律中消除拟制的两种方法。通过拒绝，一个拟制完全消失；通过重新定义，它成为法律技术词汇的一部分。[5]

　　法律拟制概念是一个法律构造物，人为偏离比它更优越的规

---

〔1〕　Kristin Y. Albrecht, *Fiktionen im Recht*, 1. Aufl. , 2020, S. 22.

〔2〕　凯尔森认为，如果单纯将法学知识理解为"应然"存在，则法学确以拟制方式运行。从该视角也可感受到：定义法律拟制概念存在较大困难。Vgl. Hans Kelsen, *Zur Theorie der juristischen Fiktionen*, Mit besonderer Berücksich-tigung von Vaihingers Philosophie des Als Ob, Annalen der Philosophie 1, 1919, S. 632.

〔3〕　参见王轶："《民法典》时代的中国民法学"，载《中国社会科学报》2021 年 10 月 21 日。

〔4〕　Dieter Meurer, *Fiktion und Strafurteil*, Untersuchungen einer Denk- und Sprach-form in der Rechtsanwendung, 1973, S. 142.

〔5〕　Lon L. Fuller, *Legal Fictions*, Stanford University Press, 1967, pp. 20–21. 富勒认为，通过批发式重新定义消除法律拟制的方法不可采，因为这会导致法律语言被缺乏丝毫效用的技术概念的怪异组合束缚。

则，以实现法律的一个优越目的。[1]法律拟制包含主客观双重结构，偏离更优的规则以实现更高的法律目的，是主观结构；[2]服务于识别法律拟制的结构，是客观结构。例如，法律拟制是"把某事实另行评价为满足某要件"，还是"把某事实看成另一个事实"等，目的是确立拟制规范的一般客观结构。这种主客观双重结构，包含法律拟制的双重证明负担，它不仅要在理论上证明自己，还要在实践上证明自己。前者旨在证成拟制理论的深厚性、延展性和正当性，避免其缺乏活力源泉；后者旨在证成法律拟制的有用性、必要性和司法性，避免其无法扎根现实、无法落到实处。

　　法律拟制概念是一个混合性上位概念，是在不同类型区分中逐渐显示自己全貌的。通俗而言，法律拟制本身不是一幅完整的图画，而是一幅拼图，这幅拼图的各个部分都有确定的对象、目的、功能与方法。因此，学术史上对法律拟制所作的评价，不能想当然地作为全部类型法律拟制的正当性与合理性的论证理由加以使用，要辨别不同评价所针对的法律拟制类型，甄别确定，分别使用。评价法律拟制的不同类型，是法律拟制类型区分与体系建构的前提性问题。但是，如果避免站在立法者、法官和法理学者立场上对法律拟制的类型进行区分，而是从法律本身出发，则对知识的目标更有帮助。[3]事实上，在不同讨论者的心目中，有不径相同的、理想型的法律拟制类型区分结论。例如，拉伦茨将法律拟制区分为作为立法技术手段的

---

　　[1]　拟制有意识地偏离现实却旨在实现后者。Vgl. Hans Vaihinger, *Die Philosophie des Als Ob*, Raymund Schmidt（hrsg.），2. Aufl., 1924, S. 185.

　　[2]　此处涉及一个法学命题，即"法律拟制依据什么偏离什么"。其中，"依据什么"关涉法律拟制的类型区分；"偏离什么"关涉法律拟制的参照物与构成性特征。

　　[3]　Kristin Y. Albrecht, *Fiktionen im Recht*, 1. Aufl., 2020, S. 23.

拟制、作为裁判说理手段的拟制及在学术中应用的拟制。[1]拉伦茨区分的法律拟制的三种类型，可以概括提炼为立法拟制、司法拟制[2]与理论拟制。[3]理论拟制为法律思想和方法的展开提供了基点，立法拟制与司法拟制则是最为经典的法律拟制类型。Meurer 将法律拟制区分为两种类型，即立法拟制和理据拟制，前者将不同者等同视之的是构成要件（Tatbestand），后者将不同者等同视之的是案件事实（Sachverhalt）。[4]立法拟制是立法者通过拟制技术实现拟制规范和基础规范之间的法律后果参引，司法拟制是裁判者发展法律的方法。[5]Meurer 实质上认为，立法拟制和司法拟制一般结构不同，前者一般结构是"将一个构成要件等同评价为另一构成要件"，后者一般结构是"将一个案件事实当作另一案件事实"。这与民法适用的涵摄逻辑一脉相承，即将特定案件事实（Sachverhalt）置于规范构成要件（Tatbestand）之下，得出相应裁判结论（Schlussfolgerung）的思维过程。有观点认为，立法拟制相对教义学拟制（dogma-

---

〔1〕 ［德］卡尔·拉伦茨：《法学方法论》（第6版），黄家镇译，商务印书馆2020年版，第333~334页。

〔2〕 法律拟制唯一用途和目的，就是名义上掩盖这一事实，即法律在法官手中发生了变化。Oliver R. Mitchell, "The Fictions of the Law: Have They Proved Useful or Detrimental to Its Growth?", *Harvard Law Review*, 1893, p. 262.

〔3〕 法律理论的拟制（Fiktionen der Rechtstheorie）是辅助性概念与辅助性构造，是更为抽象层面的拟制，是从想象与思想中创造出来的法律概念，如法律主体。支持法律理论拟制的讨论者，可能无法理解非拟制方法作为法律概念、规则与体系的建构基础性是如何成为可能的。

〔4〕 Dieter Meurer, *Fiktion und Strafurteil*. Untersuchungen einer Denk- und Sprach-form in der Rechtsanwendung, 1973, S. 73. 特别地，Meurer 解释立法拟制与理据拟制时，德文是 "Gesetzesfiktionen sind verweisende Rechtssätze" 与 "Begründungsfiktionen sind verweisende normative Indiviualsätze"。

〔5〕 司法拟制是最古老但也是英美法学者强烈抗拒的主要拟制类型。它具有鲜明的历史功能与古老基因。普通法中的法律拟制是与立法权相冲突的司法拟制，即试图掩盖司法判决和现行法律不一致的手段。

tische Fiktion)，[1]这是法官和法学家的作业范畴，在方法论上孤立无援。[2]立法拟制和教义学拟制，都是在法律上同等对待两组不同的事实（zwei unterschiedliche Tatsachenkomplexe）。[3] 20 世纪 30 年代，德国法学家通过系列著述，根本否定教义学拟制作为法学方法的工具，这种学术基调延续至今。[4]教义学拟制减少法律适用者负担的论证义务，模糊法律论证的决定性理由，[5]其衰落似乎是一种方法论意识的纯化。[6]可见，立法拟制的概念是固定的，但与立法拟制相对应的拟制类型可以是司法拟制、理据拟制或教义学拟制。此外，还可以将法律拟制区分为狭义法律拟制（engeren juristischen Fiktion）与广义法律拟制（weiteren juristischen Fiktion）。

同样在法律拟制类型区分视野下，Vaihinger 将立法拟制与数学拟制完全等同。凯尔森认为这是错误的。[7]法律理论的拟制（Fiktion der Rechtstheorie）与法律实践的拟制应予严格区分，前者是针对法律知识的思维活动，后者是立法者或裁判者使用的拟制。立法拟制是为了在民法典中体系化配置拟制规范。凯

---

〔1〕 "教义拟制"与"教义学拟制"是不相同的。有学者将"教义拟制"等同于"立法拟制"，参见谢潇："私法拟制论：概念、源流与原因"，厦门大学 2016 年博士学位论文，第 82 页。

〔2〕 Hans-Peter Haferkamp, *Methodenehrlichkeit - Die juristische Fiktion im Wandel der Zeiten*, FS Horn, 2006, S. 1077.

〔3〕 Hans-Peter Haferkamp, *Methodenehrlichkeit - Die juristische Fiktion im Wandel der Zeiten*, FS Horn, 2006, S. 1077.

〔4〕 Hans-Peter Haferkamp, *Methodenehrlichkeit - Die juristische Fiktion im Wandel der Zeiten*, FS Horn, 2006, S. 1080.

〔5〕 Karl Larenz u. Claus Wilhelm Canaris, *Methodenlehre der Rechtswissenschaft*, 1995, S. 83.

〔6〕 Hans-Peter Haferkamp, *Methodenehrlichkeit - Die juristische Fiktion im Wandel der Zeiten*, FS Horn, 2006, S. 1083.

〔7〕 Hans Kelsen, *Zur Theorie der juristischen Fiktionen*, Mit besonderer Berücksichtigung von Vaihingers Philosophie des Als Ob, Annalen der Philosophie 1, 1919, S. 641f.

尔森认为，根本不存在 Vaihinger 意义上的拟制。因为，法律秩序是用语词表达的，这些语词无疑经常表现出认识论拟制所倾向于隐藏的"视为"言语形式。但是，在法律秩序没有任何认知目的的情况下，法律语词永远不可能包含 Vaihinger 意义上的拟制。[1]也就是说，立法语词表达的法律规范不贡献额外的知识增量，只是以类型化方法对纷繁复杂的社会生活事实的抽象塑造。就立法拟制而言，立法者只是简单把与现实不矛盾的规范扩展到新的情形。新案件和扩展规范之间的关系与其他案件和规范之间的关系并无不同。[2]如果缺乏实证法规定相应的拟制规范，就无法直接从法律秩序中得出立法拟制展现的价值判断结论。换言之，法律规范不能被任意限缩或扩张，特定规范对应的法律效果也不能随意被配置到其他法律事实之上。在此意义上，拟制规范本身构成了法律秩序扩张的边界。理论拟制毫无具体的法律内容，没有法学方法论特征。[3]至此，可得出三个判断结论。其一，法律拟制是一个上位概念，立法拟制仅是其具体类型之一。其二，无论是大陆法系的拟制规范，还是英美法系的司法拟制，讨论者都不可能仅从一种法律拟制的类型出发，尝试完成法律拟制的体系建构。其三，立法拟制和司法拟制蕴含丰富的法学方法论命题，具有鲜明的法学方法论品格。

　　法律拟制概念是不同概念性要素的动态组合，是不同要素的集合体，而不是一个纯化的概念。这些要素不是一成不变的，而是随着人类认识深化，会发生增减排序的变化。法律拟制的概念

---

〔1〕　Hans Kelsen, *Zur Theorie der juristischen Fiktionen*, Mit besonderer Berücksichtigung von Vaihingers Philosophie des Als Ob, Annalen der Philosophie 1, 1919, S. 638.

〔2〕　Hans Kelsen, *Zur Theorie der juristischen Fiktionen*, Mit besonderer Berücksichtigung von Vaihingers Philosophie des Als Ob, Annalen der Philosophie 1, 1919, S. 639.

〔3〕　Hans Kelsen, *Zur Theorie der juristischen Fiktionen*, Mit besonderer Berücksichtigung von Vaihingers Philosophie des Als Ob, Annalen der Philosophie 1, 1919, S. 658.

性要素至少包括虚假性（Falschheit）、目的性（Zweck）、实用性（Nützlichkeit）、[1]暂时性、不可反驳性、相似性与可识别性。这些概念性要素间接体现法律拟制的品格。其中，虚假性主要体现法律拟制和社会现实（Soziale Realität）的裂缝与对立。虚假性是否为法律拟制的概念性要素似乎成为其正当性之所在。[2]有观点认为，法律拟制的拉丁文"fictio"对应的动词原形为"fingere"，原始含义为"制作、塑形、构造"，[3]以此反驳法律拟制的"虚假性"。其实，这是创造论者的观点，即拟制（fingere）包含"形成"（formen）"创造"（schaffen）之义。[4]目的性是法律拟制的主观结构，拟制就是"将不平等事物等同或将平等事物不等同，以达到一个目的"。[5]法律拟制应该具有可识别性，就拟制规范而言，这可以使立法者自觉配置拟制规范的意愿和裁判者识别拟制规范的可能相契合。客观现实同样具有可识别性，如果认为客观现实不可知、不能识别，那它就是最广阔和最复杂的拟制现象，法律拟制也就不能以独特法律现象的方式为人们提供更多的认识。至此，可以得出三个结论。其一，法律拟制具有历史性，其概念性要素在不同历史阶段可能会发生变化，既会有增减之变，也会有主次之变。其二，法律拟制通过

---

[1]　Lon L. Fuller, *Legal Fictions*, Stanford University Press, 1967, p. 9.

[2]　如果仅仅将法律拟制理解为社会现实的对立面，可能会限缩甚至掩盖法律拟制的本质。因此，社会现实范畴的宽窄之分，对法律拟制的认识论和本体论都具有重要影响。法律现实具有规范性、证据性与价值性特点，因而也就无法与描述性的社会现实等同，这是通说观点。相应地，法律拟制也应纳入规范性、证据性与价值性的分析框架，法律拟制参照现实（Bezugswirklichkeit einer Fiktion im Recht）。

[3]　张焕然："论拟制规范的一般结构——以民法中的拟制为分析对象"，载《法制与社会发展》2021年第4期，第188页。

[4]　Amie Thomasson, *The Ontology of Fiction: A Study of Dependent Objects*, University of California, 1995, p. 157.

[5]　Dieter Meurer, *Fiktion und Strafurteil. Untersuchungen einer Denk- und Sprachform in der Rechtsanwendung*, 1973, S. 60.

不同的概念性要素才可能得到把握和证明。其三，法律拟制由核心概念要素与辅助概念要素构成，仅追求对某一种概念性要素的认识是不够的，如将目的作为其唯一构成性要素是片面的。[1]

　　法律拟制概念在与类似概念的区分中逐渐清晰地显示自己。Albrecht 在本体论意义上对此进行了完整论证。其一，法律拟制与现实（Realität）区分。法律是社会现实的一个独立规范子领域，法律拟制的关键不在于与社会现实的断裂，而在于其假设的内容不符合体系。[2]其二，法律拟制与真实性（Wahrheit）区分。[3]法律拟制和法律规范通过转述与不同世界模式的联系，间接具有真实性。[4]其三，法律拟制与谎言（Lüge）区分。拟制在任何情况下都不是谎言，因为预期的欺骗性因素总是缺失的。[5]其四，法律拟制与想象（Imaginäres）区分。在某种意义上，不可能的事情在法律上是可能的，即使它没有任何意义。[6]其五，法律拟制与比喻（Metapher）区分。[7]在结构上，比喻和法律拟制在某些方面相同，但在许多方面不同。因此，拟制，特别是法律拟制，并不是比喻。然而，将它们描述为结构上的类似，在某种意义上是非常明显的"规范性隐喻"。[8]其六，法律拟制与定义（Definition）区分。法律拟制仅是法律概念的重新定

　　〔1〕　赵玉春：《刑法中的法律拟制》，清华大学出版社 2018 年版，第 17 页。作者认为，规范目的是确保法律拟制的正当性与划定拟制规定构成要件存在范围的依据。

　　〔2〕　Kristin Y. Albrecht, *Fiktionen im Recht*, 1. Aufl., 2020, S. 189.

　　〔3〕　世界的真实性建立在语言的描述之上，参见亓同惠："'事实怀疑论'的背景、类型与矫正策略——兼论中国司法实践中的'事实'"，载《法学》2013 年第 3 期，第 120 页。

　　〔4〕　Kristin Y. Albrecht, *Fiktionen im Recht*, 1. Aufl., 2020, S. 197und200.

　　〔5〕　Kristin Y. Albrecht, *Fiktionen im Recht*, 1. Aufl., 2020, S. 203.

　　〔6〕　Kristin Y. Albrecht, *Fiktionen im Recht*, 1. Aufl., 2020, S. 207.

　　〔7〕　隐喻是传统的说服手段，从法律中消除隐喻，就减少了法律说服和转化的力量。Lon L. Fuller, *Legal Fictions*, Stanford University Press, 1967, p24.

　　〔8〕　Kristin Y. Albrecht, *Fiktionen im Recht*, 1. Aufl., 2020, S. 209.

义吗？换言之，法律拟制仅具有扩展旧有法律概念外延的功能吗？拟制是对定义的补充，广义上可以被认为是定义的一部分或成为定义的一部分。[1]其七，法律拟制与推定（Vermutung）区分。不能仅拘泥于通过区分"推定""视为"这两个语词以实现法律推定或法律拟制的识别和判断，[2]况且立法者有时尚未清楚意识到法律拟制与法律推定之间的规范区分，即规范配置是不自觉的。其八，法律拟制与类推（Analogie）区分。类推依赖于两个不完全相同的案例在结构和评价上的可比性，这种结构只存在于假设中。类推和拟制的区别在于：拟制的情形，两个案例的事实构成在法律上视为完全相同，而类推的情形，两个案例的事实构成仍然是截然区分的。[3]

　　法律拟制方法的根源，可以追溯到古希腊和古罗马的祭祀拟制。在古希腊和古罗马的祭祀拟制中，拟制的思维方式不再含有对撒谎的指责，而是一种从神圣中转移过来的思维方式，为罗马法的拟制创造了前提条件。[4]抽象与提炼法律拟制概念，有两种可供选择的方案，即经验描述方案和归纳概括方案。所谓经验描述方案，就是直观地描述法律拟制的一般客观结构，最经典的描述就是"有意将明知为不同者同等对待"。[5]这种描述的最大优势在于，有效避免法律拟制类型区分带来的概念

---

〔1〕　Kristin Y. Albrecht, *Fiktionen im Recht*, 1. Aufl., 2020, S. 215.

〔2〕　Kristin Y. Albrecht, *Fiktionen im Recht*, 1. Aufl., 2020, S. 219.

〔3〕　Kristin Y. Albrecht, *Fiktionen im Recht*, 1. Aufl., 2020, S. 223f.

〔4〕　Gustav Demelius, *Die Rechtsfiktion in ihrer geschichtlichen und dogmatischen Bedeutung. Eine juristische Untersuchung*, 1858, S. 1ff. 第一章（Das Sinken der Opfer. Fiktion des Opfergegenstandes）与第二章（Fortsetzung. Opferfiktion bei den Römern）介绍古希腊与古罗马的祭祀拟制，作为法律拟制的实践逻辑和理论前提。法律拟制的思想和方法是对祭祀拟制思想和方法的继承与发展。祭祀拟制是对祭祀规范构成的实质变更，是在维持祭祀规范形式前提下，对祭祀规范内容的实质变更。

〔5〕　［德］卡尔·拉伦茨：《法学方法论》（第6版），黄家镇译，商务印书馆2020年版，第333页。

困惑和难题，对所有法律拟制类型可以发挥一体解释力。但是，这恰恰也是它最大的弊端，因为忽略特殊的普遍性描述概念会丧失应有的准确性，也就无法为讨论提供方向上的指引。[1]所谓归纳概括方案，就是对法律拟制的规范性含义的发掘和表达。例如，"法律拟制是指基于类推思维遮蔽不同要件事实之间的现实差异性，而令不同要件事实得以共享法律效果的规范上的事实"。[2]

综上可见，法律拟制的概念具有特定内涵，研究拟制规范至少要警惕如下误区。其一，法律拟制是一个动态、混合、上位型概念，就某类法律拟制的反驳理由，不能不加区分地当然嫁接到拟制规范方法论的论证环节中来。其二，显而易见，法律拟制不当然指拟制规范，后者仅为前者的具体类型之一。但是，国内文献一般把法律拟制等同于拟制规范，[3]这是不准确的，相当程度上也不利于拟制规范方法论命题的发现和发展。其三，法律拟制和拟制规范类型区分与体系建构的目的和方法都不尽相同。在目的上，法律拟制类型区分与体系建构更多属于纯粹民法学问题，服务于法律拟制的理论建构、学术梳理与

---

〔1〕 "相同者相同对待、不同者不同对待"原则在一般意义上并非正义的要求，而是规范的一般性的逻辑要求。该原则不能被视为平等的正义原则，而平等也不能被视为一切正义原则共有的要素。参见［奥］汉斯·凯尔森：《纯粹法学说》（第2版），雷磊译，法律出版社2021年版，第486、491页。明知不同等同视之，是拟制规范的形式描述，这一描述遵循"相同者相同对待、不同者不同对待"。如果"相同者相同对待、不同者不同对待"原则并不与正义相挂钩，法律拟制正当性该如何描述？

〔2〕 谢潇："私法拟制论：概念、源流与原因"，厦门大学2016年博士学位论文，第81页。

〔3〕 我国刑法中专门讨论拟制规范的文献是以法律拟制作为核心语词展开的，比如赵玉春：《刑法中的法律拟制》，清华大学出版社2018年版；李振林：《刑法中法律拟制论》，法律出版社2014年版。刑法领域拟制理论的这种概念惯性间接影响着民法领域拟制的概念。这很容易导致拟制规范研究的混乱现象，包括但不限于论证起点的摇摆不定、论证理由的错乱交叉与论证方向的模糊不清等。

知识传播；拟制规范类型区分与体系建构更多属于民法问题，服务于拟制规范的配置与适用。在方法上，相较法律拟制而言，拟制规范的讨论要立足于《民法典》中具体拟制规范，解决拟制规范适用的妥当性问题，揭示并发展其中的方法论命题。

（二）"拟制规范"的概念

拟制规范（Gesetzesfiktionen）是一种法律规范类型，对应法律拟制类型区分中的立法拟制。相对于法律拟制概念，拟制规范的范围更狭窄，指示对象也更具体明确，就是《民法典》中具有"视为"语词表征的这类规范，即"视为"规范。为了讨论的清晰度，暂且搁置"视为"规范的性质争论，将拟制规范等同于"视为"规范。客观上，如果拟制规范缺乏基本的识别标志，没有可识别性，它就会缺乏基本的讨论对象和讨论起点，很容易将拟制规范引向纯粹民法学问题范畴。便会出现这样一种现象，即理论和实践共识确信《民法典》中存在拟制规范，但又无法一眼可知哪个是拟制规范，甚至无法圈出拟制规范的可能范围。如此，拟制规范的法律适用难度就会陡然上升，甚至只能交给裁判者来解释。其中隐藏的最大风险就是，以司法拟制代替了立法拟制，立法拟制的可控性丧失。《民法典》中的拟制规范，包括实质意义上的拟制规范与形式意义上的拟制规范，唯有对两者均进行研究方可展现拟制规范的全貌。在此意义上，笔者认为把拟制规范理解为一个上位概念，对"视为"规范具有更强的涵括力和解释力。如果将拟制规范默认为立法拟制、真正的拟制，在缺乏拟制规范一般结构的前提下，这种默认就是一种不完全且无法实现的结论，就成了拟制问题的表面现象。

法律拟制的概念性要素和拟制规范的构成性特征不完全相同。例如，法律拟制的"虚假性"不能直接对拟制规范产生解释力。一方面，相对于法律/社会现实，法律拟制的"虚假性"众说纷纭，尚无定论；另一方面，拟制规范与其他规范一样，都是立法者创设的用以调整民事法律关系的规范。法律规范（行为规范与裁判规范）的目的，就是在秩序、正义的底色上对社会现实加以描述与调整，它必须适用于社会现实并塑造社会现实。如果"虚假性"思想推延到拟制规范情形，后者的构成性特征可能会被简化为"以假为真"。但是，"以假为真"这种拟制规范可能的构成性特征只是其一般结构的形象表达，是一种依据经验所做的直观描述，不包含拟制规范的规范内涵和构成性特征。在法律中，一项拟制通过"视为"来进行表达。[1]这是否意味着，"视为"（gilt als，als ob）语词是拟制规范构成性特征？笔者认为，"视为"表达的结构不是拟制规范的构成性特征，原因有三。其一，语言只是分析法律现象的出发点，远不是分析法律现象的终点。其二，"视为"语词虽然可以作为拟制规范的标志词，但通过该标志词无法实现对拟制规范的准确识别，亦即"视为"语词无法堪当拟制规范的构成性特征。其三，拟制规范的构成性特性只包含在一般结构中，在区分构成性特征和构成性特征附属因素的情形下，"视为"语词只是拟制规范构成性特征附属因素。

拟制规范本身蕴含法律进化的层次性，某些未上升为成文法的拟制规范，在实践中逐渐形成制度确信，适时被提升为成文法。这是一个社会共识形成的过程，也是一个法律发展的过程。此外，拟制规范借助民法的法典化，扩大了调整范围。也就是说，以前调整特定领域民事法律关系的拟制规范，现在作为调整民事法律关系的一般规范。例如，通说认为，《合同法》

---

〔1〕〔德〕罗尔夫·旺克：《法律解释》（第6版），蒋毅、季红明译，北京大学出版社2020年版，第37页。

第 45 条的"附条件"仅调整合同效力，其他类型民事法律行为的效力不在其调整范围之内。[1]但是，《民法典》第 158、159条的附条件规则调整所有民事法律行为的效力，发挥一般性和统领性功能。在此意义上，拟制规范蕴涵着建构与解构的双重力量，它创设了自身，又消解了自身。拟制规范调整的民事法律事实往往介于两个具体事实的中间地带、模糊地带，这里也往往是现有方法论解释力的边界，是新的方法论生长与发展的沃土。因此，不仅要将拟制规范纳入"实然/应然""规范/事实""当为/存在"的方法论分析范畴，还要将其纳入实质法律功能与形式体系位置的双重维度。虽然拟制规范仅指立法拟制，不包括司法拟制与理论拟制，[2]但三者可能共享法律拟制的某些思想和方法。法律拟制并不是忽视社会现实的、独立的、内在的法律概念，其与社会现实的联系方式中包含规范性。

拟制规范的上位概念有两个，即"法律拟制"与"不完全法条"。[3]作为拟制规范上位概念的"法律拟制"在前文已详细论证，接下来主要论证拟制规范的另一个上位概念"不完全法条"。法学方法论著述中，拟制规范通常也是被放在法条理论之下介绍与阐释的。法律拟制类型区分中，多将拟制规范称为法律后

---

〔1〕 崔建远："论法律行为或其条款附条件"，载《法商研究》2015 年第 4 期，第 29 页。

〔2〕 严崴："论司法拟制的性质与意义"，载《安徽大学学报（哲学社会科学版）》2021 年第 3 期，第 98 页。作者认为，立法拟制与司法拟制是实践层面的拟制，它们主要作用在于法律制度内容的设计和规则的具体适用等方面，法律拟制的论述同样适用于司法拟制。

〔3〕 "不完全法条"有时也被表述为"不完整法条"，这属于纯粹民法学问题中的解释选择问题，我国民法多采不完全法条。例如，陈爱娥翻译的《法学方法论》将其译为"不完全法条"，黄家镇翻译的《法学方法论》将其译为"不完整法条"。参见［德］卡尔·拉伦茨：《法学方法论》，陈爱娥译，商务印书馆 2003 年版，第 137 页；［德］卡尔·拉伦茨：《法学方法论》（第 6 版），黄家镇译，商务印书馆 2020 年版，第 327 页。

果参引的拟制（Fiktionen zur Rechtsfolgenverweisung），这是两个法律规范间效果的限制性归属，具有非暂时性品质（nicht vorläufigen Charakter）。法律后果参引的拟制与发展法律的拟制（Fiktionen zur Rechtsfortbildung）之间可以相互转化，即发展法律的拟制被采纳为法律时，就转化为法律后果参引的拟制。[1] 耶林认为，民法中法律后果参引的拟制中的指示参引技术不是拟制技术，仅仅是一种参引。[2]主流观点还是认为拟制规范形式上表现为法律后果的参引（Rechtsfolgenverweisung）。[3]立法拟制是一种特殊的指示参引，是一种立法技术辅助方法。[4]质言之，立法拟制既是一种立法技术方法，又是一种司法技术方法，还是一种民法规范类型。

　　讨论者各自阐释了他们对拟制规范的定义。凯尔森认为，如果立法者意图将一个具体案件事实归入一个不包含该特定情形的法律规范之下，就需要采取拟制的方法，将该具体案件事实视为在特定法律规范所涵盖的范畴内。[5]如果法律将两个不同的案件置于同一规范之下，而并不以任何方式断言这两个案件是相同的，即其在性质上是相同的。否则，所有一般规范都是拟制的，因为根本不存在两个平等的人、两种平等的条件。

---

〔1〕　Kristin Y. Albrecht, Fiktionen im Recht, 1. Aufl., 2020, S. 48.

〔2〕　Rudolf von Jhering, Geist des römischen Rechts, Teil 3, Band 1, S. 307.

〔3〕　［奥］恩斯特·A. 克莱默：《法律方法论》，周万里译，法律出版社 2019年版，第 374 页。译者将 Verweisung 译为"指示参引"，将 Rechtsfolgeverweisung 译为"法律后果参引"，将 Rechtsgrundverweisung 译为"法律依据/要件参引"。

〔4〕　Hans-Peter Haferkamp, *Methodenehrlichkeit–Die juristische Fiktion im Wandel der Zeiten*, FS Horn, 2006, S. 1077. 原文为：Es lag eine gesetzliche Fiktion vor, eine bestimmte Form der Verweisung. Fiktionen sind also zunächst ein technisches Hilfsmittel der Gesetzgebung. 特别地，gesetzliche Fiktion 应译为"立法拟制"，Verweisung 应译为"指示参引"，而不是"参照适用"，Hilfsmittel 应译为"辅助方法"。

〔5〕　Hans Kelsen, Zur Theorie der juristischen Fiktionen, Mit besonderer Berücksichtigung von Vaihingers Philosophie des Als Ob, Annalen der Philosophie 1, 1919, S. 631.

但是在法律上，这两个案件是有效的、实际的、真正的平等，因为它们被法律秩序规定为平等。[1]但是，裁判者不能忽视不同事实之间的差异性，其必须在法庭调查中形成内心确信。这里涉及 Tatbestand 这个词语的翻译问题，Tatbestand 应译为规范要件事实，还是具体案件事实？根据凯尔森的论述，似乎可以推断出 Tatbestand 是具体案件事实。"在适用法律过程中，这种事实差异是完全不能被忽视的。法官必须通过事实调查确定货物是否被接受或是否没有被及时退回。被告收货人如果声称没有接受货物，就必须证明货物没有被及时退回。"[2]因为，法律拟制仅是对法律主张的拟制，而不是对事实主张的拟制，法律适用者必须明确认定事实主张。[3]凯尔森认为，在法律理论中，立法者的拟制是不可能的，法律适用者的拟制是完全不被允许的，因其悖于法律目的。[4]法律适用几乎与法律制定一样，是一种不真正取决于对法律的认识，而是取决于法律的实现，取决于意志的行为。法律知识与法律理论，只是为法律实践做准备，为其创造交易工具。[5]

拉伦茨认为，法律拟制通常是旨在将针对特定构成要件（T1）所作的规定，适用于另一构成要件（T2）。[6]据此，拟制

---

〔1〕　Hans Kelsen, Zur Theorie der juristischen Fiktionen, Mit besonderer Berücksichtigung von Vaihingers Philosophie des Als Ob, Annalen der Philosophie 1, 1919, S. 639f.

〔2〕　Hans Kelsen, Zur Theorie der juristischen Fiktionen, Mit besonderer Berücksichtigung von Vaihingers Philosophie des Als Ob, Annalen der Philosophie 1, 1919, S. 640.

〔3〕　Hans Kelsen, Zur Theorie der juristischen Fiktionen, Mit besonderer Berücksichtigung von Vaihingers Philosophie des Als Ob, Annalen der Philosophie 1, 1919, S. 647.

〔4〕　Hans Kelsen, Zur Theorie der juristischen Fiktionen, Mit besonderer Berücksichtigung von Vaihingers Philosophie des Als Ob, Annalen der Philosophie 1, 1919, S. 649.

〔5〕　Hans Kelsen, Zur Theorie der juristischen Fiktionen, Mit besonderer Berücksichtigung von Vaihingers Philosophie des Als Ob, Annalen der Philosophie 1, 1919, S. 649.

〔6〕　[德] 卡尔·拉伦茨：《法学方法论》（第6版），黄家镇译，商务印书馆2020年版，第334页。

规范构成要件是基础规范构成要件的一种特殊情形。这种情形在逻辑上又包含正负两个面向，既可以是归入，又可以是排出。此时，拟制规范就是指示参引性法条。特别地，拟制规范与参照适用之准用（entsprechende Anwendung）不相同。[1]有学者将德语 Verweisung 翻译为"准用"[2]或"参照规范"，[3]在此基础上，将拟制作为准用的手段之一，与"准用公式"相区分。拟制规范是基本规范（Grundnorm）的补充规范，表达的是对于构成要件 b，应相应地适用 a 的构成要件与法律后果。[4]将 Verweisung 翻译为"准用"，会导致三点误区。其一，"准用/参照适用"与"拟制规范/指示参引"不同，verweisen 无"参照"之义。如果把它理解为"准用/参照适用"，会混淆"准用/参照适用"与"拟制规范/指示参引"各自的方法论，前者甚至会遮蔽后者的方法论品格和丰富的方法论命题。其二，误将拟制规范作为基本规范的补充规范，削弱拟制规范的独立性，无法突出其法律效果参引的性格。这是一种有条件、有限制的参引。其三，"准用/参照适用"与"拟制规范/指示参引"适用方法

---

〔1〕《瑞士债务法》第 798 条至第 801 条中，都出现了 entsprechend anwendbar，中译本将其译为"准用"。参见《瑞士债务法》，戴永盛译，中国政法大学出版社2016 年版，第 364 页。《瑞士民法典》第 69b 条中的 entsprechend anwendbar 被译为"类推适用"，参见《瑞士民法典》，于海涌、赵希璇译，法律出版社 2016 年版，第31 页。这显示了我国学界对这两个词语的混淆。有学者认为，"参照适用"（Entsprechende Anwendung）又称"准用"，参见李伟平："债务加入对保证合同规则的参照适用"，载《中国政法大学学报》2022 年第 4 期，第 111 页。

〔2〕［德］罗尔夫·旺克：《法律解释》（第 6 版），蒋毅、季红明译，北京大学出版社 2020 年版，第 35 页。译者明确表述"我们也可能遇到准用（Verweisung）形式的补充规范：一项规范规定应当相应地适用于另一项规范"。书中译本关键词索引也将 Verweisung 译为"准用"。

〔3〕［德］魏德士：《法理学》，丁晓春、吴越译，法律出版社 2005 年版。该书中译本词条索引将 Verweisnorm 译为"参照规范"。

〔4〕［德］罗尔夫·旺克：《法律解释》（第 6 版），蒋毅、季红明译，北京大学出版社 2020 年版，第 37 页。

不同。一方面，法官自由裁量的空间不同。参照适用条款中并没有出现"应当参照适用"，都是"可以参照适用""参照适用"。根据文义解释，法官"可以"根据行为性质选择是否参照适用，自由裁量权相对较大。但是，拟制规范往往被认为不可反驳，法官参引基本规范的法律后果的自由裁量权很小，只要满足拟制规范构成要件，就要参引基本规范的法律后果。另一方面，法官论证负担不同。前者的适用，法官要论证何时、如何参照适用。《民法典》规定，应该根据行为的性质参照适用，"行为性质"这种民法学方法论的适用难度很大。后者的适用，法官无需论证何时、如何参引。通说认为，拟制规范毫无民法学方法论的品格，但该通说的解释力日渐稀薄，拟制规范的民法学方法论亟待发展与完善。例如，参引基本规范法律后果的边界，实质意义上的拟制规范的识别问题等。

黄茂荣认为，拟制性法条可以区分为"隐藏的引用"（verdeckte Verweisung）与"隐藏的限缩"（verdeckte Einschränkung）两种类型，前者旨在扩大被引用法条的适用范围，后者旨在缩小被引用法条的适用范围。[1]论者一方面明确区分引用性法条（verweisende Rechtssätze），认为"准用/参照适用"属于引用性法条；另一方面却认为部分引用性法条与隐藏的引用型拟制性法条在规范结果上无异。此论证容易混淆"准用/参照适用"与"指示参引"的方法论区分。如前所述，Verweisung 译为"指示参引"更妥当，"准用/参照适用"对应 entsprechende Anwendung。虽然"准用/参照适用"与"指示参引"均可归属于"广义上的引用"这一上位概念，"准用条款/参照适用条款"与"拟制规范"均可归属于"广义上的引用性法条"这一上位概念，但

---

〔1〕 黄茂荣：《法学方法与现代民法》（增订七版），2020 年自版发行，第 328~329 页。

理论上还是要有区分"准用/参照适用"与"指示参引"的方法论自觉，避免"准用/参照适用"掩盖"指示参引"的方法论品格和理论命题，避免忽略拟制规范在民法学方法论体系中的地位。同时，"隐藏的引用"与"隐藏的限缩"这一区分对我国民法拟制规范的解释力不足。考夫曼认为，拟制本质上是一种类推，在一个已证明为重要的观点之下，对不同事物相同处理，或者我们也可以说，是在一个以某种关系为标准的相同性中（关系相同性、关系统一性），对不同事物相同处理。[1]此时，就引出拟制规范方法论的又一重要内容，即"相似性论证"，[2]这是拟制规范重要且首要的具体适用技术。这里有两点要进一步说明：其一，相似性论证不是"类推"或"类推适用"专属的方法论。我们不能一提到"相似性论证"，就当然与"类推"或"类推适用"挂钩，紧接着就把反对"类推"作为拟制规范法理基础的论证理由，直接当成反对"相似性论证"作为拟制规范方法论的论证理由。相似性论证同样是拟制规范的具体方法论，如果脱离相似性，拟制规范的立法创设就会完全沦为立法者的法律认知范畴，拟制规范的司法适用也就无法根据动态系统论矫正拟制规范性质认定带来的价值判断差异与利益失衡。其二，至于"类推"究竟是不是拟制规范的法理基础，理论上还没有达成共识，相应的讨论还不充分。也就是说，无法将不同观点依据的论证理由做强弱排序，再提炼总结立论

---

〔1〕 ［德］亚图·考夫曼：《类推与"事物本质"——兼论类型理论》，吴从周译，学林文化事业有限公司1999年版，第59页。

〔2〕 反对者认为，拟制的"明知不是"从字面上就已经排除或限制了"相似性"，无论如何都不可能从"不是"直接推导出"相似性"。参见严崴："论司法拟制的性质与意义"，载《安徽大学学报（哲学社会科学版）》2021年第3期，第100页。笔者对这种反对意见持反对态度，相似性论证不是形式逻辑，而是价值评价。性质考量是相似性判断中的重要且首要因素，但并非唯一因素。

和驳论的差别。在笔者博士学位论文预答辩的过程中，李永军教授就明确质疑"类推"作为拟制规范法理基础的正当性。这种反对的理由是什么？笔者反思后发现，这种反对理由中有一个至关重要的理由，即"类推"是"同"大于"异"，"同"是类推的基础，"异"是类推的限制；法律拟制的两个对象"异"远大于"同"，甚至完全相异。就该问题，本书的基本立场是：放弃将"类推"作为拟制规范的法理基础，避免"类推"或"类推适用"进一步遮蔽拟制规范的方法论品格，跳出"类推"，寻求并凸显拟制规范独立的方法论。

综上，从"指示参引"（Verweisung）的法律适用方法出发，可以得出如下结论。其一，拟制规范在找法和用法方面蕴含丰富的方法论命题。其二，拟制规范对应的"指示参引"具有独立的民法学方法论地位。其三，拟制规范长期被定位为单纯立法技术，仅具有不可反驳这一简单的方法论特征，这与拟制规范对应的方法论命题不彰具有密切关系。

二、拟制规范与基础规范

拟制规范是对基础规范法律后果的参引，每一个拟制规范都有对应的基础规范。例如，《民法典》第 16 条"胎儿民事权利能力拟制规范"对应的基础规范是《民法典》第 13 条"民事权利能力规范"。拟制规范是对基础规范的突破。这对关系范畴包含诸多拟制规范方法论命题的证立方法。此处的基础规范不是凯尔森纯粹法理论体系中的基本规范（Grundnorm）。如果相关行为被诠释为立宪行为并且根据这部宪法所实施的行为能被诠释为法律行为，凯尔森的基本规范不是由某个实在法律行为制定的，而是被预设的。确认这一前提预设，属于法律科学的一种根本功能。在这一前提预设中存在法秩序最终的，但据其本质仅是有条件的且在此意义上假设的效力基础。[1]这种基本规范不是实在法规范，而是被预设为最高位阶的规范，它的效力不能再从一个更高位阶的规范中推导出来，它的效力基础不能再被质疑。[2]换言之，基本规范就是最高规范，其有效性原因不再被追问。

凯尔森的基本规范和法律拟制有直接相关性，后者对前者具有相当的解释力。阿尔布雷希特（Albrecht）就认为，凯尔森为了拯救他的纯粹法律理论，只有一条路可以走，即拟制一个基本规范。[3]基本规范解决的是：一个规范为何有效？它的效力基础何在？在基本规范形成的过程中，很可能走入"明希豪森困境"，即论证的无限倒退、循环论证与主观决断。"假如对任何一个规范性命题不断进行证立的要求被另一个命题通过一系列有关证立活动的要求来代替的话，这个困境就能够被克服。"后者的这些要求可以把自己表达为理性论辩的规则。[4]

第二节 拟制规范的规范性质

讨论拟制规范性质，是为了落脚到其规则设计和法律适用上。具言之，就是为了拟制规范的体系更自洽，与其他立法/司法技术衔接更顺畅，整体上释放民法规范的体系效应；就是为了促进拟制规范法律适用的精确化与精细化，发挥其对社会秩

---

〔1〕 ［奥］汉斯·凯尔森：《纯粹法学说》（第2版），雷磊译，法律出版社2021年版，第59页。

〔2〕 ［奥］汉斯·凯尔森：《纯粹法学说》（第2版），雷磊译，法律出版社2021年版，第242页。

〔3〕 Kristin Y. Albrecht, *Fiktionen im Recht*, 1. Aufl., 2020, S. 97.

〔4〕 ［德］罗伯特·阿列克西：《法律论证理论：作为法律证立理论的理性论辩理论》，舒国滢译，商务印书馆2019年版，第228页。

序的组织和调整功能，强化其适用方法的解释力。性质是尽可能多地描述拟制规范"内部方面"的重要方法，如果无法区分拟制规范内部的陈述与外部的陈述，只对其进行外部的陈述，就可能出现指鹿为马的现象。决定一个陈述"内部性"的，是陈述者的理解而不是意志。[1]在论证思想和方法上，规范性质与规范类型之间没有实质差别，只是适用语境不同。[2]拟制规范性质与法律规范性质之间存在"量"的差异，后者是前者的上位概念，后者的结论并非全有地适用于前者，后者的通说也并非当然地对前者具有充足解释力。拟制规范性质与类型之间的区别在于：前者是围绕法律规范这一上位概念，全方位、多视角界定拟制规范性质，总结其可能的方法论命题；后者是基于妥当判断具体拟制规范性质和民事法律行为效力的双重目的，完成拟制规范的类型区分与体系建构。

一、基于不可反驳性的讨论

传统观点认为，拟制规范构成要件满足后，它的法律效果毫无疑义地发生。[3]与推定规范不同的是，拟制规范不允许当事人反驳推翻。这在不同部门法学者中形成了高度共识。拟制规范不可被反驳推翻的对象是什么？是构成要件还是法律效果，抑或是构成要件与法律效果都不可被反驳推翻？例如，死亡宣

---

〔1〕 ［英］尼尔·麦考密克：《法律推理与法律理论》，姜峰译，法律出版社2018年版，第347页。

〔2〕 民法规范分为概括/引用性法条、自治/管制规范、管制规范中的强行性/禁止性规范、裁判/行为规范。参见王雷："民法规范的性质——游走在自治和管制之间"，载《法学杂志》2009年第12期，第118~120页。

〔3〕 拟制规范的不可反驳性，使其更接近于严格规范，即指将一个一般而清楚的法律效果系于一个一般而清楚的构成要件上，从而当构成要件被充分满足时，该法律效果便毫无例外地发生，裁判者对于法律构成要件不享有判断余地，对法律效果没有裁量空间的规定。

告的立法例，有拟制主义（视为死亡）与推定主义（推定死亡）之分。[1] 这两种立法技术方案的核心差别就是，死亡宣告被撤销前，能否直接提出反证证明被宣告死亡者并未死亡或非在判决内确定死亡之日死亡。[2] 不可反驳推翻的对象是"视为"语词标示的构成要件，这对应程序控制方法，即以撤销死亡宣告的程序控制反证的效力。为了论证方便，笔者将拟制规范构成要件区分为其他构成要件与"视为"语词标示的构成要件，二者是前提与结论、导出与被导出的关系。只要其他构成要件被满足，"视为"语词标示的构成要件当然发生，不可反证推翻。"反证"的规范内涵为何？在区分拟制规范与基础规范的情形下，"反证"就是基础规范的构成要件。[3] "视为"语词标示的构成要件不可反驳，是否必然引起拟制规范法律效果没有任何裁量空间地强行适用？换言之，"视为"语词标示的构成要件不可反驳的反射作用，是否当然及于拟制规范的法律效果？这要区分类型，分别讨论。例如，民法拟制规范是实现私法自治的工具，解释是妥当限缩基础规范对应法律效果的方法。税法拟制规范管制色彩浓厚，其构成要件不可反驳的反射作用会强行作用到拟制规范法律效果。有学者认为，法律拟制与法律推定的区分具体表现为类型化效力强弱之分。法律拟制是税法的"强"类型化与实质类型化，不允许纳税人反证推翻；法律推定是税法的"弱"类型化与形式类型化，允许纳税人反

---

〔1〕 陈聪富：《民法总则》，元照出版有限公司 2019 年版，第 61 页。

〔2〕 王泽鉴：《民法概要》（第 2 版），北京大学出版社 2011 年版，第 39 页。

〔3〕 推定是证明过程的中断，其本质特征是在基础事实与假定事实之间创设某种法律关系，参见张保生："推定是证明过程的中断"，载《法学研究》2009 年第 5 期，第 175 页。主张假定事实存在者，不用对该假定事实承担举证责任，只要证明基础事实存在。主张假定事实不存在者，可以直接反证推翻该假定事实，也可以反证推翻基础事实。拟制规范中拟制事实，不能通过拟制规范对应的基础规范反证推翻。参见李浩主编：《证据法学》，高等教育出版社 2009 年版，第 271 页。

证推翻。[1]论者将类型化的性质总结为三种学说，即事实认定说、法律解释说、事实认定兼法律解释说。[2]在该思路下，"类型化的性质"属于"法律拟制的性质"与"法律推定的性质"的上位概念。法律拟制或拟制规范的性质也存在上述三种学说。因此，拟制规范不是一种纯粹法技术的外在表现，而是与司法三段论的小前提案件事实认定与司法三段论的大前提法律规范解释密切相关。

以《民法典》第48条"死亡日期拟制规范"为例，从构成要件与法律效果两个方面，具体展现了拟制规范的不可反驳性。死亡日期拟制规范的基础规范是《民法典》第15条"自然人出生和死亡时间判断标准规范"，根据本条，自然人死亡日期依次是"死亡证明记载的时间""户籍登记或其他有效身份登记记载的时间""证据证明的时间"三种情形。《民法典》第15条的实质构成要件是"自然人确定死亡"，《民法典》第48条的实质构成要件是"自然人生死不明"。能否用基础规范的三种情形推翻拟制规范的"死亡日期"？这关涉死亡日期拟制规范属于实质意义上的拟制规范，还是形式意义上的拟制规范。用基础规范的三种情形推翻拟制规范"死亡日期"具有复杂性。实质意义上的拟制规范是不能用基础规范推翻的。例如，不能用"成年人为完全民事行为能力人"推翻完全民事行为能力人拟制规范，否则后者就形同虚设。但是，除"视为"语词标志的构成要件外，拟制规范的其他构成要件是可以推翻的。如果用基础规范的三种情形推翻拟制规范"死亡日期"，包含对拟制规范实质构

---

〔1〕 张世明："由简约通达正义：税法类型化观察法的适用"，载《经济法论丛》2019年第2期，第114页。

〔2〕 张世明："由简约通达正义：税法类型化观察法的适用"，载《经济法论丛》2019年第2期，第136页。

成要件"自然人生死不明"的否定，自然人确定死亡。这种情形属于用基础规范推翻拟制规范还是对拟制规范其他构成要件的推翻呢？此时，完全民事行为能力人拟制规范与基础规范的结构能给我们提供论证思路上的启发。

不能用"年满十八周岁的成年人具有完全民事行为能力"推翻完全民事行为能力人拟制规范，因为基础规范与拟制规范的构成要件本就不同，该拟制规范构成要件是"十六周岁以上的未成年人"，这种明确的构成要件之间不具有反证有效性。可以用"事实上已满十八周岁"推翻"十六周岁以上的未成年人"这一构成要件。在死亡日期拟制规范中，同样不可以用"自然人确定死亡"推翻该拟制规范，因为根据《民法典》第50条，被宣告死亡的人重新出现，经本人或利害关系人申请，人民法院应当撤销死亡宣告。"自然人确定死亡"不能成为撤销死亡宣告直接事由，也就不能据此否定该拟制规范确定的死亡日期。但是，可以用"自然人确定死亡"推翻该拟制规范中的"自然人生死不明"这一构成要件，否定该拟制规范的适用，否定该拟制规范确定的死亡日期，否定该死亡日期引发的财产关系与身份关系变动的法律效果。从这个视角反驳"死亡日期拟制规范"是实质意义上的拟制规范，是站不住脚的，尽管最后效果都是死亡宣告的撤销。有观点认为，在实体法上，除被宣告死亡的人重新出现外，如果自然人真实死亡之时不是《民法典》第48条的"宣告死亡的判决作出之日"或"意外事件发生之日"，也应当撤销死亡宣告。因为宣告死亡制度的适用对象为生死不明之人，某自然人真实死亡时间查实的情况下，其状态已非生死不明，宣告死亡的构成要件不再满足。[1]有观点认为，

---

[1] 翟远见："论宣告死亡及其撤销在婚姻上的效力"，载《中国法学》2021年第2期，第50页。

作为法律上的拟制死亡，失踪人死亡的时间直接关系遗产继承、婚姻关系终止等开始的时间。宣告死亡和自然死亡时间不一致，可能影响利害关系人合法权益的实现及社会保障制度的实行，利害关系人嗣后有充分证据确定自然死亡时间的，应尊重客观事实，撤销宣告死亡确定的死亡时间，充分保护利害关系人合法权益。[1]因此，《民法典》第48条"死亡日期拟制规范"属于实质意义上的拟制规范。[2]此外，死亡日期拟制规范确立的死亡日期与自然死亡确立的死亡日期不同，二者的法律效果也不完全相同，前者要有限度地参引后者的法律效果。例如，"宣告死亡立即绝对消灭婚姻关系"通说也要适当修正。基于逻辑自洽与价值协调，宣告死亡之日不立即消灭婚姻关系，只是婚姻关系"消除"，在婚姻关系上，宣告死亡法律效果与真实死亡并不完全相同；宣告死亡判决不产生立即绝对消灭婚姻关系的效果，只是使生存配偶取得缔结新婚姻的自由；在生存配偶再婚之前，原婚姻关系一直存续。[3]

综上，可以得出如下结论。其一，拟制规范不可反驳的对象与效力范围都非常有限，拟制规范是民事主体意思自治的工

---

〔1〕　杨震："民法总则'自然人'立法研究"，载《法学家》2016年第5期，第28页。

〔2〕　根据历史解释方法，最高人民法院《关于贯彻执行〈中华人民共和国民法通则〉若干问题的意见（试行）》（已失效）第36条第1款没有使用拟制技术，没有出现"视为"语词。任何法律规定，解释者应当首先推定其合理正当；任何法律变动，解释者应当首先推定其是有原因、有意义的，而不是相反。反对观点认为，《民法典》第48条虽然使用"视为"的拟制式，但从体系解释看，结合《民法典》第50条等规定，《民法典》第48条属于可反驳推翻的民事法律事实推定规范。

〔3〕　翟远见："论宣告死亡及其撤销在婚姻上的效力"，载《中国法学》2021年第2期，第56、60页。作者总结道，宣告死亡并不当然立即消灭婚姻关系，仅使生存配偶取得再婚的自由，被宣告死亡的人在死亡宣告之后缔结他婚的，仍构成重婚；生存配偶再婚时，只有再婚的双方当事人均系善意时，新婚姻关系才能获得法律的保护，并产生消灭生存配偶原婚姻关系的效力。

具，是自治规范，不是管制规范。其二，要区分拟制规范构成要件缺失与创设正当性缺失。如果前者缺失，就没有拟制规范的适用余地，也就不涉及不可反驳的论证。其三，拟制规范不可反驳的面向不是单一的，它是法条逻辑不可反驳，也是民事法律事实不可反驳，还是"视为"语词标志的构成要件不可反驳。其四，拟制规范不可反驳的局限性，不仅体现在诉讼或仲裁中当事人围绕拟制规范展开的证据对抗，还体现在推翻援引拟制规范作出的裁判结果。一审裁判作出后至上诉期届满前，当事人发现足以改变一审裁判结论的新证据，可以上诉。其五，拟制规范不可反驳的反射作用，不当然作用于法律效果，根据拟制规范目的限缩适用基础规范法律效果。总之，拟制规范不可反驳的规范意义是在一种很狭窄的语境下来说的，这不是其适用方法的全貌，无法遮蔽其丰富的方法论命题。拟制规范不可反驳带有浓厚的强行性色彩，要避免不加反思地将其作为论证前见，不当限制拟制规范方法论的发展。

二、拟制规范性质的多元化

（一）拟制规范协调利益关系的类型化区分

拟制规范是立法者意图协调社会生活中冲突利益关系的策略之一。[1]在可供选择的不同协调策略之间，立法者认为拟制规范能更好地实现预设的协调目标。拟制规范协调的冲突利益关系包括两类，即民事主体之间的利益关系、民事主体的利益与社会公共利益之间的关系。民事主体之间的利益关系包括交易关系背景与非交易关系背景下的利益关系。大多数拟制规范

---

〔1〕 在《民法典》中，立法者协调冲突利益关系的策略包括推定、认定、拟制、（直接）适用、补充适用、参照适用等，这些协调冲突利益关系的策略兼具立法技术与司法技术双重品格。

是调整交易关系背景下民事主体之间的利益关系，这种利益关系实现的方法就是民事法律行为。[1]例如，《民法典》第140条第2款"意思表示拟制规范"承担着调整当事人实施的民事法律行为的任务。《民法典》第159条"条件拟制规范"发挥着控制民事法律行为效力的价值，影响民事法律行为效力的认定与判断。《民法典》第621条"标的物合约拟制规范"与《民法典》第622条第1款"外观瑕疵拟制规范"[2]调整买卖合同标的物数量或质量认定与检验期限之间的关系。非交易关系背景下拟制规范调整民事主体之间的利益关系包括两种类型。其一，事件引发的民事主体之间的利益关系。例如，《民法典》第48条"死亡日期拟制规范"的自然人死亡属于民事法律事实中的事件，该拟制规范调整事件引发的民事主体之间的利益关系。其二，事实行为引发的民事主体之间的利益关系。例如，《民法典》第25条"自然人住所拟制规范"的住所属于民事法律事实中的事实行为，[3]该拟制规范调整事实行为引发的民事主体之间的利益关系。《民法典》第571条第2款"标的物交付拟制规范"的交付标的物的履行行为，也属于民事法律事实中的事实行为。

　　拟制规范还调整民事主体利益与社会公共利益之间关系，[4]这包括两种类型。其一，民事主体利益与社会弱势群体

---

〔1〕　王轶：《民法原理与民法学方法》，法律出版社2009年版，第269~270页。

〔2〕　根据历史解释方法，外观瑕疵拟制规范的变迁，对应两种不同的立法技术和司法技术。2012年最高人民法院《关于审理买卖合同纠纷案件适用法律问题的解释》第18条第1款采取的协调策略是"认定"。

〔3〕　民法史上，关于住所的学说不是固定不变的，存在法律行为说与事实行为说。胡长清先生认为，采事实行为说，正本溯源。参见胡长清：《中国民法总论》，中国政法大学出版社1997年版，第90页。

〔4〕　社会公共利益可分为四种类型，即不特定第三人的信赖利益、与基本法律价值密切联系的私人利益、弱势群体的利益、以违背最低限度道德要求的方式损害他人的私人利益。参见王轶："论物权法的规范配置"，载《中国法学》2007年第6期，第112页。

利益的关系。例如，《民法典》第16条胎儿民事权利能力拟制规范，倾斜保护弱势群体胎儿的继承、接受赠与等利益。《民法典》第888条第2款保管合同拟制规范，[1]倾斜保护特定场所消费者利益。[2]其二，民事主体利益与基本法律价值密切联系的私人利益之间的关系。例如，《民法典》第18条第2款"完全民事行为能力人拟制规范"的"完全民事行为能力"就是与基本法律价值密切联系的私人利益，属于社会公共利益。[3]申言之，完全民事行为能力制度是意思自治原则落实的前提与基础。在民法视野下，公共利益是国家动用公权力限制民事主体私人利益的唯一足够充分且正当的理由。这也可以间接探索拟制规范性质的多元化，它是协调自治与管制、私利与公利关系的重要立法和司法方法。某种意义上，拟制规范是国家借助公共利益限制民事主体私人利益的方法底线，基本规范对拟制规范的制约，反过来制约公共利益限制民事主体私人利益，避免后者滥用。

（二）民法规范类型区分与拟制规范的性质

拟制规范解释适用中，它的性质处于主导地位。法律拟制的性质常难理解，不同类型区分更是分散了其性质。在民法规范论视野下，拟制规范的性质是可把握、可理解与可论证的。依据标准不同，规范区分结论就不同，规范性质也就不同。在民法思想史和制度史上，存在围绕不同区分标准对民法规范进

---

〔1〕 保管合同拟制规范属于简单规范中的混合性规范，在有利于特定场所寄存人利益的情形下，才能偏离该拟制规范。参见王轶："论合同法中的混合性规范"，载《浙江工商大学学报》2008年第3期，第15页。

〔2〕 在保管合同拟制规范确立之前，如果当事人将某物存放在购物、就餐、住宿等处，司法实践很难直接认定存在保管合同。参见广东省广州市黄埔区人民法院［2020］粤0112民初9595号民事判决书。

〔3〕 梁慧星：《民法总论》（第5版），法律出版社2017年版，第102页。

行类型区分与体系建构的结论，拟制规范的性质就隐藏在这些结论中。从规范类型区分视角揭示拟制规范的性质，具有如下优越性。其一，在拟制规范性质的证成及适用方法的发展方面具有优越性。民法规范类型区分具有明确的问题导向：更好地设计与配置民法规范，更好地完善与发展民法适用方法。其二，在拟制规范性质的特殊性及独立性的彰显方面具有优越性。民法规范属于拟制规范的上位概念，民法规范类型区分结论展现的规范性质具有一般性与概括性，容易忽略拟制规范性质的特殊性，使其独立性隐没在民法规范整体性中。考证拟制规范在民法规范类型区分中的位置安放和理论命题，[1]有利于在反思通说基础上，为拟制规范方法论的完善与发展寻找对话伙伴。其三，为拟制规范方法论独立发展提供理论资源。根据民法规范类型区分结论，拟制规范与准用/参照适用规范、推定规范等，在形式与实质上有所差异，这为挖掘拟制规范的实质方法论提供了理论依据。

1. 完全规范与不完全规范

以是否具有完整的构成要件与法律效果为标准，将民法规范区分为完全规范与不完全规范。完全规范是指包含构成要件与法律效果的民法规范，不完全规范是指缺少构成要件或法律效果的民法规范。[2]一般而言，相对于完全规范，不完全规范要与其他民法规范搭配，共同发挥裁判规范功能。完全规范

---

〔1〕　法源理论是司法裁判恣意任性的根本性控制机制，民初（1912-1929年）大理院以“现行律民事有效部分”为第一顺位民事法源，在一片荒烟蔓草中摸索前进，探寻法理，权衡古今情势，整合中西法理，不仅克服了司法难题，而且建立起一套独特的民法体系和司法运作模式。参见段晓彦：《刑民之间：“现行律民事有效部分”研究》，中国法制出版社2019年版，第182页。

〔2〕　方新军：“民法典编纂技术中的规范运用问题”，载《人民法治》2017年第10期，第20页。

与不完全规范区分实益具有相对性，体现在消极与积极两个方面。

消极方面，站在裁判规范立场上，很难说哪个民法规范可以在没有其他规范配合情形下独立发挥裁判规范功能。因此，不存在严格意义上的完全规范。以定义性法条为例，《民法典》合同编第二分编典型合同部分，调整每种典型合同的第一个规范就是定义性法条。例如，《民法典》第595条规定了买卖合同的定义，《民法典》第648条第1款规定了供用电合同的定义。以往民法适用方法缺乏对定义性法条功能的理解，常忽视定义性法条对民法适用方法的指引功能。定义性法条解决定性问题，这是其他法律适用方法发挥作用的前提，其也具有裁判规范的功能。在民法典编纂中，学界就有反对定义性法条的声音。[1]对任何不加区分反对定义性法条的意见都应该再反对。定义性法条不仅符合我们的思维习惯，还能发挥一定裁判规范和请求权规范基础的功能。在请求权规范基础分析方法中，请求权规范基础并非都对应主要规范，还可能对应辅助规范。我们往往要借助《民法典》合同编第二分编典型合同的定义性法条，判断与识别当事人之间的纠纷类型。因此，定义性的法条具有裁判规范功能，指引我们运用民事法律关系分析方法。没有定义性法条的辅助与配合，其他完全规范也很难充分、有效地发挥裁判规范功能。

---

〔1〕 石佳友：“民法典的立法技术：关于《民法总则》的批判性解读”，载《比较法研究》2017年第4期，第129~130页。作者认为，定义性法条违背立法简约精神，可能限制法律的发展，阻碍法官对这些概念范畴进行与时俱进的演进性解释和适用。也有学者类型化描述定义性法条正面功能。参见屈茂辉、廖子轩：“定义性条款配置研究——以民法典编纂为中心”，载《学习与探索》2020年第6期，第70页。作者总结出定义性条款具有明确法律适用大前提、凝聚用语共识、减轻论证和说明负担以提高交流效率、间接回答某些民法学理论问题的功能。

积极方面，不完全规范的类型区分对其法律适用方法的发展具有积极指引功能。换言之，与其说完全规范与不完全规范的区分是为民法规范的讨论提供两个可比较的法律概念，还不如说是为发展出更上位的"不完全规范"法律概念，揭示不同类型的不完全规范被遮蔽的方法论命题。不完全规范发展的过程，就是以法律适用为导向完善法律适用方法的过程，也是总结民法学方法论命题的过程，更是完善与发展民法学方法论的过程，为民法典适应时代变迁、妥当调整纷繁复杂的社会生活提供理论指引。不完全规范的功能各有不同，可区分为说明性规范、限制性规范、参引性规范、拟制规范、推定规范、解释规范及补充规范等类型。[1]这种类型区分的逻辑周延性也并非无可置疑。例如，拟制规范属于法律后果参引规范，它与"参引性规范"有何联系和区别？拟制规范与解释规范难道一定泾渭分明，前者不能具有后者的品格吗？拟制规范的参引与准用规范的参引有何联系和区别？这可能会转化为法律后果的参引规范与构成要件、法律后果双重参引规范的联系和区别。诸如此类的问题，完全规范与不完全规范的类型区分无法为我们提供答案，却可以进一步激发我们研究拟制规范的理论自觉。也就是说，过往研究往往把拟制规范作为一种纯粹的立法技术，该区分将拟制规范拉入民法规范论视野下，为拟制规范法律适用方法的发展提供可能空间。

因此，拟制规范是民法规范论视野下的不完全规范，是法律后果参引规范。

---

[1]　朱庆育：《民法总论》（第2版），北京大学出版社2016年版，第46~47页；李岩："《民法典》中非规范性条款研究"，载《东北大学学报（社会科学版）》2020年第4期，第82~83页。

2. 简单规范与复杂规范

以能否成为当事人借助民事法律行为约定排除适用的对象、能否成为当事人实施的民事法律行为违反的对象为标准，将民法规范区分为简单规范与复杂规范。能够成为当事人借助民事法律行为约定排除适用的对象，但是不能成为当事人实施的民事法律行为违反的对象，此类规范属于简单规范。既能够成为当事人借助民事法律行为约定排除适用的对象，又能够成为当事人实施的民事法律行为违反的对象，此类规范属于复杂规范。[1]王轶教授极富洞见地发展出对我国民法规范具有很强解释力的"二元规范体系"，该规范体系至少可以抽象出三大理论命题：其一，以妥当判断民事法律行为效力为目的；其二，以民事法律事实类型区分为方法；[2]其三，以妥当识别《民法典》第153条第1款"强制性规定"为终点。民事法律行为效力判断关乎私法自治的边界，关乎自由及其限制这一核心法律命题，与拟制规范的性质联系密切。简单规范与复杂规范的区分，实质推进民法规范的认识层次，妥当弥补传统民法规范类型区分结论有失周延、涵括力不足等问题。

在二元规范体系视野下，不乏直接对拟制规范的论证。拟制规范为任意性规范类型区分与体系建构提供实证法依据。任意性规范，是指当事人能够借助民事法律行为约定排除其适用的规范。任意性规范可以进一步区分为补充性任意性规范和解

---

[1] 简单规范与复杂规范的详细论证，参见王轶："行政许可的民法意义"，载《中国社会科学》2020年第5期，第90~94页；王轶："民法典之'变'"，载《东方法学》2020年第4期，第43页；王轶："民法典物权编规范配置的新思考"，载《法学杂志》2019年第7期，第12~20页。

[2] 调整因事件、事实行为、准民事法律行为引起利益关系的民法规范，不会成为复杂规范。引发民事法律关系的原因是民事法律事实，构成民事法律关系的内容是权利、义务与责任。

释性任意性规范，[1]前者处于核心地位，后者处于补充地位。补充性任意性规范，[2]旨在弥补当事人意思表示欠缺，在当事人事前约定和事后补充约定双重缺失的情形下发挥补充当事人意思表示的功能。解释性任意性规范，[3]旨在详细说明当事人期待和表示的法律效果，以消除意思表示的不清楚或不精确。《民法典》第308条共有类型拟制规范、《民法典》第309条共有份额拟制规范，一体发挥补充性任意性规范与解释性任意性规范功能。[4]在交易关系背景下，如无法确定当事人意思表示，解释性任意性规范包含的判断结论可以直接视为意思表示的内容，间接发挥鼓励交易功能。纯粹补充性任意性规范不具有落实公平原则的功能。因此，就拟制规范而言，要区分纯粹补充性任意性规范与非纯粹补充性任意性规范。非纯粹补充性任意性规范对拟制规范更具解释力和涵括力。有学者将拟制规范与

---

〔1〕　补充性任意性规范和解释性任意性规范，分别遵循不同的法律适用规则。参见王轶："论合同法上的任意性规范"，载《社会科学战线》2006年第5期，第234页；王轶："民法典的规范配置——以对我国《合同法》规范配置的反思为中心"，载《烟台大学学报（哲学社会科学版）》2005年第3期，第277页。作者认为，对于解释性任意性规范，裁判者在合同当事人对相关事项约定不完全或不明确时，可以直接依职权援引解释性任意性规范作为对纠纷进行处理的裁判规范。

〔2〕　有学者认为拟制规范是基本规范的补充规范，该语境下的补充规范不是方法论意义上的。不能据此就认为拟制规范没有基本规范重要，也没有丰富的方法论命题。该语境下的补充规范与补充性任意性规范也不同。参见［德］罗尔夫·旺克：《法律解释》（第6版），蒋毅、季红明译，北京大学出版社2020年版，第37页。我们也可以从其他学术著作中隐约看到将拟制规范看作补充规范的痕迹。例如，拟制住所属于广义法定住所之一，与狭义法定住所不同，而此则出于法律之一种拟制，用为住所之补充。参见郑玉波：《民法总则》，中国政法大学出版社2003年版，第155页。

〔3〕　解释性任意性规范的识别方法包括形式与实质上的识别方法，参见王轶："《物权法》的任意性规范及其适用"，载《法律适用》2007年第5期，第28~29页。

〔4〕　王轶："论物权法的规范配置"，载《中国法学》2007年第6期，第113页。

推定规范同时纳入解释性任意性规范之中。[1]如果不加区分，不仅会遮蔽拟制规范的理论品格，还会为区分拟制规范与推定规范制造新障碍。

在二元规范体系视野下，可以有效避免拟制规范的两个误区。其一，避免武断地将部分拟制规范直接等同于纯粹补充性任意性规范，即实体解释规则，[2]忽视这部分拟制规范中补充性任意性规范的品格，直接将其认定为解释规范。此时可得出第一个结论：排除兼具补充性任意性规范和解释性任意性规范功能的拟制规范，提炼的拟制规范一般结构是不完整的。其二，避免武断地将全部拟制规范直接等同于纯粹立法技术，忽视部分拟制规范的方法论品格与理论属性。此时可得出第二个结论：兼具补充性任意性规范和解释性任意性规范功能的拟制规范，具有精细的法律适用方法：其一，当事人特别约定优于该拟制规范；其二，当事人未特别约定的，补充约定优于该拟制规范；其三，没有当事人特别约定和补充约定的，法官要补充解释作业；其四，前三步均无法得出结论时，还要考察当事人之间的交易习惯；其五，前四步均无法得出结论时，法官才能援引该拟制规范裁决。[3]根据文义解释方法，民事主体类型不同，解释性任意性规范的效力强弱也不同，例如，《民法典》第680条第3款规定："借款合同对支付利息约定不明确，当事人不能达成补充协议的，按照当地或者当事人的交易方式、交易习惯、

〔1〕 韩忠谟：《法学绪论》，北京大学出版社2009年版，第39页。作者认为，以"视为"语词、"推定"语词标志的拟制规范、推定规范均可能属于解释法（解释性任意性规范）的具体类型。

〔2〕 ［德］卡尔·拉伦茨：《德国民法通论》（下册），王晓晔等译，法律出版社2013年版，第474~475页。拉伦茨明确区分了实体解释规则与补充性法律，分别对应解释性任意性规范与补充性任意性规范。

〔3〕 王轶："《物权法》的任意性规范及其适用"，载《法律适用》2007年第5期，第30页。

市场利率等因素确定利息；自然人之间借款的，视为没有利息。"商事借贷情形下，立法者借助解释性任意性规范尽量确定借款合同的利息；民间借贷情形下，立法者借助解释性任意性规范直接否定借款合同存在利息的可能。[1]根据体系解释方法，调整相同法律关系中相同内容（权利、义务与责任）的拟制规范，清晰地对应补充性任意性规范与解释性任意性规范。例如，《民法典》第680条第2款规定："借款合同对支付利息没有约定的，视为没有利息。"第3款最后规定"（借款合同对支付利息约定不明确）自然人之间借款的，视为没有利息"。可见，《民法典》第680条第2款"无利息拟制规范"是补充性任意性规范，《民法典》第680条第3款最后一句"无利息拟制规范"是解释性任意性规范。此时可得出第三个结论：拟制规范的补充性与解释性样态不一，功能与适用方法不同。

因此，作为解释性任意性规范的拟制规范，同时具有补充性任意性规范的品格，拟制规范分享解释性任意性规范与补充性任意性规范的法律功能、适用方法。

3. 实质规范与技术规范

以民法规范与权利义务得丧变更的相关性为标准，将民法规范区分为实质规定与技术规定。实质规定直接以权利义务的得丧变更为内容，二者具有直接相关性；技术规定间接关系权利义务的得丧变更。技术规定的合理性难以形成确切的标准。实质规定与技术规定并非泾渭分明，二者具有互相转化的可能性。整体上，实质规定的研究，应当在民法正义观之下凸显其

---

〔1〕　案涉借款未出具借条，亦未书面明确约定利息，杨某夫、城宇集团公司均确认案涉借款系城宇集团公司实际使用，城宇集团公司亦通过公司账户归还款项，故案涉借款并非自然人之间的借款，根据上述规定，本案应当根据当地或当事人的交易方式、交易习惯、市场报价利率等因素确定利息。参见江苏省苏州市中级人民法院〔2021〕苏05民终3403号民事判决书。

理论品格；技术规定的研究，只要符合特定技术目的即可。[1]
这种区分的实益有两点。其一，避免以技术性的拟制规范为样本，片面展开拟制规范的研究，遮蔽实质性拟制规范方法论的发现、完善与发展。其二，更妥当地区分拟制规范的创设与适用方法。拟制技术是创设拟制规范的方法，不是理解与适用拟制规范的全部方法，更不是禁锢拟制规范方法论发展的藩篱。例如，《民法典》第25条"自然人住所拟制规范"就是一个技术规范，常涉及审判管辖权的确定；[2]《民法典》第397条第2款"抵押物范围拟制规范"也具有浓厚的技术规范色彩。

因此，拟制规范方法论命题更多蕴含在实质拟制规范的法律适用中。

4. 民事实体规范与民事证据规范

以是否涉及证明责任分配为标准，将民法规范区分为民事实体规范与民事证据规范。民事法律事实展现动态化的思想与方法，这是对拟制规范纯立法技术思维的有益补充，因为动态观察拟制规范更容易捕捉到其与方法论之间的关联互动。立法拟制技术对应创设拟制规范的静态方法，法律适用方法对应拟制规范的动态方法。立法方法和司法方法存在转化或关联交叉。具体生活事实、抽象构成要件与要件事实之间是评价对象、评价标准与评价结果之间的关系。民事法律事实语境下的真实性，是民法语言描述的法律真实与规范真实。借助民事证据规范筛

---

〔1〕 曾世雄：《民法总则之现在与未来》，中国政法大学出版社2001年版，第29~32页。

〔2〕 最高人民法院［2019］最高法民辖终117号民事裁定书。"住所"关系死亡赔偿金的计算标准，赔偿权利人的住所地或经常居住地应以受害人死亡时最后住所地或经常居住地为准，不应因受害人死亡后赔偿权利人住所地或经常居住地变化而变更，以防止赔偿权利人于受害人死亡后通过变更住所地或经常居住地来获得高于受诉法院所在地的高额赔偿，维护法律关系的稳定和社会公序良俗。

选具体生活事实，将其上升为诉讼中有益的要件事实。该规范类型区分对拟制规范至少有两方面实益：拟制规范的民事证据规范品格拓展了拟制规范的方法论视野，属于重要的司法技术；具有证据规范品格的拟制规范是案件事实真伪不明时法官裁判的方法论。[1]民法学方法论是正义、规范与事实三者的有机体，民法正义观更关注拟制规范深层次的目的，这为借助解释论纾解拟制规范立法论难题提供方法借鉴。在民法证据规范论视野下，不乏直接对拟制规范的论证。例如，《民法典》第 308 条共有类型拟制规范，属于不可反驳的权利推定规范；[2]《民法典》第 469 条第 3 款书面形式拟制规范，属于合同成立及其证据方法规范；[3]《民法典》第 503 条被代理人追认拟制规范、第 621 条第 1 款与第 2 款标的物合约拟制规范、第 638 条第 1 款购买试用买卖标的物拟制规范、第 680 条第 2 款与第 3 款无利息拟制规范等，都属于不可推翻的合同法律事实推定规范。[4]以《民法典》第 888 条第 2 款保管合同拟制规范为例，拓展民法证据规范对拟制规范的解释力。[5]事实上，在权利救济和纠纷解决的

---

　　[1]　具有鲜明民事证据规范品格的拟制规范，分享民事证据规范的共性，即民事证据规范既涉及程序性问题，也涉及实体性问题；既涉及要件事实认定的事实判断问题，也涉及证明责任及事实真伪不明时败诉风险分配的价值判断问题。参见王雷："我国民法典中证据规范的配置——以证明责任规范为中心"，载《法商研究》2015 年第 5 期，第 153 页。

　　[2]　王雷："论物权推定规范"，载《比较法研究》2016 年第 6 期，第 86 页。

　　[3]　王雷："论合同法中证据规范的配置"，载《法学家》2016 年第 3 期，第 55 页。

　　[4]　王雷："论合同法中证据规范的配置"，载《法学家》2016 年第 3 期，第 65~66 页。作者认为，鉴于举证责任的差别，不可推翻的拟制规定（推定式拟制）和可推翻的推定之区分属于价值判断问题；而是否有必要突出不可推翻推定之拟制规定的特点，属于纯粹法学问题中概念术语的解释选择问题。

　　[5]　保管合同拟制规范存在诸多解释论上的疑难问题。参见最高人民法院民法典贯彻实施工作领导小组主编：《中华人民共和国民法典合同编理解与适用（四）》，人民法院出版社 2020 年版，第 2352 页。

视野下，该拟制规范是对广义消费者的立法优待，[1]但如果根据证明责任一般规范，将保管物证明责任全有式地分配给寄存人，这种立法优待就难以落到实处。因此，该拟制规范对应的举证责任不应该是"全有全无式"，而应该是"或多或少式"，在寄存人与保管人之间合理分配举证责任。在此意义上，该拟制规范完善与拓展了举证责任一般规范。

因此，民法案件事实的形成环节蕴涵丰富的方法论命题，民事证据规范作为案件事实形成环节"小司法三段论"的大前提，同样蕴涵丰富的方法论命题。[2]拟制规范属于重要的民事证据规范，存在分享后者方法论命题的广阔空间。

请求权基础规范、辅助规范与反对规范服务于请求权基础分析法，[3]拟制性法条与准用性法条属于辅助规范的具体类型。拟制规范与准用规范的方法论相对独立，但存在比较的可能。具有解释性任意性规范品格的拟制规范，可以发挥替代证据的功能。在当事人皆无法举证证明主张的意思表示含义时，视为当事人已经表示了解释性任意性规范包含的内容。[4]在民法规范适用背景下，民法规范论关注法律规范的类型识别及不同类型法律规范的适用规则，属于司法过程中的价值判断问题，主要关注裁判者运用证据规则认定案件事实及发现、转述、补充

---

〔1〕 相对于外国立法例，《民法典》第 888 条第 2 款将保管义务扩大到以购物、就餐和住宿等活动为业的经营者。参见黄薇主编：《中华人民共和国民法典合同编解读》（下册），中国法制出版社 2020 年版，第 1229～1230 页。在特定语境下，与"经营者"相对的法律概念是"消费者"。

〔2〕 参见王雷："民事案件事实形成中的方法论命题"，载《中国法学》2023年第 1 期，第 201 页。

〔3〕 王轶："民法典的规范类型及其配置关系"，载《清华法学》2014 年第 6 期，第 55 页。

〔4〕 王轶："民法典的规范类型及其配置关系"，载《清华法学》2014 年第 6 期，第 59 页。

立法者体现在实定法中的价值判断结论的问题。[1]因此，在民法规范论视野下，拟制规范的方法论命题同样可能蕴含在其余四个理论命题中，即民法证据规范论、民法解释论、法律发现论与法律逻辑论。笔者认为，拟制规范蕴含的很多民法命题历久弥新，民法学知识的完善、民法学原理的成熟及民法学方法的发展，都在拟制规范的背后逐渐酝酿，不断清晰。拟制规范背后隐藏丰富的理论命题和问题意识。此处的"问题意识"，即拟制规范借助"视为"语词在技术上的简化处理，遮蔽法律上真正考虑的问题。将拟制规范还原为拟制技术、立法决断或法律虚构的过程，往往缺少对拟制规范本身的理解。换言之，我们很多时候是脱离拟制规范言说拟制规范。拟制规范仅仅作为现象存在于民法学的理论研究和法律适用中，没有实质性地与民法规范论、民法证据规范论等关联互动。事实上，拟制规范漫布于民法体系之全部却又隐而不彰，时刻保持着谦抑性。

第三节　拟制规范的类型区分

基于特定理论和实践目的，借助类型化和体系化的思考方法，选择对解释适用实定法条文更具实益的区分标准，完成拟制规范类型区分与体系建构，构建民法拟制规范的理论体系。《民法典》通过施行之前，不尽相同的拟制规范类型区分结论就见诸学术著述中，这些类型区分结论服务于特定的论证目的，但没有完成散见在原民事基本法、单行法及司法解释中拟制规范的体系建构，零星研究尚未汇成拟制规范类型区分与体系建

---

[1]　王轶："法律规范类型区分理论的比较与评析"，载《比较法研究》2017年第5期，第10页。

构的完整图景。"视为"语词通被作为拟制规范的标志,《民法典》中"视为"语词共出现 44 次,对应 44 个拟制规范。本书"拟制规范"概念是实质意义上的拟制规范与形式意义上的拟制规范的上位概念,这是为了避免根据某种个性化色彩浓厚的标准或结构,不恰当地将部分"视为"规范排除在研究之外,隐藏或忽视重要的拟制规范方法论命题。根据形式"必要差异"与实质"相同规范目的"双重标准,将"视为"规范区分为实质意义上的拟制规范和形式意义上的拟制规范。根据妥当判断民事法律行为效力的目的,将实质意义上的拟制规范区分为简单拟制规范和复杂拟制规范。

一、区分方法反思与继受

拟制规范的类型区分方法及区分结论大致有三种:基于纯粹民法学问题和民法问题的区分思维;基于民事法律关系构成要素的规范思维;基于立法者创设拟制规范时的考量因素。第一种方法缺乏对拟制规范的再类型化。第二种方法既缺乏解释力和涵括力,无法担当推进拟制规范再体系化的重任,也没有对拟制规范体系建构贡献新论证因素。第三种方法对拟制规范的类型区分更具包容性,助力厘清相关混淆概念。

(一)确立拟制规范讨论起点的类型区分

有学者将法律拟制区分为法学上的拟制和法律上的拟制,法律上的拟制可以区分为作为立法技术/判决理由的拟制。[1]这种两阶层类型区分理论,也体现在拉伦茨的论述中,即拟制应区分为"作为立法技术手段的拟制、作为判决理由手段的拟制以及

---

[1] 刘风景:"'视为'的法理与创制",载《中外法学》2010 年第 2 期,第199 页。

应用于学术中的拟制"。[1]在概念术语解释选择上,"法学上的拟制"对应"应用于学术中的拟制","法律上的拟制"对应"作为立法技术手段/判决理由手段的拟制"。这种两阶层类型区分理论服务于不同的目的。第一阶层区分"法律上的拟制与法学上的拟制",目的是将民法学问题区分为民法问题和纯粹民法学问题,前者与民法规则设计或适用直接相关,后者与民法规则设计或适用不直接相关。[2]法学上的拟制仅停留在学术讨论与学术作品中,发挥拟制规范的理论功能,不具有上升为民法拟制规范的资格,无法在方法论上直接对拟制规范的适用提供充足解释力。第二阶层区分"作为立法技术的拟制和作为判决理由的拟制",目的是将大陆法系立法中的拟制规范与英美法系司法中的拟制适用相区分。[3]

这种两阶层类型区分理论具有教义学和方法论双重功能。在教义学上,该理论中的立法拟制为民法拟制规范创设了讨论原点;在方法论上,该理论为反思民法拟制规范配置的成败得失提供了理论资源,在遵循立法技术问题讨论规则基础上,可以总结、提炼、修改和完善民法拟制规范。但是,这种两阶层类型区分理论缺乏对拟制规范的再类型化,作为立法技术的拟制只是讨论拟制规范的起点。

---

〔1〕 〔德〕卡尔·拉伦茨:《法学方法论》,陈爱娥译,商务印书馆 2003 年版,第 142 页。

〔2〕 王轶:"论民事法律事实的类型区分",载《中国法学》2013 年第 1 期,第 71~79 页。

〔3〕 作为制度的法律拟制和作为方法的法律拟制存在诸多差异。作为方法的法律拟制是为了省略证明及论证负担,德国民法思想史上多称其为"不诚实的法学方法"(unehrliche juristische Methoden)。要避免作为方法的法律拟制对法律现象的过度解释,尤其是作为无体系融贯可能性的法律理论的唯一解释方法,将法律认知引入神秘主义境地。认识论上,研究拟制规范,也是防止从法律拟制中生发反科学的思想与方法,侵蚀法律论证的力量,不当扩展决断论作用的阶段。作为方法的法律拟制更多是文义解释方法的方法。

（二）缺乏拟制规范讨论实益的类型区分

根据实定法中拟制规范内容的不同，可将拟制规范区分为主体拟制、客体拟制和当事人意思拟制等。[1]这种区分以民事法律关系构成要素为标准。实际上，这种区分方法包含两个阶层，即"依据民事法律关系构成要素对拟制规范的区分"和"依据民事法律关系各要素内部规范概念对拟制规范的再区分"，这可以为部分拟制规范找到体系安放的位置。首先，以民事法律关系主体为基准，将拟制规范再类型化为胎儿民事权利能力拟制规范（《民法典》第16条，下文具体条款无特别说明的，即为《民法典》）、完全民事行为能力人拟制规范（第18条第2款）、自然人住所拟制规范（第25条）、意思表示内容相关的拟制规范、[2]意思表示方法相关的"书面形式拟制规范"（第469条第3款）。以民事法律关系内容为基准，将拟制规范再类型化为权利拟制规范、义务拟制规范和权利义务混合拟制规范。其中，权利拟制规范包括共有类型拟制规范（第308条）、共有份额拟制规范（第309条）、连带债权份额拟制规范（第521条第1款）、融资租赁物拟制规范（第759条），义务拟制规范为连带债务份额拟制规范（第519条第1款），权利义务混合拟制规范为按份份额拟制规范（第517条第2款）。[3]

---

〔1〕 谢潇："罗马私法拟制研究"，载《比较法研究》2017年第3期，第155页。

〔2〕 与意思表示内容相关的拟制规范具体包括《民法典》第140条第2款"视为意思表示"、第145条第2款和第171条第2款"视为拒绝追认"、第503条"视为对合同的追认"、第551条第2款"视为不同意"、第638条第1款"视为购买"、第638条第2款"视为同意购买"、第718条"视为出租人同意转租"与第1142条第2款"视为对遗嘱相关内容的撤回"。

〔3〕 按份额拟制规范是个体主义方法论的产物，在没有足够充分且正当理由的情形下，债务人或债权人之间的债权债务不能联合。连带之债中没有拟制问题，因为连带债权人/债务人都可以请求/承担全部份额。连带之债中的份额仅存在于追偿/返还意义上，参见最高人民法院《关于适用〈中华人民共和国民法典〉有关担保制度的解释》（法释〔2020〕28号）第13条。

但是，该区分存在五个方面的短板。其一，该区分为兼顾区分的涵括力和解释力，容易扩张性地将民事法律事实纳入区分体系，混淆民事法律事实与民事法律关系的界限。[1]前者是引发后者的原因，后者是前者引起的结果，二者属于原因与结果、引起与被引起的关系，不可混为一谈。其二，该区分仅完成了部分拟制规范与民事法律关系构成要素的对应，没有推动拟制规范再体系化，也没有为其体系建构增加新论证因素。因此，无法从该区分中寻找、解释适用和完善拟制规范的适用方法。其三，该区分容易误导讨论者将民事法律关系构成要素作为法律拟制的对象。事实上，法律拟制的对象是构成要件，在同一规范目的下，在规范上等同评价两个不同构成要件，赋予相同法律效果。[2]法律拟制无法从其概念本身得到证成，而是要在具体拟制规范中被证成。讨论者能够领会到拟制/法律拟制/拟制规范的模糊存在，这更多源自对"视为"语词的感性认知，拟制规范的民法意义始终隐藏在晦暗不明处。其四，该区分缺乏解释力，《民法典》没有就民事法律关系客体确立相关的拟制规范。有观点认为，《民法典》第115条作为物权客体的权利是与民事法律关系客体相关的拟制规范。[3]本书认为，该问题属于民法问题中的价值判断问题，是立法者对权利效力作出的取舍排序。立法者将特定权利创设为物权客体，丰富物权的法定类型，而不是拟制物权的客体。当事人通过交付或登记，使仅在当事人之间产生利益安排的权利具有对世效力。没有被民法典规定为物权客体的权利就没有资格产生对世效力。其五，

---

〔1〕 刘风景："'视为'的法理与创制"，载《中外法学》2010年第2期，第202~203页。

〔2〕 赵春玉：《刑法中的法律拟制》，清华大学出版社2018年版，第88页。

〔3〕 谢潇："罗马私法拟制研究"，载《比较法研究》2017年第3期，第155页。

该区分缺乏涵括力，部分拟制规范对应民事法律事实的拟制，无法被包含在根据民事法律关系建构的拟制规范区分体系中。具体而言，死亡日期拟制规范（第 48 条）、外观瑕疵拟制规范（第 622 条第 1 款）与合伙期限拟制规范（第 976 条第 1 款）都是对事件的拟制，条件拟制规范（第 159 条）、抵押物范围拟制规范（第 397 条）、无利息拟制规范（第 680 条第 2、3 款）、无约定保证期间拟制规范（第 692 条第 2 款）、承租人优先购买权拟制规范（第 726 条第 2 款、第 727 条）、保管合同拟制规范（第 888 条第 2 款）、无偿保管拟制规范（第 889 条第 2 款）、接受继承拟制规范（第 1124 条第 1 款）、[1]放弃受遗赠拟制规范（第 1124 条第 2 款）[2]与撤回离婚登记申请拟制规范（第 1077 条第 2 款）都是对民事法律行为的拟制，标的物交付拟制规范（第 571 条第 2 款）与标的物合约拟制规范（第 621 条第 1、2 款）[3]与依单交付拟制规范（第 831 条）都是对事实行为的拟制。特别地，我们必须根据民事法律事实类型区分理论观察拟制规范，结合法典的篇章结构和具体条文，通盘考虑"视为"规范，慎重对待"视为"规范，要避免孤立、割裂地进行理解。

（三）推进拟制规范讨论方法的类型区分

根据拟制规范的立法理由不同，有学者将其区分为表见拟

---

　　〔1〕 "接受继承拟制规范"属于准民事法律行为，"人的死亡使继承人取得继承遗产的权利"属于事件，二者易混淆。参见王轶："论民事法律事实的类型区分"，载《中国法学》2013 年第 1 期，第 78 页。

　　〔2〕 "放弃受遗赠拟制规范"属于准民事法律行为。受遗赠开始需要作为单方民事法律行为的遗赠、作为准民事法律行为的接受遗赠者作出接受或拒绝表示、作为事件的遗赠者死亡所形成的合力。

　　〔3〕 这两个拟制规范将"符合/不符合约定数量或质量的标的物"拟制为"符合约定数量或质量的标的物"，这不是对民事法律关系客体的拟制。因为，债之法律关系客体是债之标的（给付行为），而非债之标的物。

制、推定式拟制与引用性拟制。[1]方法论上，这揭示了立法者可基于不同原因创设拟制规范，不能以"视为"语词标志的规范包含推定因素，就径行认定其不是拟制规范。拟制规范的适用也会涉及推定方法。例如，条件拟制规范的"背信人"可归责性认定往往采推定方法。[2]主张"视为"规范是非拟制规范者要负担论证义务，这围绕拟制规范方法论品格和体系效益展开，是多种强弱不同论证理由的合力。教义学上，若满足表见拟制、推定式拟制与引用性拟制的构成要件，就不得推翻拟制要件对应的要件事实。有观点认为，在效果上不可反驳的拟制主要有两种：推定性拟制（以存疑为确信）与假定性拟制（以假为真），两者通过价值以及逻辑与事实之穷，协调价值与事实、价值与逻辑间的张力。[3]《民法典》第 308 条共有类型拟制规范，属于推定性拟制，第 16 条胎儿民事权利能力拟制规范，属于假定性拟制。据此，本书提炼如下命题作为论证基础。

第一，推定性拟制是学术讨论的习惯用语，本书不采"可反驳的推定"与"不可反驳的推定"这组概念。[4]"视为"规范究竟是不可反驳的推定规范，[5]还是拟制规范，属于纯粹民法学问题中的解释选择问题，不会带来法律适用结果的差别。

---

〔1〕 黄茂荣：《法学方法与现代民法》（第 5 版），法律出版社 2007 年版，第 195~196 页。

〔2〕 尚连杰："拟制条件成就的法理构造"，载《法律科学（西北政法大学学报）》2017 年第 4 期，第 65 页。

〔3〕 卢鹏：《拟制问题研究》，上海人民出版社 2009 年版，第 66 页。

〔4〕 支持这组概念的观点，参见张海燕："'推定'和'视为'之语词解读？——以我国现行民事法律规范为样本"，载《法制与社会发展》2012 年第 3 期，第 104~116 页。反对观点参见王学棉："论推定的逻辑学基础——兼论推定与拟制的关系"，载《政法论坛》2004 年第 1 期，第 170 页。

〔5〕 "视为"语词标志的民法，仅可能是法律上的推定，即狭义推定。参见宋朝武主编：《民事诉讼法学》（第 5 版），中国政法大学出版社 2018 年版，第 192~193 页。

民诉法学通说认为，是否可反驳是推定区别于拟制的本质特征，也可佐证。[1]

　　第二，实质意义上的拟制规范的创设/识别应采形式和实质双重标准。形式上，要符合"明知不同仍等同视之"命题，拟制规范与基础规范存在必要差异，[2]不能通过解释基础规范推导出拟制规范。凯尔森认为，拟制显然包含一个比较，即将一现实与另一现实错误地等同。[3]否则，拟制规范的创设就会有画蛇添足之嫌。法律拟制有两个要素，即差异要素与分类的矛盾要素。[4]立法者赋予某一特定事实民法意义之前，该特定事实无论如何都无法被基础规范所包含。[5]实质上，要符合"具有相同规范目的"命题，拟制规范与基础规范存在相同规范目的。如果缺乏相同规范目的，对拟制规范方法论品格的塑造和体系效益的释放均无实益。在拟制规范中，拟制技术不可能取代适用中的价值评价。同样地，在司法拟制语境中，作为方法的拟制同样不可能取代适用者借助论证说理展现出的价值评价。[6]以规范目的视角观察拟制规范时，往往会有这样的疑问，

---

　　〔1〕 祝颖："证据法视野下夫妻共同债务推定规则检讨"，载《西南政法大学学报》2018年第1期，第61页。

　　〔2〕 本书使用"基础规范和拟制规范"这一组概念，不再使用"拟制的法条和被参照的法条"等概念。

　　〔3〕 Hans Kelsen, Zur Theorie der juristischen Fiktionen, Mit besonderer Berücksichtigung von Vaihingers Philosophie des Als Ob, Annalen der Philosophie 1, 1919, S. 654.

　　〔4〕 Manfred Pfeifer, Fiktionen im öffentlichen Recht, inbesondere im Beamtenrecht, 1980, S. 54.

　　〔5〕 Gustav Demelius, Die Rechtsfiktion in ihrer geschichtlichen und dogmatischen Bedeutung. Eine juristische Untersuchung, Weimar, 1858 (Nachdruck Frankfurt a. M. 1968), S. 91.

　　〔6〕 Hans-Peter Haferkamp, Methodenehrlichkeit-Die juristische Fiktion im Wandel der Zeiten, FS Horn, 2006, S. 1080.

即是否存在拟制之外的更优方案实现相同立法目的?[1]这主要是考虑到目的实现的方法与成本,属于民法问题中的事实判断问题。拟制规范是内容与形式、方式与目的、技术与方法的统一。

第三,不可反驳性是拟制规范的结果品格,不是其创设标准与识别标准。换言之,不可反驳性是实质意义上的拟制规范的特性,是一种立足于拟制规范的特性"向前看"的思维,而不是一种在探寻拟制规范形成过程中"向后看"的思维。立法者意欲通过实质意义上的拟制规范,免除拟制要件对应要件事实的证明责任,并表明不得以基础规范的构成要件反驳拟制要件。拟制规范体现立法者的价值判断。不能因包含推定因素就将其排除在实质意义上的拟制规范之外。如果立法者没有将某些推定因素包含在拟制规范中,这些推定因素就无法享受"不可反驳性"。

因此,本书在反思和借鉴拟制规范类型区分基础上,摒弃可反驳的推定与不可反驳的推定这组给问题讨论设置障碍的概念。提出实质意义上的拟制规范双重区分标准,即形式上符合"明知不同仍等同视之",实质上符合"具有相同规范目的"。结合该标准,将拟制规范区分为实质意义上的拟制规范和形式意义上的拟制规范,将实质意义上的拟制规范区分为简单拟制规范和复杂拟制规范。

二、实质与形式拟制规范

将"视为"语词标志的拟制规范区分为实质意义与形式意

---

〔1〕　这隐含研究拟制规范的方法,就是从支持和反对拟制的论证中寻找价值的表现方式,作为立论与驳论的对比因素。在19世纪,拟制和类推没有明确的区分,并排处于一个平等的地位。而今人们可以毫无问题地使用"类推",但却不能使用"拟制"。为什么?是什么决定一种法学方法的可接受性?Vgl. Hans-Peter Haferkamp, Methodenehrlichkeit-Die juristische Fiktion im Wandel der Zeiten, FS Horn, 2006, S. 1078.

义上的拟制规范，具有重要理论价值和实践意义。理论上，有助于确定实质意义上的拟制规范研究领域，确定实质意义上的拟制规范对应的实定法规范；实践上，有助于裁判者从拟制规范中准确识别实质意义上的拟制规范，正确适用法律。

（一）实质/形式拟制规范的区分标准

"视为"语词是否当然属于拟制技术在民法规范上的表达？答案是否定的。至少存在"正当性质疑"〔1〕和"真假性质疑"。〔2〕郑玉波认为，"民法"上之拟制规定，固用"视为"字样表示之。但用"视为"字样，而非拟制者亦有之。〔3〕服务于正确识别和妥当适用拟制规范的目的，将拟制规范区分为实质意义与形式意义上的拟制规范。二者的区分标准是什么？实质意义上的拟制规范具有不可反驳的特质，讨论者可能以是否具有可反驳性作为区分标准。不可反驳性是拟制规范的结果品格，不是其创设标准与识别标准，除立法者明示拟制规范可反驳外，该标准无法发挥区分功能。因此，应该回归拟制规范的起点，以形式和实质标准作为决定标准，以立法政策、价值判断、可反驳性等作为补强标准，识别实质/形式拟制规范。至于能否从实质意义上的拟制规范中提炼出拟制规范一般结构，"拟制规范的一般结构"部分会展开论证。

（二）实质意义上的拟制规范的实证规范

拟制规范的构成要件 A 包括 A1、A2、A3、A4 等次级构成要件，不是所有次级构成要件都属于拟制要件，仅"视为"语

---

〔1〕　朱广新："我国民法拟制成年制度的反思与重建"，载《法商研究》2011年第1期，第62页。

〔2〕　"视为"大多表达法律拟制，也表达推定制度和注意规定。参见张海燕："'推定'和'视为'之语词解读？——以我国现行民事法律规范为样本"，载《法制与社会发展》2012年第3期，第104页。

〔3〕　郑玉波：《法谚（一）》，法律出版社2007年版，第242页。

词引导的构成要件 A4 是拟制要件。只有经由证据规范的配合使得权利的要件事实被证明，民事权利规范才能在诉讼或仲裁中得到实现。妥当配置证据规范，为要件事实论在法律适用中有效展开提供便利。[1]拟制规范构成要件 A1、A2、A3、A4 对应要件事实 A1、A2、A3、A4，只有拟制要件 A4 对应的要件事实 A4 无需证明。在构成要件 A1、A2、A3 全部满足的情形下，就可推导出拟制要件 A4。即使运用证据规范证明缺乏要件事实 A4，也不能由此推翻拟制要件 A4，这就是法律拟制不可反驳（Nicht widerlegbar）的真正内涵。有观点认为："法律拟制的不可反驳性，是指法律拟制对某种事实所赋予的法律效果不容反证和否定，即使能够证明两种事实存在不同，也不能改变对该事实适用所赋予的法律后果。"[2]拟制规范与基础规范的适用范围不同，拟制要件 A4 分享基础规范的部分或全部法律效果，这涉及拟制规范适用边界这项重要司法技术。相对于准用规范，拟制规范是法律后果的参引，它的法律适用更多涉及法律后果的相似性论证。

《民法典》第 16 条第 1 句"胎儿民事权利能力拟制规范"是实质意义上的拟制规范。形式上，该拟制规范的基础规范是《民法典》第 13 条。胎儿具有的民事权利能力与自然人具有的民事权利能力存在实质差异，无法从自然人具有民事权利能力中解释出胎儿具有民事权利能力的结论。实质上，在遗产继承等情形下，基础规范与拟制规范都赋予了特定民事主体继承遗产、接受赠与等权利资格。《民法典》第 16 条第 1 句不仅是

---

〔1〕 王雷："论合同法中证据规范的配置"，载《法学家》2016 年第 3 期，第 53 页。

〔2〕 李振林：《刑法中法律拟制论》，法律出版社 2014 年版，第 23 页。作者认为，不可反驳性是法律拟制的根本属性，这一特点将法律拟制与推定区分开来。

《民法典》第 13 条的例外规范，[1]还包含一个小的"原则/例外规范"，即《民法典》第 16 条第 2 句是《民法典》第 16 条第 1 句的例外规范，该"例外的例外规范"完成了对《民法典》第 13 条原则规范的回归。但是，该"例外的例外规范"与立法者明示可以反驳的拟制规范是完全不同的。[2]

《民法典》第 18 条第 2 款"完全民事行为能力人拟制规范"是实质意义上的拟制规范。形式上，该拟制规范的基础规范是《民法典》第 17 条、第 18 条第 1 款。立法者明知二者存在本质差异而等同视之，十八周岁以上的成年人为完全民事行为能力人，不包含"十六周岁以上、以自己的劳动收入为主要生活来源的"的未成年人。实质上，该拟制规范与"成年人为完全民事行为能力人"表达相同规范目的，即尽可能保障民事主体行为自由、减少对民事主体行为自由资格的限制，确保民事法律行为不因民事主体年龄的欠缺而效力待定。

《民法典》第 25 条"自然人住所拟制规范"是实质意义上的拟制规范。形式上，住所是自然人户籍登记或其他有效身份登记记载的居所，经常居所与住所在空间位置上不一致，这种物理空间上的差异无法借助民法解释学消除。实质上，住所与拟制为住所的经常居所，都是为了确定住所的民事实体法/程序法意义，即确定民事法律关系、审判管辖及文书送达等。

《民法典》第 140 条第 2 款"意思表示拟制规范"是实质意

---

[1] "原则/例外"范畴作为解释、适用与发展民法规范的方法，"原则"是民法规范从社会生活事实中抽象的典范，"例外"是被"原则"合理化的异例，扩大"原则"调整的范围。在"例外"被"原则"合理化之前，"原则/例外"范畴有两种类型：被原则有意识排斥、边缘或忽视的例外，被原则无意识遮蔽的例外。民法规范对这两种类型发挥作用的方法分别是"例外的原则化"与"原则的例外化"。

[2] 例如，《民法典》第 831 条中"视为承运人已经按照运输单证的记载交付的初步证据"。

义上的拟制规范。形式上，沉默与意思表示明示（口头/书面）和默示（推定）不同。[1]单纯沉默原则上不具有民法意义，[2]立法者借助拟制技术，使特定情形下的沉默正当化为意思表示的形式。[3]实质上，法律对沉默与明示/默示的法律规定具有相同规范目的，即划定意志行为受法律约束的范围，避免意志行为漫无边际地落入法律拘束领域。我国立法中，沉默被拟制为消极的意思表示[4]或积极的意思表示。具言之，在"法定代理人拒绝追认拟制规范""被代理人拒绝追认拟制规范""债务移转拟制规范"与"承租人优先购买权拟制规范"中，沉默被拟制为消极的意思表示。[5]《民法典》第638条第1款第2句"购买试用买卖标的物拟制规范"中，沉默被拟制为积极的意思表示。法谚云："沉默视为同意。"[6]"购买试用买卖标的物拟制规范"是仅有的沉默被拟制为"同意"的拟制规范。事实上，无论沉默被拟制为消极的意思表示还是积极的意思表示，都旨

---

〔1〕 在某些情形，依法律规定，沉默发生与意思表示相同的效力，即为"拟制的意思表示"，例如法律将沉默拟制为"同意"或"不同意"。参见陈聪富：《民法总则》，元照出版有限公司2019年版，第198页。

〔2〕 朱庆育：《民法总论》（第2版），北京大学出版社2016年版，第195页。

〔3〕 特定自然人可以沉默方式成为遗产继承人，但是不可以沉默方式成为遗产管理人，成为遗产管理人应以声明方式，并得到其他法定继承人和遗产其他利害关系人的同意。参见湖北省荆门市中级人民法院［2019］鄂08民终498号民事判决书。

〔4〕 《民法典》第1124条第2款第2句"到期没有表示的，视为放弃受遗赠"，这也是实质意义上的拟制规范。此处"表示"对应"沉默的意思表示形式"，却不属于"沉默被拟制为消极的意思表示"的情形，而是"沉默被拟制为消极的准民事法律行为"的情形。参见王雷："对《中华人民共和国民法典（草案）》的完善建议"，载《中国政法大学学报》2020年第2期，第82页。

〔5〕 上列拟制规范分别对应《民法典》第145条第2款、第171条第2款、第551条第2款与第726条第2款（包括第727条第2句）。参见纪海龙："《合同法》第48条（无权代理规则）评注"，载《法学家》2017年第4期，第157页。作者认为，追认并非嗣后的代理权授予，而是对无权代理行为的嗣后同意。

〔6〕 郑玉波：《法谚（一）》，法律出版社2007年版，第127~128页。

在结束行为人意思表示的不确定状态。[1]

《民法典》第159条"条件拟制规范"是实质意义上的拟制规范。形式上，该拟制规范的基础规范是《民法典》第158条"附条件的民事法律行为"。条件拟制规范使事实上不生效/不失效的附生效/解除条件的民事法律行为生效/失效，使事实上生效/失效的附生效/解除条件的民事法律行为不生效/不失效。"不生效/不失效"与"生效/失效"是截然相反的民事法律行为效力形态。实质上，"条件拟制规范"与"附条件的民事法律行为"具有相同规范目的，即引导民事主体在从事民事法律行为时，遵循诚信原则，秉持诚实，恪守承诺。

《民法典》第308条"共有类型拟制规范"是实质意义上的拟制规范。形式上，该拟制规范的基础规范是《民法典》第298条"按份共有规范"。共有人对共有类型没有约定或约定不明确时，可能为按份共有或共同共有，无法直接解释出共有人按其份额享有所有权。实质上，该拟制规范与"按份共有规范"具有相同的规范目的，即确定共有物的权属，方便分割与处分共有物，促进物尽其用。有观点认为："在按份共有情形下，共有物的分割更加便捷，按份共有转化为单独所有更加便利，在共有物处分和重大修缮等问题上的多数决规则较共同共有全体一致决规则更有利于决议形成。"[2]该拟制规范属于"没有约定/约定不明确/不能确定"型拟制规范，即学理上的推定性拟制。

---

〔1〕 笔者发现一个有趣的现象：有的民法理论的创新和进步，就是克服、弱化甚至去除法律拟制的结果，事实契约理论就是典型的例子。有学者认为，"事实上之契约关系理论的目的是解决契约成立需借助默示、拟制等方式存在的牵强附会，将法律之解释适用从拟制中解放出来"，参见严桂珍："民法典安全保障义务条款与共享单车企业民事责任——以儿童骑共享单车发生伤亡事件为例"，载《东方法学》2020年第6期，第93页。

〔2〕 王雷："论物权推定规范"，载《比较法研究》2016年第6期，第86页。

立法者运用拟制技术，把存疑事实转化为确定事实。推定性拟制规范兼顾补充性任意性规范与解释性任意性规范的品格。推定性拟制规范还包括"共有份额拟制规范""按份份额拟制规范""连带债务份额拟制规范""连带债权份额拟制规范""无利息拟制规范"[1]"无偿保管拟制规范"与"合伙期限拟制规范"。[2]

《民法典》第397条第2款"抵押物范围拟制规范"是实质意义上的拟制规范。形式上，该拟制规范的基础规范是《民法典》第397条第1款。抵押人将建筑物和建筑物占用范围内的建设用地使用权"一并抵押"与"未一并抵押"，是两种截然相反的事实。实质上，该拟制规范与《民法典》第397条第1款具有相同规范目的，有利于抵押物的拍卖、变卖，便于抵押权的实现，抵押权人仅就其享有抵押权的抵押财产变价所得优先受偿。[3]

《民法典》第469条第3款"书面形式拟制规范"是实质意义上的拟制规范。形式上，该拟制规范的基础规范是《民法典》第469条第2款。该拟制规范中特定数据电文与书面形式存在明

---

〔1〕"无利息拟制规范"的基础规范是《民法典》第667条。根据基础规范，借款合同期限届满，借款人应还借款并支付利息，即使借款合同没有约定利息，也不能排除贷款人的利息请求权。拟制规范与基础规范构成"原则/例外"范畴。在买卖式担保情形下，以买卖合同为案由定性法律关系，可能使得当事人实质地规避民间借贷利率的限制。买卖式担保型案件的定性不同，承受的强制性规定的管制也就不同。这也是观察"无利息拟制规范"的重要视角。可见，拟制规范可能成为连接不同立法与司法因素的实质通道。

〔2〕上列拟制规范分别对应《民法典》第309条第2句、第517条第2款、第519条第1款、第521条第1款、第680条第2款与第680条第3款第2句、第889条第2款与第976条第1款。

〔3〕高圣平、严之："房地单独抵押、房地分别抵押的效力——以《物权法》第182条为分析对象"，载《烟台大学学报（哲学社会科学版）》2012年第1期，第7页。

显差异。反对该拟制规范是实质意义上的拟制规范的实质理由，就是论证特定数据电文跟书面形式相同，缺乏拟制的必要性。[1]数据电文形式的特殊性与拟制的必要性，将会在"拟制规范的适用边界"部分论证。实质上，该拟制规范与书面形式具有相同规范目的，即固定合同行为订立方式，便于举证质证。

《民法典》第 571 条第 2 款"标的物交付拟制规范"是实质意义上的拟制规范。形式上，该拟制规范的基础规范是《民法典》第 557 条第 1 款第 1 项"债务已经履行"。根据债的相对性原理，债务人以提存方式履行债务与债务人向债权人履行债务本质不同。如果提存没有被拟制为债务履行方法，就无法产生交付标的物及债务清偿的法律效果。实质上，该拟制规范与"债务已经履行"规范具有相同规范目的，部分或全部清偿债务的债务人可以相应摆脱债权债务关系的拘束。

《民法典》第 621 条第 1 款"标的物合约拟制规范"是实质意义上的拟制规范。形式上，该拟制规范的基础规范是《民法典》第 598 条。出卖人的主给付义务是向买受人交付合约标的物，该标的物客观上是否符合约定，不因买受人在检验期限是否履行通知义务而变化。但是，买受人在检验期限怠于通知的，其受领的标的物被拟制为符合约定，丧失因标的物不符合约定而请求出卖人承担违约责任或解除合同的权利。实质上，该拟制规范与基础规范具有相同规范目的，即确定债务人履行是否

---

〔1〕 黄文煌："民法典编纂中的法条表达技术——对《中华人民共和国民法典（草案）》条文的梳理"，载《暨南学报（哲学社会科学版）》2020 年第 1 期，第 125 页。作者反对书面形式拟制规范是实质意义上的拟制规范，"既然电报、电传、传真等电子媒介可以有形地表现所载内容，它们当然属于前款所称的书面形式，根本没有法律拟制的必要。立法者在这里使用'视为'一词，旨在重申前一款所规定的基本内容，是对特殊情况的提醒注意，并没有将原本不符合前款规定的情形作同样处理"。

达到清偿的效果。此外，《民法典》第 621 条第 2 款"标的物合约拟制规范"、第 622 条第 1 款"外观瑕疵拟制规范"也是实质意义上的拟制规范。当事人约定的检验期限被拟制为买受人对标的物外观瑕疵提出异议的期限，为买受人确定合理的及时、全面检验期间。

《民法典》第 692 条第 2 款"无约定保证期间拟制规范"是实质意义上的拟制规范。形式上，该拟制规范的基础规范是《民法典》第 692 条第 1 款。[1] 根据基础规范，保证人和主债权人可以约定早于或同时于主债务履行期限的保证期限，该约定具有法律意义（包括债务提前清偿情形下的保证期间等），[2]"约定保证期间"与"没有约定保证期间"截然不同。如果立法者没有规定该拟制规范，就无法将约定早于或同时于主债务履行期限的保证期限解释为没有约定保证期间。实质上，该拟制规范与基础规范都是为了最大限度保护债权的实现。

《民法典》第 759 条"融资租赁物拟制规范"是实质意义上的拟制规范。形式上，该拟制规范的基础规范是《民法典》第 757 条中的"出租人和承租人可以约定租赁期限届满租赁物的归属"。"当事人约定租赁期限届满，承租人仅需向出租人支付象征性价款的"与租赁物所有权移转合意实属不同。实质上，该拟制规范与基础规范共同确定融资租赁合同中的租赁物权属。

《民法典》第 888 条第 2 款"保管合同拟制规范"是实质意义上的拟制规范。形式上，该拟制规范的基础规范是《民法典》第 888 条第 1 款"保管合同是保管人保管寄存人交付的保管物，并返还该物的合同"。该拟制规范的前身是《民法典》第 1198

---

〔1〕　保证期间是确定保证人承担保证责任的期间，不发生中止、中断和延长。

〔2〕　张谷："论约定保证期间——以《担保法》第 25 条和第 26 条为中心"，载《中国法学》2006 年第 4 期，第 128~129 页。

条"特定场所安保义务规范"，保管合同义务与安保义务都包含保护特定物的义务，但二者在义务基础、举证责任、证明标准、赔偿主体等方面有很大不同。实质上，该拟制规范与基础规范均旨在确定特定主体基于保管合同法律关系产生的合同义务。该拟制规范与"特定场所安保义务规范"协调互动，可以消除规范选择带来的价值判断差异，也可以消除竞合给当事人带来的法律适用不便，实现证据规范在保管合同违约责任与安保义务侵权责任之间的联通。该拟制规范但书规定是它的例外。根据拟制规范创设例外规范的品格，《民法典》第888条第1款、第2款与第2款但书，构成"原则—例外—例外的例外"关系。

《民法典》第1077条第2款第2句"撤回离婚登记申请拟制规范"是实质意义上的拟制规范。形式上，该拟制规范的基础规范是《民法典》第1077条第1款"自婚姻登记机关收到离婚登记申请之日起三十日内，任何一方不愿意离婚的，可以向婚姻登记机关撤回离婚登记申请"。当事人未申请撤回的，离婚登记申请仍有效。但是，在该拟制规范中，特定期限内未申请离婚证被拟制为撤回离婚登记申请。实质上，该拟制规范与基础规范共同致力于维护婚姻关系的稳定性。[1]

（三）形式意义上的拟制规范的实证规范

"视为"规范可以是事件推定规范。《民法典》第48条第1句和第2句"死亡日期拟制规范"是形式意义上的拟制规范。这两个拟制规范是事件推定规范。形式上，自然人真实死亡日期与"宣告死亡判决作出""意外事件发生"的日期可能不一致，时空差异具有客观性，无法依解释学强行消解。实质上，

---

[1] 视为撤回离婚登记申请的，夫妻一方无法举证推翻。例如，一方主张，离婚冷静期届满后夫妻双方都忙着分家析产，并无撤回离婚申请之意，也不能推翻拟制规定，双方想离婚只能重新提交离婚登记申请。

真实死亡日期与"视为"死亡日期背后的民法规范具有相同目的，即消除死者人身与财产关系不确定性。但是，有力说认为这两个拟制规范是形式意义上的拟制规范。自然人死亡日期与继承人、遗产分配直接相关，会因死亡日期的标准不同而存在天壤之别。[1]民诉法通说认为，宣告死亡是法律上的推定，可能符合或不符合客观事实，与公民自然死亡产生相同法律效果。[2]因此，将"宣告死亡的判决作出""意外事件发生"的日期拟制为真实死亡日期，不允许利害关系人推翻未免失之于僵硬。将"视为"理解为"推定"可矫正可能的利益失衡。

"视为"规范可以是民事法律行为推定规范。《民法典》第503条"被代理人追认拟制规范"是形式意义上的拟制规范。该拟制规范是民事法律行为推定规范。根据体系解释方法，《民法典》第503条"被代理人已经开始履行合同义务或接受相对人履行的"，属于《民法典》第140条第1款"默示"，即推定的意思表示，而不是被拟制为意思表示的"沉默"。"视为"语词标志的法律行为推定规范还包括《民法典》第638条第2款、第718条与第1142条第2款。

"视为"规范可以是事实行为推定规范。《民法典》第528条"债务不履行拟制规范"是形式意义上的拟制规范，属于民法推定规范。该拟制规范与《民法典》第503条的论证方法相同，不同的是"债务不履行拟制规范"类推适用意思表示形式类型区分结论，当事人在合理期限内未恢复履行能力且未提供

---

〔1〕 张谷教授认为，《民法典》第48条"视为"不是一种法律拟制，应该用"推定"，是可以被推翻的推定。这涉及民法典具体制度、内容和概念术语的科学性问题。参见"民法典笔记21张谷教授'解码'民法典"，载 https://mp.weixin.qq.com/s/doOrn_ts7K9To5bNliZl9g，2023年3月1日访问。

〔2〕 宋朝武主编：《民事诉讼法学》（第5版），中国政法大学出版社2018年版，第392页。

适当担保的，可以类推适用"默示"推定规则，当事人可以举证推翻，这也符合合同编鼓励交易的立法宗旨。此外，《民法典》第 831 条"收货人在约定的期限或者合理期限内对货物的数量、毁损等未提出异议的，视为承运人已经按照运输单证的记载交付的初步证据"也是事实行为推定规范。根据"初步证据"的表达，收货人可以对货物的数量、毁损等提出新的证据，推翻该初步证据。

"视为"规范可以是注意规范。《民法典》第 586 条第 2 款第 2 句"定金变更拟制规范"是形式意义上的拟制规范，属于注意规范。换言之，如果立法者没有规定该拟制规范，根据法律解释方法可以得出相同结论。根据体系解释和历史解释方法，可以得出两个结论。其一，《担保法》第 90 条和《民法典（草案）》（2019 年 12 月 16 日）第 586 条第 1 款都将实际交付定金作为定金合同的生效要件。[1]但是，《民法典（草案）》（2020 年 5 月 22 日提交审议）第 586 条第 1 款和《民法典》第 586 条第 1 款都将实际交付定金作为定金合同的成立要件。实际交付定金时，作为要物合同的定金合同才成立，定金数额才最终确定。其二，定金合同成立后，合意形成，未经协商不得变更或解除。如果实际交付定金是定金合同生效要件，那么《民法典》第 586 条第 2 款第 2 句就属于实质意义上的拟制规范，实际交付定金多或少于约定的，只是定金合同履行阶段的问题，与定金数额变更无关。但是，实际交付是定金合同成立要件时，定金合同成立前约定的定金数额没有法律拘束力，实际交付数额是最终成立的定金合同数额。《民法典》第 586 条第 2 款第 2 句是注意规范，提醒裁判者区分"定金合同数额"与"定金合同约

---

〔1〕《民法典（草案）》第 586 条第 1 款规定："当事人可以约定一方向对方给付定金作为债权的担保。定金合同自实际交付定金时生效。"

定数额"。此外，《民法典》第 707 条第 2 句和《民法典》第 730 条"不定期租赁拟制规范"与"没有约定/约定不明确/不能确定"型拟制规范不同，"不定期租赁拟制规范"属于注意规范。因为"定期"与"不定期"是对租赁期限的周延区分，任何租赁不是定期租赁就是不定期租赁。通过合同解释与补充方法等，都无法确定租赁期限的，只能认定为不定期。即使立法者没有创设"不定期租赁拟制规范"，也不会影响裁判者的法律适用结论。《民法典》第 1124 条第 1 款第 2 句"遗嘱撤回拟制规范"也属于注意规范。法定继承开始只要被继承人死亡条件成就即可，人的死亡使继承人取得继承遗产的权利属于"事件"。继承人想有效放弃继承，只能在遗产处理前通过书面形式表示，否则不发生放弃继承的效果。继承开始后，继承人不需任何表示即可继承遗产是原则，没有以书面形式放弃继承而继承遗产是例外。

三、简单与复杂拟制规范

把"视为"规范区分为形式意义上的拟制规范和实质意义上的拟制规范依然是不完全、不充分的。拟制规范的类型区分与体系建构，是要为妥当判断民事法律行为效力提供具有足够解释力的方法，充分实现拟制规范区分的理论和实践价值。根据妥当判断民事法律行为效力的目的，将实质意义上的拟制规范区分为简单拟制规范与复杂拟制规范。

（一）简单/复杂拟制规范的区分标准

运用类型化和体系化方法梳理拟制规范，在类型区分基础上完成拟制规范体系建构。类型化的方法就是具体问题具体分析。法律解释作为与适用相关的解释，由被评价的具体案件引导，具有示范意义。法律领域的解释性理解，永远都是具体情形下的"应用"理解，即针对个案的法律具体化。[1]根据妥当判断民事法律行为效力的目的，将实质意义上的拟制规范区分为简单拟制规范和复杂拟制规范。前者是指，部分实质意义上的拟制规范能成为当事人借助民事法律行为约定排除其适用的对象，但不能成为民事法律行为违反的对象。后者是指，部分实质意义上的拟制规范不仅能成为当事人借助民事法律行为约定排除其适用的对象，还能成为民事法律行为违反的对象。[2]根据拟制规范协调利益关系类型不同，将简单拟制规范区分为任意性规范、强制性规范和混合性规范，将复杂拟制规范区分为倡导性规范、授权第三人规范和强制性规范。上述区分对拟制规范有四点实益。

第一，该区分关联拟制规范与民事法律行为，突出拟制规范的实践品格。民事法律行为的底色是意思自治，实质意义上的拟制规范具有不可反驳性，借此探究二者之间的张力及纾解之道，尤其是拟制规范中的立法政策、价值判断等因素与民事法律行为之间的微观命题。反思、总结拟制规范的利弊得失，为体系化配置拟制规范积累共识，将立法学问引入民法研究视野。

第二，该区分将与拟制规范有关的民事法律行为的否定性评价理由细化为两种。具体而言，民事主体意欲借助民事法律行为约定排除简单拟制规范中的强制性规范时，裁判者可援引《民法典》第 153 条第 2 款否定该约定的效力；[3]民事主体实施

---

[1] [奥] 恩斯特·A. 克莱默：《法律方法论》，周万里译，法律出版社 2019 年版，第 294 页。

[2] 王轶："行政许可的民法意义"，载《中国社会科学》2020 年第 5 期，第 91~95 页。

[3] 根据历史解释方法，《民法典》第 153 条第 2 款展现《合同法》第 52 条第 1 项、第 2 项、第 4 项历史脉络的沿革。参见陈甦主编：《民法总则评注》（下册），法律出版社 2017 年版，第 1092 页。

的民事法律行为违反复杂拟制规范中的强制性规范时，裁判者可援引《民法典》第 153 条第 1 款否定该民事法律行为的效力。

第三，该区分丰富和提升了拟制规范性质的认识，为其推进性讨论提供了具有解释力的分析框架。有观点认为，法律拟制虽以"假"为"真"，但在法律上确定为"真"，不容置疑，不可推翻和抗辩。这表明拟制规范属于强制性规范。〔1〕反对观点认为，拟制意思表示规范不是解释性规范，因为不涉及在发生疑义时将沉默解释为一定内容意思表示的问题，而是属于任意性规范，是穿着拟制意思表示的外衣而实质上起到设置法律效果作用的任意性规范。〔2〕

第四，该区分助力释放拟制规范体系效益。拟制规范与民法典体系化之间存在紧张关系，甚至可以说是民法典体系化的反例。民法典的体系化，离不开对作为民法典体系异例的拟制规范的研究。异例总是存在被边缘化或被忽视的风险。拟制规范是生活事实进入法律体系的独特现象，学界对其关注明显不够，直接导致其理论薄弱，方法论缺失。体系关联拟制规范和其他条文，运用体系解释方法释放拟制规范的体系性效益，消解具体规范在价值判断上的正当性危机。例如，《物权法》第 76 条第 2 款规定了较高的业主共同决议事项表决比例，〔3〕为提高业主大会的决议效率，《民法典》第 278 条第 2 款降低业主共同决议事项的表决比例，这是重要的价值判断结论。但是，实现

---

〔1〕 郭富青："商事立法拟制的类型化研究与价值评判"，载《国家检察官学院学报》2012 年第 6 期，第 107 页。

〔2〕 杜景林："民商事往来中沉默的法律责任"，载《法学》2014 年第 2 期，第 64 页。

〔3〕《物权法》（已失效）第 76 条第 2 款：决定前款第五项和第六项规定的事项，应当经专有部分占建筑物总面积 2/3 以上的业主且占总人数 2/3 以上的业主同意。决定前款其他事项，应当经专有部分占建筑物总面积过半数的业主且占总人数过半数的业主同意。

该价值判断采用的方式、方法和手段存在民主多数决的正当性危机。根据体系解释方法，体系关联《民法典》第 278 条第 2 款与《民法典》第 140 条第 2 款意思表示拟制规范，认定未实际出席业主大会的业主对实际出席业主大会业主作出的决议，通过"沉默"拟制同意，[1]以化解业主大会决议行为名义是多数决而实质是少数决的正当性危机。

(二) 简单拟制规范的实证规范

部分简单拟制规范属于任意性规范，能被当事人借助民事法律行为约定排除其适用。《民法典》第 18 条第 2 款"完全民事行为能力人拟制规范"指向的对象是民事行为能力制度，属于民事法律事实中的事件，不可能成为民事法律行为违反的对象，属于简单拟制规范。理论上，当事人可以借助民事法律行为约定排除该拟制规范。例如，双方当事人可以约定"双方均为 18 周岁以上的完全民事行为能力人"。《民法典》第 140 条第 2 款"意思表示拟制规范"指向意思表示的形式，当事人可以借助民事法律行为约定排除"法律规定可以作为意思表示的沉默"规则，"法律规定可以作为意思表示的沉默"属于民事法律事实中的事实行为。换言之，如果根据意思表示解释或补充方法仍无法确定为"意思表示"的，法律规定的特定沉默直接产生意思表示的法律效果，不以当事人意思为根据。在此意义上，该拟制规范属于简单拟制规范中的任意性规范。《民法典》第 171 条第 2 款"被代理人拒绝追认拟制规范"属于简单拟制规范中的任意性规范，代理人与被代理人可以约定排除该拟制规范。

---

〔1〕 就意思表示拟制规范而言，何种情形构成沉默的意思表示，才是有意义的。实践中，法院严格控制沉默上升为意思表示。当事人很少会事先约定沉默视为特定意思表示，也很难从交易习惯入手，法律规定情形又很有限。从"沉默"视为特定意思表示的规则来看，意思表示拟制规范构成了这些规范的一般规范。

例如，代理人与被代理人可以约定"代理人超越代理权实施的民事法律行为，被代理人在相对人催告追认期限届满未作表示的，视为被代理人同意追认"。《民法典》第551条第2款"债务移转拟制规范"属于简单拟制规范中的任意性规范。债权人与债务人可以约定"债务人转移债务无须债权人同意"，该约定有效且实质排除该拟制规范的适用。《民法典》第571条第2款"标的物交付拟制规范"指向债务履行的事实行为，不可能成为民事法律行为的违反对象，其属于简单拟制规范。债权人和债务人可以约定排除该拟制规范作为债务清偿的方法，该规范属于简单拟制规范中的任意性规范。[1]《民法典》第680条第2款"无利息拟制规范"和第680条第3款第2句"自然人间无利息拟制规范"指向借款人是否负有支付利息的义务，贷款人和借款人可以约定排除其适用，该规范属于简单拟制规范中的任意性规范。例如，贷款人和借款人可以约定"借款人是否需要支付利息，借款合同期限届满后，由贷款人决定，本借款合同没有约定利息，不视为没有利息"。《民法典》第726条第2款"承租人优先购买权拟制规范"属于简单拟制规范中的任意性规范。当事人既可以约定排除承租人未明确表示的期限（15日），也可以约定排除拟制要件，作出相反的约定。《民法典》第888条第2款"保管合同拟制规范"也属于简单拟制规范中的任意性规范，"当事人另有约定或者另有交易习惯的除外"的立法表达可对此予以佐证。

部分简单拟制规范属于强制性规范，不能被当事人借助民事法律行为约定而排除适用。《民法典》第16条"胎儿民事权利能力拟制规范"指向民事权利能力制度，属于民事法律事实

---

〔1〕 同样地，《民法典》第621条第1、2款"标的物合约拟制规范"指向债务履行的事实行为，不可能成为民事法律行为的违反对象，属于简单拟制规范。

中的事件，不可能成为民事法律行为违反的对象，属于简单拟制规范。该拟制规范旨在保护作为社会公共利益的弱势群体的胎儿的利益，不能借助民事法律行为约定排除，因此该规范属于简单拟制规范中的强制性规范。例如，夫妻忠诚协议不能约定"夫妻任意一方的非婚孕育胎儿不具有民事权利能力，不得继承本人遗产"。《民法典》第145条第2款"法定代理人拒绝追认拟制规范"旨在保护作为社会公共利益的弱势群体的限制民事行为能力人的利益，不能借助民事法律行为约定排除，也属于简单拟制规范中的强制性规范。如果相对人与限制民事行为能力人约定"若限制民事行为能力人的法定代表人到期未作表示的，视为追认"，该约定的效力如何？当然，限制民事行为能力人的法定代理人可以通过拒绝追认的方式，对该约定的效力作出否定性评价。但是，该约定本身便是自始、当然且绝对无效的，无需法定代理人拒绝追认。《民法典》第622条第1款"外观瑕疵拟制规范"指向或有期间制度。如果"约定的检验期限过短，根据标的物的性质和交易习惯，买受人在检验期限内难以完成全面检验的"，当事人借助民事法律行为约定排除该拟制规范的，该约定无效。因为"外观瑕疵拟制规范"是公平原则的具体化，关涉社会公共利益。因此，"外观瑕疵拟制规范"属于简单拟制规范中的强制性规范。[1]《民法典》第727条"承租人优先购买权拟制规范"关涉不特定拍卖人的信赖利益，其属于社会公共利益，不能被约定排除，该规范属于简单拟制规范中的强制性规范。《民法典》第1077条"撤回离婚登记申请拟制规范"也属于简单拟制规范中的强制性规范。

部分简单拟制规范属于混合性规范，有时能被当事人借助

---

〔1〕 同样地，《民法典》第692条第2款"拟制未约定保证期间条款"也属于简单拟制规范中的强制性规范。

民事法律行为约定排除其适用，有时不能。《民法典》第25条"自然人住所拟制规范"指向自然人住所的确定，其属于民事法律事实中的事件，不会成为民事法律行为违反的对象，该规范属于简单拟制规范，涉及当事人私人利益安排时，可以被约定排除。例如，双方当事人约定"债务履行地为债权人的住所地，经常居住地与住所不一致的，仍以户籍登记或其他有效身份登记记载的住所为债务履行地"。但关涉管辖法院确定、法律文书送达、准据法选择等公共利益时，不可以被约定排除。

（三）复杂拟制规范的实证规范

部分复杂拟制规范属于倡导性规范。《民法典》第397条第2款"抵押物范围拟制规范"能够成为抵押权合同违反的对象，属于复杂拟制规范。抵押合同约定，抵押人单独抵押建筑物或建筑物占用范围内建设用地使用权的，如果没有其他效力瑕疵，该抵押合同有效。因此，"抵押物范围拟制规范"属于复杂拟制规范中的倡导性规范。此外，《民法典》第889条第2款"无偿保管拟制规范"与第976条第1款"合伙期限拟制规范"都属于复杂拟制规范中的倡导性规范，补充当事人约定不明的事项。

大部分复杂拟制规范属于授权第三人规范。《民法典》第159条"条件拟制规范"表达了这样的价值判断结论，即对附条件的民事法律行为，当事人不得为自己利益不正当阻止/促成条件成就。如果当事人为自己的利益，借助民事法律行为不正当阻止/促成条件成就时，该民事法律行为就违反该拟制规范，损害附条件民事法律行为中相对方利益，相对方就可以主张相对自己无效。该解释路径可以延伸回应两个问题。其一，有观点认为，如果一律"视为"条件成就，忽视诚信一方的真实意愿，可能导致武断否定其解除合同、请求损害赔偿权利的不利后果。[1]如果相对人欲解除合同，可以不主张损害其利益的民事法律行为无效，直接以合同履行不能请求解除合同，并请求违约损害赔偿，缓解一律"视为"条件成就对其构成的不当限制。其二，该解释可以与《民法典》第154条的恶意串通规则、第538条至第539条的债权人撤销权规则相互协调配合，让诚实守信一方根据利益关系类型的不同，选择不同的否定性评价理由。

《民法典》第308条规定了共有类型拟制规范。共有人对共有物没有约定按份共有或共同共有，或约定不明时，某共有人借助民事法律行为处分整个共有物或处分超过自己份额的部分时，该拟制规范就会成为民事法律行为违反的对象，该共有人处分超过自己份额的部分就构成无权处分。因此，该拟制规范属于复杂拟制规范中的授权第三人规范。同样地，"共有份额拟制规范"[2]"按份份额拟制规范""连带债务份额拟制规范"与"连带债权份额拟制规范"都属于复杂拟制规范中的授权第三人规范。

《民法典》第638条第1款第2句规定购买试用买卖标的物拟制规范。如果试用期限届满，买受人对是否购买标的物未作表示，出卖人通过民事法律行为处分标的物时，该拟制规范就会成为民事法律行为违反的对象，出卖人实施的民事法律行为将构成对试用买卖标的物的无权处分。因此，该拟制规范属于复杂拟制规范中的授权第三人规范。《民法典》第759条规定了融资租赁物拟制规范。在当事人"约定租赁期限届满，承租人

---

[1] 翟远见："《合同法》第45条（附条件合同）评注"，载《法学家》2018年第5期，第188页。

[2] 无论是共有类型拟制规范，还是共有份额拟制规范，都有一个前提性条件，即证明共有关系存在。

仅需向出租人支付象征性价款"的情况下，出租人通过民事法律行为处分租赁物的，该拟制规范就会成为民事法律行为违反的对象，出卖人实施的民事法律行为将构成对融资租赁物的无权处分。因此，该拟制规范属于复杂拟制规范中的授权第三人规范。《民法典》第 1124 条第 2 款第 2 句规定了放弃受遗赠拟制规范。受遗赠人在知道或应当知道受遗赠后 60 日内未表示的，受遗赠人仍与他人根据遗赠协议与第三人通过民事法律行为处分受遗赠财产的，该拟制规范就会成为民事法律行为违反的对象，受遗赠人实施的民事法律行为将构成对原受遗赠财产的无权处分。

　　法律如果没有拟制，它迷人的程度至少会减少一半。因此，我们说拟制是徜徉在应然世界的法律人独有的特权也不为过。[1]拟制规范类型区分与体系建构的既有讨论，缺少再类型化和再体系化，或缺少方法性和思想性，或缺少对拟制规范方法论品格和体系效益的特有关照，无法承担起拟制规范类型区分与体系建构的功能，更无法为我国民法理论体系和话语体系提供充足解释力。根据形式"必要差异"与实质"相同的规范目的"双重标准，将"视为"规范区分为实质意义上的拟制规范与形式意义上的拟制规范。根据妥当判断民事法律行为效力的目的，将实质意义上的拟制规范区分为简单拟制规范和复杂拟制规范。从民事法律行为的角度观察，拟制规范并非总展现出不可反驳的刚性面向，其也有柔性面向。

---

　　〔1〕　苏永钦：《走入新世纪的宪政主义》，元照出版有限公司 2002 年版，第413 页。

第四节 拟制规范的相似范畴

一、拟制规范与类推适用

类推适用、准用的方法论品格比较鲜明，往往会弱化甚至掩盖拟制规范的方法论品格。"拟制属于类推"这个命题成了拟制规范的理论前见，加剧了拟制规范与类推适用的方法论混淆。厘清拟制规范与类推适用的区别与联系，是继续完成民法拟制规范体系建构的重要步骤。"拟制属于类推"提出如下方法论难题：其一，"拟制属于类推"的内涵是什么？拟制规范与类推适用如何协调适用？其二，类推适用是拟制规范学理意义的上位概念还是其适用方法？其三，拟制规范与类推适用的方法论功能和方法论构成有何不同？其四，拟制规范何时类推适用、如何类推适用以及类推适用时对被参照法条修正标准为何？

（一）类推适用掩盖拟制规范的方法论品格

拟制规范命题的解释、表达、描述和想象，不是民法理论研究的显学。2016 年，有学者就判断"我国国内不仅没有专门研究私法拟制的专著，现有研究对私法拟制的参考价值也仍然有限"，[1]该判断现在仍适用。但是，法律拟制/拟制规范逐渐得到学者的青睐，其理论共识也不断凝聚。事实上，多数讨论者持守的前见是：立法拟制只是作为立法技术被立法者有限地使用，法律适用或法律发现过程中不但没有这种方法的用武之地，反而要警惕裁判者的司法拟制；立法拟制讲究类型法定，是法律规范结构中事实构成的例外情形，讨论拟制规范的方法

––––––––––

〔1〕 谢潇："私法拟制论：概念、源流与原因"，厦门大学 2016 年博士学位论文，第 3~4 页。

论意义不大。这种前见固化甚至束缚着拟制规范的理论弹性，无法为理论和实践提供稳妥的论证结论。方法论上对拟制规范与类推适用、参照适用的混淆，成为挡在拟制规范这种重要立法现象面前的障碍。根据拟制规范与基础规范构成要件内在的相似性，有观点认为拟制终究无非是类推；[1]也有观点认为，纵使在拟制的情形下，被拟制地引用之法条的适用仍然不失其准用的性质。[2]可见，拟制规范的方法论品格及命题总是被类推适用与准用的司法技术所掩盖。

"拟制的本质是一种类推：在一种已证明为重要的观点之下，对不同事物相同处理，或者在一个以某种关系为标准的相同性中，对不同事物相同处理。"[3]拟制哲学认为，法律天然具有拟制属性，拟制并非纯粹虚构，而是法律的本质属性，是具有实践价值的类推。[4]"拟制属于类推"这种判断是在事物性质的基础上，在哲学上提炼的具有更高统摄力的概念，是法律科学化的可能方案。但是，拟制哲学旨在为自然科学寻找方法论，对法学不具有当然解释力。"性质"本身就是最疑难复杂的方法论，其中的命题对论题具有抽象的指引，但也缺乏直观的

---

〔1〕［德］亚图·考夫曼：《类推与"事物本质"——兼论类型理论》，吴从周译，学林文化事业有限公司1999年版，第55页。

〔2〕黄茂荣：《法学方法与现代民法》（第5版），法律出版社2007年版，第204页。

〔3〕［德］亚图·考夫曼：《类推与"事物本质"——兼论类型理论》，吴从周译，学林文化事业有限公司1999年版，第59页。

〔4〕谢潇："法律拟制的哲学基础"，载《法制与社会发展》2018年第1期，第91页。有观点认为，Vaihinger的拟制概念在认识论和扩展知识目的上，与之前拟制概念有很大不同。在积极方面，他从跨学科视角处理该问题，具有远见和博学；在消极方面，他没有为法律拟制提供有用的概念。Vgl. Kristin Y. Albrecht, Fiktionen im Recht, 1. Aufl., 2020, S. 79ff. 凯尔森认为，法律拟制语词涵盖非常不同的现象，仅在很小的范围内表现为Vaihinger概念意义上的拟制。Vgl. Hans Kelsen, Zur Theorie der juristischen Fiktionen, Mit besonderer Berücksichtigung von Vaihingers Philosophie des Als Ob, Annalen der Philosophie 1, 1919, S. 631.

方法，导致相应命题的可理解性、可讨论性与可证成性程度较低。如果不加反思地将抽象指引贯彻到底，会得出这样的结论：民法典中的参照适用、推定规范和拟制规范都没有独立的方法论品格，都能够在类推中得到充足的方法论关照。这种结论显然背离民法理论的发展趋势。例如，准用规范的方法论不是类推适用的方法论所能涵盖的。这种结论也不利于法律的发展，不能为抽丝剥茧般地理解类推与拟制规范、准用规范、推定规范之间的关系提供解释力。如果将这种思路极端化，就会违背民法理论的科学思维方法，即"分"的思维方法。民法理论的进步性结论的发现，都是不断细分的结果。[1]因此，将"拟制终究无非是类推"命题限制在哲学层面更为妥当。事实上，该命题成了强有力的理论前见，如果抛开该命题的"真理性"质疑，主张拟制规范具有相对独立方法论品格者，要负担论证责任。

类推有将拟制规范限缩在纯立法技术层面的趋势。借鉴民法学问题类型区分方法，拟制规范可以展现民法问题中的事实判断问题、价值判断问题、解释选择问题、立法技术问题和司法技术问题。拟制规范的品格不能被"建构法律概念的立法方法"完全揭示出来，其展现的立法技术面向只是立法者对不同利益进行取舍排序的手段，而不是目的。拟制规范的工具价值表现为，完成历史法学和社会法学的双重任务，以"政治的、诗性的，而非技术的、理性的"虚构，解决"法律必须稳定但又不能不变"的两难，[2]缓解社会发展对民法体系性与逻辑性的冲击。社会生活和评价尺度的演变所形成的共识性结论，可

---

〔1〕 民法理论的研究要注意协调连接性思维和分割性思维。借鉴冯友兰先生对哲学研究所作的"正的方法"和"负的方法"区分，连接性思维对应"负的方法"，分割性思维对应"正的方法"。参见冯友兰：《中国哲学简史》，赵复三译，中华书局 2015 年版，第 412~414 页。

〔2〕 卢鹏：《拟制问题研究》，上海人民出版社 2009 年版，第 22、40 页。

以借助拟制规范进入民事法律体系中。以"此事实"作"彼事实"，是拟制规范的一条明线；价值判断类似性或相同性，是拟制规范的一条暗线。民法正义观要求，对相同东西——也就是在比较过程中被认可为同种类、同价值的东西，要加以相同规范。[1]

理解适用拟制规范时，如何看待拟制规范与类推适用的关系？类推适用在什么意义上协助拟制规范发挥裁判/行为规范功能？作为类推适用具体类型的法律拟制与作为拟制规范漏洞补充方法的类推适用，有不同的讨论方法和修正变通规则。在前者中，拟制规范没有独立的方法论品格，类推为其提供足够的方法论；在后者中，拟制规范具有相对独立的方法论品格。在拟制规范与类推适用的交叉领域更能凸显出法律适用的难点。拟制规范如何类推适用到类案？《民法典》总则编、合同编的拟制规范何时/如何类推适用到身份关系协议？这都是厘清拟制规范与类推适用关系的重点问题。身份关系协议附条件类推适用条件拟制规范的余地，也无定论。这些既涉及拟制规范方法论品格的提炼，也涉及个案件中拟制规范与类推适用的理解适用。"拟制""衡平"与"立法"共同发挥协调法律和社会的媒介功能。[2]在人类进入信息时代背景下，法律拟制的媒介功能不仅未有衰落之势，还可能对未来法治发挥更大的解释力。在民事理论、立法和司法视野下，拟制规范的开放性品格使其具有更大的包容度，亟需揭示其中的方法论。

（二）拟制规范与类推适用的方法论功能区分

拟制规范的方法论品格不彰。在理论前见中，"以假（疑）

[1]　[德]卡尔·拉伦茨："论作为科学的法学的不可或缺性——1966年4月20日在柏林法学会的演讲"，赵阳译，载《比较法研究》2005年第3期，第152页。

[2]　[英]梅因：《古代法》，沈景一译，商务印书馆1959年版，第17页。

为真"的拟制规范与法律求真、讲理的科学性格不符，缺乏论证说理的正当性，很难提供稳妥的适用方法。因此，从方法论功能视角，讨论拟制规范与类推适用，有助于发现拟制规范的方法论品格和个案的法律适用。

1. 创设/排斥例外规范的立法/司法技术

（1）拟制规范是创设例外规范的立法技术。拟制规范是不完全法条的具体类型，通过援引其他法律规范的法律效果，[1]实现指示参照的作用。[2]拟制规范中描述的事实构成，与拟参引法律规范中的事实构成不相同或相异，却赋予这两个不相同或相异事实构成以"同一"的法律效果。[3]所谓拟制，是指立法者明知不同事实构成之间欠缺同一性（Gleichheit），仍然予以相同的法律评价，以实现将原本只适用于某个特定事实构成的法律规则，转用于其他事实构成。这种方法形成了一个被普遍遵循的命题"拟制有意将明知为不同者等同视之"。拟制规范是立法者有意识将两个不相同或相异的事实一视同仁。这种描述是直观、准确的，但不是全面的。因为，这种描述既将眼光局限在"构成事实"本身，还遮蔽了"人们可以通过拟制来规定例外情形"这一特性。[4]

拟制创设的例外规范，与原则规范共同构成完整的裁判/行为规范，但原则规范无法为例外规范提供有效指引。因此，例

---

〔1〕［德］齐佩利乌斯：《法学方法论》，金振豹译，法律出版社 2009 年版，第 50 页。

〔2〕［德］卡尔·拉伦茨：《法学方法论》，陈爱娥译，商务印书馆 2003 年版，第 143 页。

〔3〕在"同一"的情形，只有一个所指的对象。在"相同"的情形，有两个所指的对象。参见梁慧星：《民法解释学》（第 4 版），法律出版社 2015 年版，第 100 页。

〔4〕［德］齐佩利乌斯：《法学方法论》，金振豹译，法律出版社 2009 年版，第 51 页。

外规范蕴含独立的方法论命题。拟制规范不仅可以为"原则/例外"范畴提供规范素材与理论补给,还可以作为理解民法规范生成与展开方式的补充视角。包括民法适用方法在内的方法论发展和完善,通常都是在为非标准形态的论题争夺地位的过程中实现的。在此意义下,拟制规范及其附属论题是要被优先对待的议题。在法律拟制场合,被参照的法条是一种基准性或典型性的规定,参照的法条是一种非典型性或特别的规定。[1]休谟认为,通则被归于判断,因为它是范围较广而有经常性的。例外被归于想象,因为它是较为变化无常和不确定的。[2]判断与想象供给的知识或认识的层级并没有优劣之分。民法学在思想和知识上具有无限可能性,使这种无限可能性落地的具体方法就是民法学者的想象力。所以,拟制规范的虚构性和想象因素,不应该成为我们疏远、抛弃这种民法现象、思想和方法的动因或理由。因此,拟制规范的理论研究,应该从描述性思维向解释性思维转变。

如果说原则规范的结构为"若符合构成要件 T,则生法律效果 R",则例外规范的结构为"因出现特殊要素 T4 则原则规范 T 之法律效果 R 即不能产生"。[3]也就是说,原则规范和例外规范的法律效果相互对立,例外规范在其适用范围内排除原则规范的适用。以《民法典》第 13 条和第 16 条"原则/例外规范"为例,根据第 13 条"原则规范",胎儿不具有民事权利能力,但根据第 16 条"例外规范",因法律拟制掩盖了特殊要素 T4(胎儿未从母体娩出),胎儿具有民事权利能力。作为例外规范

---

〔1〕 赵春玉:《刑法中的法律拟制》,清华大学出版社 2018 年版,第 15 页。

〔2〕 [英]休谟:《人性论》,关文运译,商务印书馆 2016 年版,第 168 页。

〔3〕 易军:"原则/例外关系的民法阐释",载《中国社会科学》2019 年第 9 期,第 70 页。

的拟制规范分享原则规范的法律效果，这是法律拟制创设例外规范的特殊性。拟制规范创设例外规范，是通过法律拟制的方式掩盖特殊要素 T4 的方法实现的，该例外规范分享原则规范的法律效果。

（2）类推适用是排斥例外规范的司法技术。通说认为，例外规定原则上不得类推适用。[1]例外应严格解释。例外既可不适用原则，自不能从宽解释，必须从严解释，否则原则必被破坏殆尽，而不成原则。[2]理论上，类推适用例外规范，既可能不当扩大例外规范适用范围，带来利益失衡，也可能违反例外规范的立法目的，架空原则规范与例外规范之间的关系。立法上，《澳门民法典》第 10 条规定：例外规定不得作类推适用，但容许扩张解释。类推适用排斥例外规范，是由类推适用结论特殊性与例外规范特殊性共同作用的结果。类推适用是“特殊到特殊”“个别到个别”的推论，与“演绎”“归纳”推论不同。类推适用导出的结论可能不太准确，甚至是错误的。[3]例外规范是对原则规范的背离，是与普遍对立的特殊情形，例外规定不允许延伸。[4]因此，类推适用例外规范，可能导致个案裁判结论有失公正，违背法的安定性。

“例外规范原则上不得类推适用”是通说，深刻影响个案的裁判思路与结论，但这不能阻止我们在方法论层面上对此提出怀疑。有观点认为，在当然推论、非延伸型类推适用和回复型多层次的例外等情形中，例外规定的类推适用并不会侵蚀原则规定。原则例外关系呈现动态发展特征，例外规定往往代表法

---

〔1〕 王利明：《法学方法论》，中国人民大学出版社 2011 年版，第 510 页。

〔2〕 郑玉波：《法谚（一）》，法律出版社 2007 年版，第 32 页。

〔3〕 杨仁寿：《法学方法论》，中国政法大学出版社 1999 年版，第 148~149 页。

〔4〕 ［德］卡尔·恩吉施：《法律思维导论》，郑永流译，法律出版社 2004 年版，第 186 页。

律发展的方向。[1]克莱默认为，这种形式主义的考量从根本上就没有说服力，因为法律确定一般规定和除外法律规定的关系，绝不意味着一般规定在法律实践中具有核心地位，单独规定是例外情况。[2]我们要在规范要素动态观视角下，重新认识原则与例外规范及其附属命题，实现不同要素的相互补足。在谬误和真理相互转化过程中，法学讨论往往取法"道理"，讲究诸多道理形成的合力。事物普遍联系和永恒发展的辩证法揭示了"例外自体亦属一种原则"。[3]原则与例外的区分在特定时空背景下具有相对性，符合特殊条件时，例外规范也可能一般化。例如，《民法典》第159条的条件拟制规范是"附条件民事法律行为效力"的例外规范。长期存在法定条件何时/如何类推适用条件拟制规范的讨论。类推适用拟制规范是更加审慎和复杂的，"条件拟制规范"法律适用也能间接佐证。

2. 形塑法律逻辑与填补法律漏洞的立法/司法技术

（1）拟制规范是形塑法律逻辑的立法技术。在讨论拟制规范的过程中，普遍持守这样的前见：法律拟制"以假为真"，具有虚构性。虽然拟制规范可以切断事实争议，确保民事法律关系的清晰性，[4]提供更加充足的规范供给，但它仍被当作立法技术上的幌子，"可能使本来正确发展出来，并已被接受的法律原则受到破坏；也可能使系争案型所预示的发展因此而受到抑制"。[5]

─────────

〔1〕 韩富鹏："民法中'例外规定不得类推适用'之反思与重构"，载《西北民族大学学报（哲学社会科学版）》2021年第1期，第106~116页。

〔2〕 ［奥］恩斯特·A.克莱默：《法律方法论》，周万里译，法律出版社2019年版，第183页。

〔3〕 郑玉波：《法谚（一）》，法律出版社2007年版，第32页。

〔4〕 Detlef Leenen, BGB Allgemeiner Teil: Rechtsgeschäftslehre, 2. Aufl., 2015, S. 404.

〔5〕 黄茂荣：《法学方法与现代民法》（第5版），法律出版社2007年版，第196页。

这种前见的正当性更多源自民法的逻辑性和体系性强制，这在有序调整民事法律关系、协调利益冲突等方面无疑具有相当强的解释力，但"民法逻辑性和体系性强制"始终不是逻辑的"代言词"。形式上，法律拟制或拟制规范这个概念被用来指涉多种彼此间不尽相同的事实，是对既定规范背后的事实认知和逻辑结构的违反；实质上，拟制规范将价值判断嵌入体系中，具有体系整合和价值宣示的功能，[1]充分展现价值与逻辑的良性互动，体现价值对逻辑的形塑。这种事实判断结论也符合不同民法学流派演进的客观规律，民法方法论从概念法学发展到价值法学再到评价法学，方法论发展史启示我们：民法规范不仅是单纯的概念堆砌与逻辑推演，更蕴含丰富的价值判断。拟制规范背后有单数或复数个价值判断结论，这些价值判断结论的共识性和可接受性都较高，可补足拟制规范因违反事实和逻辑而导致的正当性缺陷。例如，《民法典》第16条"胎儿民事权利能力拟制规范"体现保护弱势群体胎儿未来权利的价值，第159条"条件拟制规范"体现民事行为须遵守诚实信用原则的价值。

拟制规范具有"形塑法律逻辑"功能，它本身不充当填补法律漏洞的方法。讨论者时常主张借助拟制规范，将特定价值嵌入民法既有逻辑体系中，实现利益衡平。有观点认为，可以借鉴"拟制的婚姻制度"，承认诚信缔结的各种类型无效婚姻的效力，破毁无效婚姻的，基于当事人的诚信保留婚姻部分效力，尤其财产法方面的效力。[2]有观点认为，在侵权责任编之中设

---

〔1〕 谢潇："罗马私法拟制研究"，载《比较法研究》2017年第3期，第155页。

〔2〕 徐国栋："我国民法典应承认诚信缔结的无效婚姻效力并确立宣告婚姻无效请求权的时效"，载《上海政法学院学报（法治论丛）》2020年第1期，第83页。

置拟制条款，将政府或有关主管机关因生态损害而遭受的不利负担"视为"侵权责任法中的损害，将不能被传统民事权益涵盖的生态利益纳入民法救济体系。既可对侵权法体系造成最小干扰，又可为环境公益诉讼提供实体法基础，借助私法救济制度完成生态利益保护任务。[1]该拟制规范蕴涵民法回应人类面对的基本问题时展现的智慧。还有观点认为："从环境学角度，将环境污染侵权区分为实质型污染侵权和拟制型污染侵权，声、光等污染属于拟制型污染。拟制型污染侵权并不是简单类推适用实质型污染侵权的法律效果，而是辅助实现过错归责原则的类型化区分及实质公平正义。"[2]从该论证中，可以完善例外规范类推适用的方法，即类型区分法律发现过程，对法律论证过程涉及的不同因素进行动态利益衡量。

（2）类推适用是填补法律漏洞的司法技术。在方法论中，类推适用通常作为法律漏洞补充方法被重点论述。一般情况下，类推适用"隐而不发"，只有当个案的法律适用出现法律漏洞时，类推适用才会走向前台，起到填补法律漏洞，辅助实现定分止争的功能。在体系上，广义法律解释方法包括狭义法律解释方法、价值补充与漏洞补充，类推适用属于漏洞补充方法。类推适用有意识地弥补法典漏洞，具有造法功能。

在民法拟制规范中，立法者以立法决断，将价值判断嵌入逻辑并完成对逻辑的形塑。与之相较，类推适用更加直观地展现了立法、司法与学理之间的良性互动，尤其是司法对类推适用方法的发展和完善至关重要。何时/如何类推适用的方法是法

---

〔1〕 李昊："论生态损害的侵权责任构造——以损害拟制条款为进路"，载《南京大学学报（哲学·人文科学·社会科学）》2019年第1期，第50页。

〔2〕 张金星："环境污染侵权一元归责之审视与修正——基于对《侵权责任法》第65条和《物权法》第90条的再思考"，载《法律适用》2019年第1期，第38页。

官在个案、类案裁判中总结出来的。但是，实践中法官往往忽略类推过程的展示，对类推适用的技术运用和裁判说理都有所不足，这无疑给类推适用披上了一层神秘的面纱。[1]时常发生类推适用、参照适用与拟制规范的混淆。近年，民法理论逐渐出现区分类推适用、参照适用与拟制规范的方法论自觉。

（三）拟制规范与类推适用的方法论本体区分

在方法论功能上，拟制规范与类推适用的区分表现为：拟制规范是创设例外规范、形塑法律逻辑的立法技术，类推适用是排斥例外规范、填补法律漏洞的司法技术。这并不意味要将立法与司法技术截然区分，立法与司法技术往往相互转化、相互补充。拟制规范与类推适用的方法论构成也有不同。

1. 拟制规范蕴涵更丰富的法理基础

类推适用的法理基础不能担当拟制规范的法理基础。法理，是民事法律规范、法律制度或适用方法普遍作用于社会生活事实的正当性基础，是作为道理的民法学应有之义，为理解、讨论和反驳民事法律规范、法律制度或适用方法提供了对象、方法和空间。类推适用基本遵循"同一理由，同一法律；类似事项，类似判决"。[2]相似案件相同处理或平等原则，是类推适用的法理基础。在类推适用过程中，拟处理案型与拟被引用法条规范案型所对应的民事法律事实之间，存在"彰显与被彰显"关系：拟处理案型对应的法律事实，借助拟被引用法条规范案型对应的法律事实鲜明地彰显，由形式上的法外空间进入民法调整范围。相较于类推适用，拟制规范"创设例外规范"与"形塑法律逻辑"的方法论功能，都具有创设性品质。创设性品

---

〔1〕 张弓长："中国法官运用类推适用方法的现状剖析与完善建议——以三项重要的合同法制度为例"，载《中国政法大学学报》2018年第6期，第24~25页。

〔2〕 郑玉波：《法谚（一）》，法律出版社2007年版，第37页。

质与彰显性特征不可等量齐观，二者背后的法理基础也不同。以类推作为"视为"的法理基础不够全面，"视为"有更丰富的内容，是法律思维的典型形式，是矛盾解决的迂回路径，是事物本质的实现机制，也是公平正义的立法目的。[1]将拟制规范排除在民法典之外，单纯以类推适用的逻辑，将拟制事实与法律明定的事实等同视之，缺乏正当性基础，至少充满疑问。[2]

2. 拟制规范与类推适用逻辑不同

类推适用的逻辑结构，不能为拟制规范提供足够充分的解释力。类推适用以形式逻辑为前提，保障拟处理案型法律效果妥当性，但拟制规范是对法律事实与形式逻辑的违反。拟制规范的逻辑结构是要在法律事实与形式逻辑范畴内无法同等视之的两个事物之间，完成一种结构性描述。可以简约为：A 事实要件赋予 B 事实，B 事实享有或引用 A 事实的法律效果。[3]类推适用可以简约为：A 事实与 B 事实符合相似性时，B 事实享有或引用 A 事实的法律效果。类推适用在完成构成要件涵摄的同时，也确定了法律效果。但是，拟制规范确定的是拟处理案型的构成要件，拟处理案型的法律效果要借助构成要件事实，在寻找、解释、补充被引用法条的过程中确定。作为一种比喻性虚构，拟制是一种重要的思想与方法，它首先作为民法拟制规范的理论依据，也作为这些规范法律适用的解释方法之一。[4]拟制是创设例外规范的立法技术，其逻辑结构要超越法律效果层

---

〔1〕 刘风景："'视为'的法理与创制"，载《中外法学》2010 年第 2 期，第205 页。

〔2〕 金印："论信用卡合同中'视为本人'条款的法律效力"，载《东方法学》2015 年第 2 期，第 151 页。

〔3〕 朱广新："我国民法拟制成年制度的反思与重建"，载《法商研究》2011年第 1 期，第 64 页。

〔4〕 郭富青："商事立法拟制的类型化研究与价值评判"，载《国家检察官学院学报》2012 年第 6 期，第 109 页。

面的指引性描述，实质反映拟制规范的方法论特性。据此，拟制规范的逻辑结构可以表述为："若 A 法律事实则 C 法律效果，当 B 法律事实成为 A 法律事实的例外时，B 法律事实视为 A 法律事实，则若 A 法律事实则 C 法律效果。"若 B 法律事实则 C 法律效果与若 A 法律事实则 C 法律效果之间并非仅存在"视为"表述上的差异。[1]

3. 拟制规范与类推适用说理不同

法官引用拟制规范与其基础规范共同作为裁判依据时，无需论证何时适用拟制规范，仅需论证如何适用拟制规范。法官不需要围绕"何时拟制"的规范性内涵作正当性论证，不需要论证何事拟制、何时拟制、拟制对象、引用条款、拟制对象与引用条款关系等事由。法官自由裁量权受到严格限制，其能动性被限制在拟处理案型事实认定和法律效果上。据此，有观点认为拟制规范属于强制性规范。但是，笼统将拟制规范认定为强制性规范是不妥当的。根据"二元规范体系"贡献的思想资源和分析框架，[2]仅协调公共利益的拟制规范才是不得被当事人约定排除适用的强制性规范。在类推适用之时，法官自由裁量权较大，甚至存在法官恣意裁判危险。法官不仅要论证何时类推适用，还要论证如何类推适用。论证何时类推适用时，法官重点要作"相似性论证"，寻找拟处理案型和拟引用法条规范案型之间的"相似点""重要点"，建立可供比附援引的共通原则。[3]

（四）拟制规范与类推适用的实践论互动

拟制规范的类推适用，是对拟制规范与类推适用协调互动

---

[1] 占善刚、王译："民事法律规范中'视为'的正确表达——兼对《民法总则》'视为'表达之初步检讨"，载《河北法学》2018 年第 12 期，第 77 页。

[2] 王轶："民法典物权编规范配置的新思考"，载《法学杂志》2019 年第 7 期，第 13 页。

[3] 杨仁寿：《法学方法论》，中国政法大学出版社 1999 年版，第 147 页。

的方法归纳、总结、提炼与融贯性应用。[1]在方法上，与其宏观、抽象地讨论拟制规范与类推适用协调互动的方法，不如以具体规范为例进行微观、具体的讨论。下文以《民法典》第159条"条件拟制规范"为例。拟制规范方法论品格对其类推适用有何作用力？能否/何时/如何类推适用条件拟制规范？不能仅局限在法定条件类推适用意定条件，还应关照《民法典》各编，尤其是身份法类推适用财产法。类推适用是超过法律规范文义解释射程的情形，拟制规范类推适用的可能性与谦抑性并身而立。条件拟制规范类推适用的法理构造是：条件拟制规范—基本原则（诚实信用）—拟类推适用案件。此时，是根据先分则后总则的适用方法，补充适用总则编的基本原则？还是类推适用条件拟制规范？拟制规范的类推适用是其法律效果的扩张，其与拟制规范法律效果的限缩，共同构成拟制规范适用边界的全貌。

1."条件拟制规范"的类推适用空间

拟制规范的方法论品格对其类推适用有何作用力？一方面，拟制规范具有例外规范品格，通说认为"例外规范原则上不得被类推适用"，但这并不意味条件拟制规范没有类推适用余地。根据原则与例外互相转化的辩证关系，特定情形下，例外规范可以转化为原则规范，原则规范与例外规范合力为个案裁判提供方法论。有观点认为："社会情况越来越复杂，再完美的法典也不可能通过简单的三段论涵摄，就把全部社会关系纳入调整范围。裁判者唯有心开目明、别具慧眼，运用包括类推在内的

---

〔1〕 妨害条件成就与损害赔偿责任发生竞合时，受到妨害的当事人可以选择主张对方应负妨害条件成就责任或损害赔偿责任（通说）。在选择拟制成就条件的情形下，有可能实际并没有损害发生，因此不会产生损害赔偿责任。参见［日］近江幸治：《民法讲义I民法总则》（第6版补订），渠涛等译，北京大学出版社2015年版，第301页。

司法技术，才能将民法典的功效发挥到极致。"[1]条件拟制规范可以类推适用到法律没有明文规定的拟处理案型，填补法律漏洞。另一方面，拟制规范具有形塑法律逻辑的功能。在类推适用拟制规范过程中，围绕民法上"重要的点"展开相似性论证时，可能使拟制规范背后的价值作为规范依据。原则上，民法基本原则不应被过度作为规范依据，但当有现实需求而裁判方法论又阙如时，为维护实质公平，基本原则亦为可接受的选择。[2]由于拟制规范形塑法律逻辑的品格，类推适用拟制规范时，民法基本原则作为规范依据的冲突性在拟制规范的体系内部被消解。类推适用条件拟制规范的方法论是：如果拟处理民事法律关系采取意定主义的调整方法，法官可援引条件拟制规范作为裁判依据；如果拟处理民事法关系采取法定主义的调整方法，法官就不能直接援引条件拟制规范作为裁判依据，而要援引诚实信用原则作为裁判依据。可见，类推适用例外规范时，不仅要对例外规范作类型化与实质评价，还要对相同例外规范的适用情形作类型化与实质评价。所以，这种双重的类型化与实质评价，是类推适用例外规范的重要司法技术。

能否类推适用"条件拟制规范"，是一个前置问题。通说认为，《民法典》第 159 条存在类推适用于法律没有明文规定、具有相似性的拟处理案型的可能性，要适当限制该类推适用。但是，条件拟制和待定期间责任规则是否均可类推适用存在疑问。[3]法定条件成就与否尚不确定的未决期间，类推意定生效条件的拘束力；合同一方为自己利益不正当阻止法定条件

----

〔1〕 谢鸿飞："民法典规范的类推适用"，载《检察日报》2020 年 11 月 30 日。

〔2〕 尚连杰："拟制条件成就的法理构造"，载《法律科学（西北政法大学学报）》2017 年第 4 期，第 69 页。

〔3〕 冯洁语："论法定条件的教义学构造"，载《华东政法大学学报》2018 年第 5 期，第 111 页。

成就时，能否类推适用该拟制规范，我国学者少有论及。[1]何时类推适用条件拟制规范，是一个中间问题，即拟处理案型是否有类推适用该拟制规范的空间？这要区分不同类型的民事法律关系和同类民事法律关系的不同条件，分别讨论。具体而言，身份关系协议中的意定条件、物权变动中的法定条件、纯粹财产合同中的意定条件和法定条件、人格权法律关系中的意定条件与侵权法律关系中的意定条件，在类推适用条件拟制规范的空间和方法上都有细微差别。要根据不同类型民事法律关系和同类民事法律关系不同条件的特殊性，在拟处理案型和条件拟制规范间作相似性论证，选择符合其特殊性的"重要点"，对条件拟制规范予以限制或修正。

2. 物权变动与合同行为类推适用条件拟制规范

登记/交付分别作为不动产/动产物权设立、变更、转让和消灭的法定条件，不是当事人通过民事法律行为创设条件的对象。但是，登记/交付作为物权变动的法定条件，仍可类推适用条件拟制规范。因为，当事人通过合同行为设立、变更、转让和消灭物权的，合同行为原则上自成立时生效，登记/交付条件缺失不会影响合同行为的效力。当事人为自己利益不正当阻止法定条件成就的，可以类推适用条件拟制规范，视为法定条件已成就，将物权变动的原因行为效力视为物权变动行为效力，即合同行为生效时，物权变动效力随之发生。但是，在没有实际登记/交付之前，不得对抗交易背景下的善意第三人。

纯粹财产合同行为中的意定条件，都可以类推适用条件拟制规范，但要适当限制。拟制规范法律效果的强制性，可能不当排斥其他民事法律事实引发的法律效果，这是在拟制规范被

---

[1] 翟远见："《合同法》第45条（附条件合同）评注"，载《法学家》2018年第5期，第173页。

拟制之前的应然状态和被拟制之后的实然状态的比较中得出的结论。如果一律"视为"条件成就，忽视诚信一方真实意愿，可能否定其解除合同、请求损害赔偿的权利。纯粹财产合同行为中法定条件能否类推适用条件拟制规范的争议不断。[1] 例如，《民法典》第 502 条第 2、3 款中"依照法律、行政法规的规定，合同应当办理批准等手续的""依照法律、行政法规的规定，合同的变更、转让、解除等情形应当办理批准等手续的"，能否类推适用条件拟制规范？一方当事人为自己利益不正当阻止批准等法定条件成就，类推适用该拟制规范将批准等条件视为已经成就，这对民事法律行为没有意义，因为缺乏批准等法定条件的合同是不能生效的，也没有履行可能性。如果类推适用该拟制规范，视为"已经批准"，会架空法定条件控制合同效力的预设目标。如果强制补足行为的内部效力，其外部效力状态仍然不会改变。根据历史解释和体系解释的方法，《民法典》第 502 条第 2 款第 3 句"应当办理申请批准等手续的当事人未履行义务的，对方可以请求其承担违反该义务的责任"的规定通过立法方式填补了《合同法》第 44 条法律漏洞，这导致类推适用的前提条件已经不存在了。

要区分合同效力的意定条件与法定条件，影响合同效力的法定条件必须是法律、行政法规规定的合同特别生效条件。例如，虽然《药品技术转让注册管理规定》规定药品技术转让注册申请的申报和审批，但该"注册申报"不是合同法定特别生效条件，可以类推适用条件拟制规范。在某技术转让合同纠纷

---

〔1〕 民事法律行为所附条件，必须是将来发生的、不确定的事实，是当事人约定的而非法定的，还必须合法，在我国，政府机关对有关事项审批或批准的权限和职责，源于法律和行政法规规定，不属于当事人约定的范围。参见广东省广州市中级人民法院〔2020〕粤 01 民终 18584 号民事判决书。

案件中，双方约定第二期转让款在"新药证书和生产批件注册申报的临床核查起 3 个工作日内"由受让方支付。后因受让方未支付第二期转让款，转让方主张适用条件拟制规范，将受让方阻止"注册申报"而导致的条件不成就拟制为条件成就。最高人民法院认为，转让方虽曾发函催促受让方进行注册申报，但其并未提交证据证明受让方实施了阻止付款条件成就的行为，付款条件尚未成就。[1]如果转让方能够证明受让方实施了阻止付款条件成就的行为，付款条件视为成就，受让方就要履行支付价款的义务，技术转让合同也就因条件成就而生效。

3. 人格权、侵权与身份关系类推适用条件拟制规范

人格权法律关系中也可能附约定的生效条件。自然人生前与组织或个人订立遗体捐献协议，该协议实际附了"自然人死亡后"的生效条件，如果该组织或个人为自己利益不正当促成该自然人"死亡"的条件成就，可以类推适用条件拟制规范，将遗体捐献协议的生效条件视为不成就。类似地，在姓名、名称、肖像许可使用协议，临床试验协议，个人信息处理协议等人格权协议法律关系之中，如果人格权法律关系一方当事人为自己利益不正当阻止解除条件成就或促成生效条件成就的，可类推适用条件拟制规范，使相应协议失效或不生效。

侵权法律关系中的意定条件，应区分为侵权行为发生前的意定条件和侵权行为发生后的意定条件。侵权行为发生后的意定条件（如承担侵权责任的条件）一般可以类推适用条件拟制规范，当事人可以对侵权责任履行方式达成侵权损害赔偿协议，该协议属于意定之债。但是，侵权行为发生前的意定条件（如侵权责任发生的条件），本身就是无效的，没有类推适用条件拟制规范的余地。因为，民法对侵权责任的发生采取法定主义调

---

〔1〕 最高人民法院［2019］最高法民申 4654 号民事裁定书。

控方法，侵权人和被侵权人的约定没有民法意义。侵权行为只要满足侵权责任构成要件，当然在侵权人与被侵权人之间产生侵权损害赔偿之债，不以当事人的合意为要件。

身份关系协议中的财产性民事法律行为，部分没有类推适用条件拟制规范的空间，部分有类推适用该拟制规范的空间。基于维护身份关系的安定性和伦理性的目的，纯粹身份行为不能附条件，但身份关系协议附条件不会违背其自身性质。离婚协议所附条件可能包括：抚养费违约金的条件约款（一方未来不按离婚协议约定支付子女抚养费，则违约金条款生效）、免除抚养费的条件约款（一方未来离婚时放弃抚养权，则免除支付子女抚养费）、变更或撤销抚养费的条件约款（一方未来与他人同居、结婚，则他方可变更或撤销抚养费）。此时，从未成年子女利益最大化原则出发，离婚协议所附此类条件应当做部分无效处理，[1]无法类推适用"民事法律行为附条件效力规则"，无法类推适用合同编违约金调整及合同变更、转让规则，无法类推适用条件拟制规范。离婚协议中附解除条件的财产赠与、附生效条件的夫妻财产约定有类推适用该拟制规范的空间。

因此，条件拟制规范适用边界是其理解适用的关键。条件拟制规范不适用于随意条件，只适用于偶成条件或混合条件中的"偶成部分"。[2]是否限缩条件拟制规范，是重要的司法和立法问题。在满足构成要件基础上，条件拟制规范是全有式地适用，还是要加入新的论证因素以追求更妥当的结论？[3]全有式

---

〔1〕 王雷："论身份关系协议对民法典合同编的参照适用"，载《法学家》2020年第1期，第37~38页。

〔2〕 翟远见："《合同法》第45条（附条件合同）评注"，载《法学家》2018年第5期，第187~188页。

〔3〕 李宇：《民法总则要义：规范释论与判解集注》，法律出版社2017年版，第759~760页。

地认定民事法律行为生效，意味诚信方的意思不作为民事法律行为效力判断的要件，甚至连辅助因素都不是。这与拟制规范的性质和适用直接相关。就规范性质而言，拟制规范属于简单规范中的任意性规范、强制性规范或混合性规范？还是复杂规范中的倡导性规范、授权第三人规范或强制性规范？[1] 就适用方法而言，在符合拟制规范构成要件时，是直接适用拟制规范？还是补充适用或参照适用《民法典》基本原则等其他法源规范？直接适用、补充适用和参照适用三者不尽相同。如果直接适用拟制规范，就没有补充适用或参照适用的余地，法官没有任何自由裁量权。"拟制终究无非是类推"命题忽视了拟制规范的方法论品格。在方法论功能上，拟制规范的功能是创设例外规范、形塑法律逻辑，而类推适用的功能是排斥例外规范、填补法律漏洞。在方法论构成上，类推适用法理无法担当拟制规范的正当性基础，后者蕴涵更丰富的法理内涵。在类推适用拟制规范上，拟制规范可以被类推适用于法律没有明文规定的拟处理案型中，填补法律漏洞。但是，要区分不同类型的民事法律关系和同类民事法律关系的不同条件。

二、拟制规范与准用规范

（一）问题交汇：广义指示参照

前文"法律拟制与拟制规范"概念辨析显示，"视为"语词标志的拟制规范是法律效果参引的拟制（Fiktionen zur Rechtsfol-

---

[1] 尚连杰："拟制条件成就的法理构造"，载《法律科学（西北政法大学学报）》2017年第4期，第68页。作者认为，在条件成就拟制规范中，是否支持权利人的选择权，关键在于利益天平在何种程度上向权利人倾斜以及拟制条件成就的规范性质。从规范性质来看，《合同法》第45条并非完全意义上的强制性规范，而是半强制性规范。这种规范不可以做出有损于但可以做出有利于需要保护一方的变通。

genverweisung），参照适用之准用（entsprechende Anwendung）
与"拟制规范/指示参引"不同，其德语 verweisen 意为"指点、
参阅，使注意""援引、指向"，无"参照"之义。在广义上，
引用性法条是拟制规范与准用规范的上位概念，二者具有家族
亲缘性，这是考察二者关系命题的切入点和破题点。有观点认
为，指示参照性法条包括指示适用法条、法律上的拟制条款与
参照适用条款三种类型，它们均有助于梳理法条、规范乃至篇
章元素之间的体系关联，使之呈现出清晰可辨的意义脉络。[1]
本书将拟制规范与准用规范作为一对关系范畴，就是要从拟制
规范与准用规范的参引性对比中，借鉴准用规范的法律适用方
法，归纳、提炼、矫正和维持拟制规范参引性面向的立法技术
与司法技术命题，展现其民法适用方法。在借鉴准用规范适用
方法过程中，完成拟制规范适用方法的类型区分与体系建构，
概括和总结拟制规范中法官自由裁量权最小的适用方法。为论
证方便起见，下文采"准用规范"概念。

在广义指示参引视野下，拟制规范与准用规范的形式区分
存在两种观点，即形式相同论与形式相异论（注：笔者概括）。
形式相同论认为，拟制规范与准用规范都是法律效果的参引，否
定准用规范构成要件参引的空间；[2]形式相异论认为，拟制规
范与准用规范参引形式不同，前者是法律效果的参引，后者可
能同时包含构成要件与法律效果的参引。[3]《民法典》中"参
照适用"字样出现 28 次，对应 28 个准用规范，有的准用规范

---

　　〔1〕 冉克平："'身份关系协议'准用《民法典》合同编的体系化释论"，载
《法制与社会发展》2021 年第 4 期，第 64 页。
　　〔2〕. 张弓长："《民法典》中的'参照适用'"，载《清华法学》2020 年第 4
期，第 111 页。
　　〔3〕 冉克平："'身份关系协议'准用《民法典》合同编的体系化释论"，载
《法制与社会发展》2021 年第 4 期，第 65 页。

的参引对象是被援引规范的法律效果。例如，《民法典》第 174
条第 2 款"作为被代理人的法人、非法人组织终止的，参照适
用前款规定"。此时，就是要参照适用《民法典》第 174 条第 1
款，即作为被代理人的自然人死亡后，委托代理人实施的代理
行为有效这一法律效果。有的准用规范参引对象包括被援引规
范的构成要件与法律效果。例如，《民法典》第 1001 条规定的
身份权利根据其性质参照适用人格权保护的规定。如果拟处理
案件涉及婚姻家庭关系之身份权利的保护，在《民法典》总则、
婚姻家庭编和其他法律中都没有找到可作为该案司法三段论之
大前提的法律规范，就可以根据婚姻家庭关系之身份权利的特
殊性，参照适用人格权编关于人格权保护的规定，就是参照人
格权编规范的构成要件和法律效果。此时，准用规范参引构成
要件具有两方面实益：其一，在法源理论视角下，准用规范的
重要功能就是为拟处理案件寻找作为司法三段论之大前提的规
范，弥补拟处理案型规范供给不足。尤其在概括性参引情形下，
裁判者要想妥当调整拟处理案件，离不开对比被援引规范的构
成要件与拟处理案件的案件事实，以此寻找最相似的裁判规范
及对应的法律效果。准用规范参照适用被援引规范的构成要件
和法律效果时，都是有限度、需修正的适用。其二，在证据规
范论视角下，根据要件事实论，被援引规范的构成要件对证明
责任分配具有重要意义，证据规范使得当事人之间的民事权利、
义务和责任得以落地。在概括性参引情形下，构成要件参引更
能限制法官自由裁量权。

根据体系解释方法，无论是法律效果的参引，还是构成要
件与法律效果的参引，都不是创设准用规范的核心考量因素，
这种差别既不能成为创设准用规范的标准，也不能成为准用规
范参引技术适用的障碍。但是，法律解释方法只能给出关于准

用规范参引对象的答案，却无法揭示隐藏在该答案背后的实质理由，隐藏在该答案背后的实质理由就要在准用规范的描述性定义中寻找。共识认为，准用规范就是将不同的法律事实等同视之，赋予相同的法律效果。这种"不同"是"大同小异"。[1]因此，准用规范创设的核心考量因素是，拟处理案件与被援引规范的事实构成之间的相似性，让这种相似性以看得见的形式展现出来的参照基准就是拟处理案件的性质。这是参照适用提供的立法技术和经验。换言之，就是要根据拟处理案件相对于被援引规范调整案件的特殊性质，形成相似性论证规则，实现构成要件与法律效果有限度的参照适用。[2]相似性本身不会显示自己，它要通过拟处理案件的性质去寻找与被援引规范调整案型的相似点、重要点，寻找的方法就是探究拟处理案件的性质。[3]这实质展现了拟处理案件由内而外地参照适用被援引规范，而不是被援引规范由外而内地介入拟处理案件的司法操作过程。[4]

在拟制规范与准用规范关系论视野下，法律效果参引论为拟制规范与准用规范的比较提供参照点。借此可以辨析法律效果参引的拟制规范与准用规范的区别，获得如何运用的方法论

---

〔1〕 黄茂荣：《法学方法与现代民法》（增订七版），2020年自版发行，第308~310页；王雷："论身份关系协议对民法典合同编的参照适用"，载《法学家》2020年第1期，第35页。

〔2〕 史尚宽：《民法总论》，中国政法大学出版社2000年版，第52页。

〔3〕 中国古人眼中的类不是种属划分的产物，而是特征拣选（"举相似"）的产物。拣选不能任意为之（"狂举"），要遵循同异有别和同异兼顾的规则。这种拣选式分类主要服务于类比（"推类"），目的则是确保跨场合行动的一致性。因此最终，类概念在中国思想中扮演的基本角色就是为正当行动提供指导。参见李巍："相似、拣选与类比：早期中国的类概念"，载《社会科学》2021年第2期，第132页。

〔4〕 于程远："《民法典》背景下婚姻法回归民法的路径选择——兼论《民法典》分编转介规范的运用"，载《中国高校社会科学》2021年第4期，第150页。

启示与借鉴。拟制规范将明知不同者等同视之，其"不同"是"大异小同"；准用规范也是将明知不同者等同视之，其"不同"却是"大同小异"。无论是拟制规范"大异小同"，还是准用规范"大同小异"，都无法直接给出相应的法律适用方法等方法论命题。立法者之所以将明知不同者等同视之，就是出于法律效果的相同性考虑。在价值判断上，立法者相同评价明知不同的两个事实构成。准用规范对不同事实构成相同评价的正当性是二者的相似性，这种相似性足以满足平等原则的要求（相同情况相同处理）。问题在于：拟制规范对不同事实构成相同评价的正当性何在？此时，平等和类推还能不能发挥足够充分且正当的解释力？有观点认为，拟制的"明知不是"字面上已经排除或限制"相似性"，无论如何都不可能从"不是"直接推导出"相似性"。[1]此时，难道准用规范就无法为拟制规范正当性的证成提供方法借鉴吗？显然不是。我们还可以回到准用规范的相似性寻找切入口。特别地，准用规范的相似性不是一种必然、给定的相似性，而是一种可能的相似性，至于到底是否具有相似性，是要裁判者借助事物性质进行判断的。也就是说，准用规范的创设是基于一种经验法则上的相似性。例如，《民法典》第 960 条规定行纪合同参照适用委托合同的规定和《民法典》第 966 条规定中介合同参照适用委托合同的规定。我们可能在经验法则上会认为行纪合同与委托合同具有相似性，中介合同与委托合同具有相似性。我们很少会在经验法则上直接认为行纪合同与中介合同具有相似性，因为《民法典》没有借助"参照适用"给出这样的判断结论。所以，准用规范的相似性是特定语境下的相似性，这是一种规范上的相似性，而不

---

[1] 严崴："论司法拟制的性质与意义"，载《安徽大学学报（哲学社会科学版）》2021 年第 3 期，第 100 页。

是事实上、必然的相似性。对应到法律适用方法上，笔者认为"性质—相似性"之间是有位阶的，即裁判者在准用规范指引下寻找拟处理案件性质的特殊性，再据此寻找被援引规范中可以涵盖拟处理案件性质特殊性的具体规范，实现性质上的对标，[1]最后方能得出拟处理案件与被援引规范调整案型之间具有相似性的结论。同时，准用规范的相似性具有流动性与时代性品格。根据历史解释方法，1999年《合同法》第423条规定行纪合同适用委托合同，但没有明确规定中介（居间）合同与委托合同之间的法律适用关系。如果说委托合同与行纪合同、中介合同均存在事实上的相似性，为何会在1999年《合同法》与《民法典》中得出迥然不同的事实判断结论？对于事实判断问题，是有真假之分的。因为，相似性判断并不单纯是一个民法问题中的事实判断问题，它同时也是价值判断问题、立法技术问题与司法技术问题，体现立法者的利益协调策略。由此，准用规范拟处理案件的性质，可以为拟制规范正当性提供方法借鉴，即拟制规范与基础规范调整案型的性质具有高度的相似性。两个截然区分的事实构成因为具有相同的重要点而被相同评价。在此意义上，拟制规范与基础规范调整的事实构成具有规范评价上的相似性。相对于准用规范，这种性质高度相似性是立法者直接赋予拟制规范与基础规范的，但并不意味这种给定方式本身都是妥当的。拟制规范性质高度相似性的侧面就是拟制规范与基础规范在规范目的上的高度相似性。诚如拉伦茨所言："为了认识法定事实构成中哪些要素对于法定评价具有重要性以及

---

〔1〕《民法典》第966条虽然没有规定根据其性质参照适用，只规定了参照适用，但具体参照过程中还是要根据中介合同的性质。有学者认为，中介合同有别于委托合同，委托合同的规定并非全部可以"参照适用"，应当根据中介合同的性质逐一分析判断。参见周江洪："民法典中介合同的变革与理解——以委托合同与中介合同的参照适用关系为切入点"，载《比较法研究》2021年第2期，第54页。

为什么具有意义，必须回到被援引法条的规范意旨及基本思想之上。"[1]

（二）适用区分："适用"类型

在民法法源论视野下，《民法典》中的"适用"包括三种类型，即适用（直接适用）、补充适用和参照适用，这也体现了三种立法技术与司法技术。[2]王利明教授认为，直接适用与参照适用具体有四个方面的区别，即是否规定了直接适用的规范不同、是否需要辨别相似性不同、是否可以排除某些规范的适用不同、对裁判者自由裁量权的限制不同。[3]《民法典》施行以来，民法学界对参照适用技术的研究不断深化、细化。但是，参照适用的独立性，也是在与其他"适用"类型的比较中逐渐显示出来的。拟制规范方法论命题的研究同样如此，也是要在与其他制度的不断比较、在比较中不断细化的过程中，逐渐得到更为清晰的理论认识，提升理论认识的层次。笔者在此着重讨论"补充适用"和"参照适用"之间的协调互动，旨在寻找拟制规范法律效果参引的司法适用方法。

民法之"适用"有不同的语境。在总分结合和提取公因式的立法背景下，"先分则后总则，先特别后一般"是传统民法适用方法的重要组成部分。换言之，在法律适用过程中，有特别规定适用特别规定，没有特别规定补充适用一般规定。但

---

〔1〕 ［德］卡尔·拉伦茨：《法学方法论》（第6版），黄家镇译，商务印书馆2020年版，第480页。

〔2〕 有学者将引用性法条总体分为直接适用型和参照适用型，参见王雷："论身份关系协议对民法典合同编的参照适用"，载《法学家》2020年第1期，第34、38、46页。有学者提出了直接适用与参照适用的区分，参见吴香香："请求权基础视角下《民法典》的规范类型"，载《南京大学学报（哲学·人文科学·社会科学）》2021年第4期，第127页。

〔3〕 王利明："民法典中参照适用条款的适用"，载《政法论坛》2022年第1期，第46~47页。

是，这样的法律适用方法显得过于简单和粗糙。例如，符合通谋虚伪表示的结婚行为，能否补充适用《民法典》总则编意思表示瑕疵规则呢？通说认为，结婚行为具有要式性的"性质"，婚姻中男女双方意思表示的形式合意，是不同内心动机的具体表现形式。此时，男女双方意思表示真实的规范比重非常有限度。也就是说，总则编以财产法律行为作为原型提炼的意思表示瑕疵规则，无法补充适用到虚假的结婚行为中。补充适用一般规则不能忽视拟处理案件的特殊性质。在参照适用的司法操作过程中要着重考虑案件性质，裁判者有权决定是否参照适用，而不是必须予以参照适用。在准用规范中，如果立法者明确规定"可以根据其性质"参照适用，就要根据拟处理案型的特殊性参照适用被引用规范。如果立法者没有明确规定"可以根据其性质"，直接说"参照适用"，"可以根据其性质"也是该类准用规范的适用方法，法官同样具有自由裁量空间。

民法之"适用"对法官有不同的约束力。参照适用对法官是弱约束，补充适用对法官是强约束。补充适用中法官是没有任何自由裁量权的，能不能补充适用，法官无法在自由裁量权的范围内作出决断，只要没有特别规定，根据"先特别后一般"的适用方法，法官就要补充适用一般规定。但是，能不能参照适用，法官要根据拟处理案件性质作价值判断，可以参照适用，也可以不参照适用。合理限制法官自由裁量权是民法学方法论的重要实践功能。在识别"适用"类型时，要树立赋予法官自由裁量权越小的适用类型就是越妥当的适用类型的价值理念。根据这种适用方法，保管合同与仓储合同是一般与特别的关系，即仓储合同是特殊的保管合同，保管合同是一般的仓储合同。但是，如果补充适用一般规定会忽视拟处理案型的特殊性，遮蔽拟处理案型的性质，就应该弃补充适用而择参照适用。

民法之"适用"的变迁展现了对规范关系认识的深化。[1]这里举例加以说明：《民法典》第960条规定行纪合同参照适用委托合同规定，但是1999年《合同法》第423条规定行纪合同适用委托合同规定。据此，可以推演出：在1999年《合同法》立法者心目中，委托合同与行纪合同之间是一般与特别的关系，委托合同是行纪合同的上位概念，但在《民法典》立法者心目中，委托合同与行纪合同之间不是一般与特别关系，而是相类似的并列关系。从补充适用到参照适用，不仅展现了不同的立法技术与司法技术，而且展现了立法者总结与反思合同法律实践的推进性结论。在参照适用语境下，提炼拟处理案型权利、义务与责任的特殊性是参照适用的前提。参照适用与补充适用之间也存在协调互动的关系，这也是重要的司法适用方法。那么，参照适用与补充适用的方法及其协调互动，对拟制规范法律效果参引有何种适用方法上的启示？笔者认为至少有两个方法启示。

第一，前文论证结论是：基础规范与拟制规范之间是原则/例外关系，不是一般/特别关系。因此，将拟制规范对基础规范法律效果的参引界定为参照适用更为妥当，这符合补充适用与参照适用对象的关系。原则/例外关系也可进一步类型区分为"强"原则/例外关系与"弱"原则/例外关系。拟制规范与基础规范一起，通过冲突法则分量价值判断，形成"强"原则/例外关系。违约责任不以过错为构成要件和以过错为构成要件之

---

[1]　章剑生："行政诉讼中民事诉讼规范之'适用'——基于《行政诉讼法》第101条展开的分析"，载《行政法学研究》2021年第1期，第75页。作者认为，行政诉讼中民事诉讼规范的"适用"，经历了"适用—参照—适用"的立法史变迁，这也是对行政诉讼与民事诉讼关系认识逐步深化的过程。

间，就形成"弱"原则/例外关系。[1]例如，"胎儿民事权利能力拟制规范"就是根据胎儿利益保护案件的性质，参照适用"民事权利能力规范"的法律效果。胎儿出生之前，胎儿只能消极保有相关财产，而不能积极处分相关财产，父母也不能为胎儿利益而处分胎儿继承、接受赠与的财产。再如，"完全民事行为能力人拟制规范"就是根据特定未成年人案件的性质，参照适用"完全民事行为能力人规范"的法律效果。拟制成年人只能实施完全民事行为能力人能够实施的所有财产法律行为，但不能实施完全民事行为能力人能够实施的身份行为，如结婚、离婚、收养等。

第二，拟制规范的制度变迁，代表立法者对此案型认识的不断深入，展现立法者对拟制规范法律后果参引的谨慎态度。但是，并非所有拟制规范背后的立法目标都能如立法者期待的那样实现，例如，某具体拟制规范制造出来的"麻烦"可能会超过其积极的方法论功能与法律适用方法产生的效益。

（三）方法提炼：性质的方法论

正如前文所述，性质对于拟制规范和准用规范的民法适用方法具有重要的意义。具体而言，性质的方法论价值主要体现在如下方面：

第一，性质是重要的民法解释方法，性质在民法解释方法中的重要地位，是通过《民法典》的规范变迁显示出来的，这种判断结论也是建立在规范对照基础上的当然解释，不言自明。相对于1999年《合同法》第125条的规定，《民法典》第142

---

〔1〕 "强"原则/例外关系与"弱"原则/例外关系的区分，实质涉及原则/例外关系的识别基准与工具效益。《民法典》第577条确立违约责任之构成不以过错为要件的一般规则，而大量司法解释和《民法典》合同编中关于违约责任的规定大多是过错责任，这种情况下将大量司法解释和分则规定都理解为例外，原则/例外的区分本身就对违约责任丧失了规范意义和解释价值。

条将行为的性质作为重要的解释方法。在各种解释方法的排序上，立法者还将性质的方法放在了目的解释方法之前。

第二，性质是重要的民法适用方法，是寻找司法三段论之大前提的重要方法，具有拓展法源理论的功能。法源理论是寻找司法三段论之大前提的方法论，是法学方法论的有机组成部分。法学方法论是以司法三段论为逻辑模型的，司法三段论主要讨论法律解释和适用，而法律解释和适用的理论模型就是司法三段论。司法三段论之大前提的寻找就要依靠法源理论。法律解释学和法律漏洞补充方法发挥作用的条件是大前提已然确立。但是，在何种方法指引下寻找大前提？根据性质参照适用，是寻找大前提的重要司法方法。

第三，性质是对民法调整对象特殊性进行类型化的重要方法。性质包含不同民法调整对象之间的比较方法。例如，可以从准用规范适用与不能准用的情形中类型化出拟处理案型的特殊性质。在拟制规范的适用中，从基础规范与拟制规范的对比中可类型化出拟制规范的特殊性质，总结拟制规范增删修废的考量点，将拟制规范的创设和适用从不可言说发展为可以言说。[1]但是，诸多围绕拟制规范展开的研究，却没有出现对拟制性质的论证。绕开拟制本身谈拟制规范，无疑是舍本逐末，也容易陷入"为何研究拟制规范"的疑问泥潭不能自拔。

第四，性质的方法助力提升民法哲学的层次。性质就是事物的本质，是哲学概念的法律化表达。《民法典》之前，性质

---

〔1〕 本质之各种必然性构成总是由于一种假设：如果说这个世界是为我们而存在的，或如果某某处应该有一个世界，或如果某某处应该有某物，那么，它们就应该这样或那样的结构规律。但是，我们的假设从何而来呢？我们从哪里知道有某物，有一个世界呢？这种知在本质之下，是经验，是本质为其一部分且不能包括它的经验。参见［法］梅洛-庞蒂：《可见的与不可见的》，罗国祥译，商务印书馆 2016 年，第 136 页。

的民法意义总是不够清晰的，但现在其可以发挥对准用规范和拟制规范的解释力。[1]民法方法和思想是与时俱进、不断更新与丰富的。这启示我们，将拟制规范简单理解为纯立法技术，可能过于狭隘，拟制规范不仅蕴涵丰富的方法论，还蕴涵民法哲学等有助于提升民法理论层次的丰富内涵。性质作为哲学概念，一旦崭露头角，就成为最重要的民法学方法之一，更带来民法学方法论的革命。拟制规范中的方法因素助力民法方法论的发展。法律拟制是由法律理论或法律知识生成的，法律拟制对象不能超过其基础规范中的性质所能达到的程度。

第五，性质的方法虽然展现方法论的力量，但也存在明显的理论弱点，即人类认识的局限性和性质方法可适用的艰难性。《民法典》的立法者展现了目前为止人们对"性质的民法意义"的认识边界，但是，提炼出关于行为性质的普遍方法论命题，仍然是一个非常困难的任务。因为立法者没有对"性质"的相关命题给出具体的答案，需要民法理论和实践借助民法学方法予以填补。但是，如何填补，以什么方法填补，性质的来源规范包括哪些类型等，都会实质影响性质方法论的科学性程度。本书认为，拟制规范既为性质方法论提供了规范样本，也为性质方法论提供了深厚的法哲学基础。

三、拟制规范与推定规范

"视为"规范，是指《民法典》中以"视为"语词标志的

---

[1] 考夫曼认为，"事物本质"是否只是法律解释或漏洞填补的终极理据，或是真正的法源，这个一再提出的问题是否是错的？"事物本质"不只是填补法律的方法，也不是如法律规范般的法源，而是一种"催化剂"，在每个立法与法律发现行为中必要的"催化剂"，以便能够使法律理念或法律规范与生活事实，当为与存在，产生一种关联。参见［德］亚图·考夫曼：《类推与"事物本质"——兼论类型理论》，吴从周译，学林文化事业有限公司1999年版，第129页。

法律规范。"视为""推定"语词是分别指向拟制规范和推定规范这两种不同的规范类型，还是存在这两种规范类型交叉的情形？"视为"规范区分论，是笔者从"视为"规范研究的现象中提炼出来的命题，即在"视为"语词标志的法律规范中，存在拟制规范和推定规范的区分，部分"视为"规范要么是拟制规范，要么是推定规范。因为，通过民法解释方法，有些"视为"规范可能会被解释为区别于拟制规范和推定规范的普通规范。此部分只解决"视为"规范中拟制规范与推定规范的区分问题，因为这是超越体系解释方法的问题，是要借助民法学知识、民法学原理与民法学方法关联互动才可能给出答案的问题。"视为"规范究竟是拟制规范还是推定规范，学术争论已久，还没有一个强势的理论或结论独占鳌头。还存在这样一种理论现象，即不同讨论者根据特定论证目的，将同一"视为"规范分别理解为拟制规范或推定规范，并根据论证语境差异而交互使用这两种规范的情形。

现有研究对"视为"规范区分论的解释力、回应力和想象力明显不足。在《民法典》背景下，提炼"视为"规范区分论命题，在既有的学术脉络和讨论基础上反思该命题的论证方法，具有超越该命题本身的理论和典范价值。这更深层次涉及对民法学的学术体系、学科体系和话语体系解释力的提炼，涉及《民法典》时代的民法学研究方向的转变。树立区分民法问题与纯粹民法学问题的意识，不同民法问题类型对应不同的法律适用方法和讨论方法，《民法典》编纂时期和《民法典》时代，相同的民法议题可能对应不尽相同的民法问题类型。[1]在《民法

---

〔1〕 王轶教授指出，民法典编纂时期和民法典施行后，民法问题类型存在转化可能。参见"中国人民大学副校长王轶教授应邀做客温州法治大讲坛·私法名家论坛"，载 https://mp. weixin. qq. com/s/fdteyZjcGF3gJEtORO7Z9Q，2023 年 2 月 7 日访问。

典》编纂时期，"视为"规范区分论关涉"视为"规范的设计和适用，属于民法问题中的立法技术问题和价值判断问题。在《民法典》时代，"视为"规范区分论更多转化为纯粹民法学问题中的解释选择问题，仅关涉拟制规范和推定规范的知识梳理、知识传播和理论建构，讨论者可以表达不尽相同的学术见解。

（一）"视为"规范区分论的困境

在学术思想史上，法律拟制与法律推定常被混淆，二者的区分是一个流行的法律问题，前者是一种故意且有意识的发明，后者则是一种推测。[1]民法学、民事诉讼法学和证据法学或多或少都会受到"视为"规范区分论的困扰，这也一定程度上带来裁判规范与证据规范的理论和适用难题，即"视为"语词标志的同一法律规范究竟是法律拟制还是法律推定？在语义学立场上，《民法典》立法者配置法律规范时，明显具有区分"视为"与"推定"语词的自觉性和主动性。[2]《民法典》有38个条文出现了"视为"语词，有6个条文出现了"推定"语词。[3]这是否意味着在立法层面，"视为"与"推定"语词当然分别标志拟制规范与推定规范？事实上，梳理不同阶段围绕法律拟制与法律推定对应实体规范展开的讨论，就会发现"视为""推定"语词与"拟制规范""推定规范"之间没有形成稳定且不可反驳的对应关系。无法通过语词妥当区分拟制规范和推定规范，也无法决断性终结二者之间错综复杂的关系。其中，概念

---

〔1〕 Hans Vaihinger, Die Philosophie des Als Ob, Volksausgabe, hrsg. von Raymund Schmidt, 2. Aufl., 1924, S. 34.

〔2〕 普通拟制与推定的密切关系表现在，两者在"视为"语词标志的领域相遇。Lon L. Fuller, Legal Fictions, Stanford University Press, 1967, p47.

〔3〕 《民法典》第466条、第544条、第623条、第1121条、第1165条、第1222条，均出现"推定"。

术语混淆是一个前提性原因；固有的理论前见、拟制规范理论薄弱以及规范功能定位不当，是补强性原因。

1. 一个前提性原因的澄清

概念术语混淆，是造成"视为"规范区分论困境的前提性原因。在推定规范的诸多类型区分中，根据是否允许反驳，将推定规范区分为可反驳的推定规范和不可反驳的推定规范。[1]此时引出了两个基础且疑难的问题：推定规范与拟制规范之间是什么关系？不可反驳的推定规范与拟制规范之间是什么关系？推定规范与拟制规范关系的学术观点可概括为三种，即推定规范皆是拟制规范、[2]推定规范皆不是拟制规范[3]与部分推定规范是拟制规范。[4]围绕不可反驳的推定规范与拟制规范之间关系的讨论由来已久。有观点认为，不允许当事人反驳或推翻的"不可反驳的推定"，性质上属于法定的事实拟制，是法律规范化调整生活事实的一种方法，不是案件事实的证明方式。[5]我国民法学者多将不可反驳的推定规范与"视为"规

〔1〕　不可反驳推定（Unwiderlegbare Vermutungen）与可反驳推定（widerlegbare Vermutung）区分由来已久，参见李可：《举证责任研究——法理的视角》，贵州人民出版社2004年版，第190~193页。

〔2〕　该观点具有模糊性。See Pierre de Tourtoulon, "Philosophy in the Development of Law", *International Journal of Ethics*, 1923, p398. 转引自 Lon L. Fuller, *Legal Fictions*, Stanford University Press, 1967, p. 42.

〔3〕　该观点的基点是狭义拟制论，拟制事实确定不存在或真正的拟制只对应发展法律的拟制。Vgl. Reinhold Zippelius, Juristische Methodenlehre, 7. Aufl., 1999, S. 36.

〔4〕　不可反驳的推定规范是拟制规范，这是经典的法律命题。参见王雷："我国民法典中证据规范的配置——以证明责任规范为中心"，载《法商研究》2015年第5期，第155页。作者认为，民事推定规范包括可反驳推翻和不可反驳推翻的民事推定规范。不可反驳的民事（权利/事实）推定规范则类似于实体法上的拟制，其没有证明责任转换的功能，而是直接引发实体法律后果。

〔5〕　高家伟：《证据法基本范畴研究》，中国人民公安大学出版社2018年版，第113、365页。

范〔1〕或拟制规范对应。〔2〕我国民事诉讼法学者进一步主张，法律推定都是可以反驳的，不存在不可反驳的法律推定。〔3〕根据上述观点可以得出两个结论：其一，在概念术语演进过程中，我们忽略了英美法系中可反驳的推定与不可反驳的推定的语义瑕疵和语词混乱，〔4〕盲目地将其移植到我国法律体系后，因我国法上拟制规范的存在，引起了更复杂的混乱；〔5〕其二，在概念术语解释选择上，我国学术作品将不可反驳的推定规范与拟制规范作同义理解。〔6〕不可反驳的推定规范与拟制规范的术语选择问题，更多属于民法问题中的解释选择问题，没有真假对错之分，仅与学术共识和表达习惯相关。〔7〕概念术语的混淆，不是抽象的存在，而是具化于规则的理论研究和法律适用中，这也产生了诸多争议，"医疗机构过错推定"就是典例。具体规

---

〔1〕 梁慧星："论《侵权责任法》中的医疗损害责任"，载《法商研究》2010年第6期，第39页。

〔2〕 王雷："对《中华人民共和国民法典（草案）》的完善建议"，载《中国政法大学学报》2020年第2期，第84页。作者将"不可反驳的推定"称为"不可反驳推翻的拟制规定"。

〔3〕 纪格非："论法律推定的界域与效力——以买受人检验通知义务为视角的研究"，载《现代法学》2020年第6期，第30页。

〔4〕 富勒认为，可反驳的推定和不可反驳的推定的区别可能是一个程度问题。一些可反驳的推定随时间流逝聚集了一些规则，宣布什么是足以克服它们的。实质上，富勒弱化了可反驳的推定与不可反驳的推定之间的区别。See Lon L. Fuller, *Legal Fictions*, Stanford University Press, 1967, p. 42.

〔5〕 何家弘：《司法证明方法与推定规则》，法律出版社2018年版，第213页。

〔6〕 梁慧星："论《侵权责任法》中的医疗损害责任"，载《法商研究》2010年第6期，第39页。作者认为，不允许被推定人以反证予以推翻的推定，实际上是立法者预先作出的"直接认定"而非"假定"，其法律效力等同于另一个技术性概念"视为"，是法律的直接认定。

〔7〕 没有概念表示的本质规定性，也就没有直觉对象作为"某物"的规定性。如果没有"法律拟制"概念，讨论者不会对"视为"语词标志的规范作出是否为拟制条款的判断，法律拟制反而会以不可反驳推翻的推定规范等方式进入体系。参见赵敦华：《现代西方哲学新编》，北京大学出版社2001年版，第97页。

则的理解差异为"视为"规范区分论的困境提供了很好的背书。《侵权责任法》(已失效)第 58 条、《民法典》第 1222 条规定了推定医疗机构存在过错的情形,该条的性质存在法律拟制说[1]、法律推定说[2]和不可反驳的推定说。[3]明显地,不同解释结论之间具有对抗性。事实上,《民法典》第 1222 条的理解适用至今存在很大的意见分歧,各种意见可能都以自己更合乎立法本意作出决断论。[4]

2. 其他补强性原因的展示

理论前见、拟制规范研究薄弱以及规范功能定位不当,是"视为"规范区分论困境的补强性原因。"视为"规范区分论的困境首先来自一个理论前见,即立法者混淆使用"视为""推定"语词。"视为""推定"语词,并不分别专属于拟制规范与推定规范。[5]我国民事法律中的视为或推定规范,可能属于法律拟制、法律推定或注意规定。[6]可见,立法者混淆使用"视

---

〔1〕 胡学军:"解读无人领会的语言——医疗侵权诉讼举证责任分配规则评析",载《法律科学(西北政法大学学报)》2011 年第 3 期,第 100 页。作者指出,医疗损害责任只存在过错责任原则,此处的过错推定既不是独立的归责原则,也不是过错责任原则的一部分,而是一种证据认定规则,是因"过错"事实证明的困难而通过法律拟制更换证明对象而减轻当事人证明负担的办法,与所谓过错推定责任根本无关。

〔2〕 王利明:"《侵权责任法》的中国特色解读",载《法学杂志》2010 年第 2 期,第 3 页;纪格非:"医疗侵权案件过错之证明",载《国家检察官学院学报》2019 年第 5 期,第 163 页。作者认为,将《侵权责任法》第 58 条理解为法律推定,并允许当事人反驳的观点显然最贴近立法的原意。

〔3〕 张海燕:"论不可反驳的推定",载《法学论坛》2013 年第 5 期,第 71 页。

〔4〕 需要强调的是,全国人大常委会法工委主编的《民法典》释义书中明确,《民法典》第 1222 条就是"推定医疗机构有过错,并非当然认定医疗机构有过错。也就是说,医疗机构可以提出反证,证明自己没有过错"。参见黄薇主编:《中华人民共和国民法典侵权责任编解读》,中国法制出版社 2020 年版,第 213 页。

〔5〕 有观点认为,"视为"即为拟制的标志。参见尚连杰:"拟制条件成就的法理构造",载《法律科学(西北政法大学学报)》2017 年第 4 期,第 66 页。

〔6〕 张海燕:"'推定'和'视为'之语词解读?——以我国现行民事法律规范为样本",载《法制与社会发展》2012 年第 3 期,第 113 页。

为""推定"语词，已经形成了学术讨论的有力前见。据此，"视为""推定"规范理论研究不充分，立法配置不合理，司法适用不准确，该观点从前民法典时代延续到民法典时代，可能还会延续到后民法典时代中相当长的时间。[1]

拟制规范理论研究薄弱，是导致"视为"规范区分论困境的第二个补强性原因。较之推定规范的理论研究而言，[2]拟制规范理论研究还很薄弱，甚至有被忽视之嫌。有力说认为，拟制规范仅具有立法技术品格，相关研究是关涉拟制规范理论建构的纯粹民法学问题，不涉及法律适用方法。至今，几乎没有学术作品正面回答"法律拟制是否同时兼具立法技术和司法技术双重品格"的问题，也几乎没有学术作品正面提出并论证"法律拟制的民法学方法论"的问题。我国民法学方法论著作中普遍缺乏对法律拟制的体系研究和方法论关注。法律推定理论的每一次推进，都或多或少为推定规范的识别和判断标准增加新的论证因素，但拟制规范的理论止步不前，导致"视为"规范区分论陷入僵局，甚至有脱离拟制规范本身而讨论"视为"规范区分论的趋向。讨论者每一次雄心勃勃想进入"视为"规范区分论的核心命题，但每一次都只能止步于边缘地带。

拟制规范和推定规范的功能定位不当，是导致"视为"规范区分论困境的第三个补强性原因。拟制规范的实体功能和推定规范的程序功能的二元区分，导致沟通和连接拟制规范和推定规范的主线缺失。民法、民事诉讼法和民事证据法学者心中

---

〔1〕 纪格非："论法律推定的界域与效力——以买受人检验通知义务为视角的研究"，载《现代法学》2020年第6期，第19页。作者认为，理论研究的不足在立法或司法解释制定的过程中，还直观地表现为"视为"与"推定""认定"的混淆。

〔2〕 已有诸多专著研究法律推定或推定规范。参见郑文革：《推定制度研究》，中国人民大学出版社2019年版；毛淑玲：《推定原理研究》，中国政法大学出版社2020年版等。

的"视为"规范区分标准，很难说已经达成了共识。"视为"规范区分论命题，是民事实体法和民事程序法的交叉领域难题，是总结、提炼民事实体法和民事程序法协调互动方法的样本。这就要打破部门法的藩篱，以"视为"规范的法律适用为中心，形成区分"视为"规范的讨论方法。

（二）"视为"规范区分论的实益

目前，理论上有四种"视为"规范的区分方法，即形式区分论、构造区分论、概率区分论、阶层区分论。其中，形式区分论，是指以立法者在法条中使用的语词，作为识别和判断"视为"规范性质的依据；构造区分论，是指以拟制规范和推定规范的构造与具体"视为"规范相对比，识别其中的推定规范；概率区分论，是指以高概率作为区分拟制规范与推定规范的标准；阶层区分论，是指以事实与法律效果作为区分"视为"规范的标准。构造区分论、概率区分论和阶层区分论都是基于形式区分论说服力有限性的前见，发现和提炼实质性的理由，反驳形式区分论，推进"视为"规范理论研究。事实上，这三种区分方法对形式区分论的反驳都存在不足，无法为"视为"规范供给有效的区分尺度，无法实现区分"视为"规范的目的，无法根本动摇形式区分论坚守的立法权威理由。但是，"没有区分标准"与"没有区分价值"是两个不同的问题。换言之，在法律适用立场上，如果对某"视为"规范定性为拟制规范还是推定规范存在较大争议时，将其理解为拟制规范是否违反实质正义？如果是，这种违反是否超出了可接受范围？下面的论证旨在回答三个问题：理论上，"视为"规范区分论命题是否具有实益；实践上，以《民法典》第 621 条第 1 款"视为"规范为例，总结其法律适用与实质正义之间的协调互动关系，回归"视为"规范区分论命题原点，揭示该命题对应的民法问题类型；方法上，是否还有其他方法缓和"视为"规范区分论命题因规范定性带来的内部张力，动态系统论是可能的化解方案。

1."视为"规范区分论的理论实益

"视为"规范区分论命题能否区隔法律适用和事实认定？有力说认为，推定规范是证明领域的问题，是事实认定的方法。有力说不断凸显推定规范中的事实性品格，消解其中的规范性品格。换言之，推定规范解决的是事实问题，拟制规范解决的是法律问题。前者属于举证责任范围，受辩论原则的限制，当事人没有主张的事实，法官不能主动认定；后者是当事人没有主张，法院也应主动认定。[1]我国台湾地区民事诉讼法学专著将法律推定作为"无庸举证之事项"或"举证责任之例外"的具体类型。[2]也就是说，法律推定是证明的替代方法。推定并非被视为"拟制"，仍可举证推翻。[3]在具体"视为"规范讨论中，时常存在上述区分思维，以《民法典》第308条至第309条的共有制度确定规则为例，有观点认为该规范自始就为了解决证明责任问题，解释为推定而非拟制更符合该制度发展演变的历史。[4]据此，有力说没有将推定规范提升到证据规范的高度，而是更注重揭示其从事实到证据的内在关系。但是，推定规范理论的发展，准确凸显了其长期被忽略、被遮蔽的实体规范品格。推定规范以程序性权利义务为手段，以均衡

---

〔1〕 孙彩虹主编：《证据法学》，中国政法大学出版社2008年版，第135页。

〔2〕 姚其圣：《民事诉讼法论》（下册），新学林出版股份有限公司2016年版，第117页；许士宦：《民事诉讼法》（下），新学林出版股份有限公司2017年版，第240页；林洲富：《民事诉讼法理论与案例》，元照出版有限公司2020年版，第197页。

〔3〕 许士宦：《民事诉讼法》（下），新学林出版股份有限公司2017年版，第241页。

〔4〕 荣学磊："中国法语境下共有推定规则的误读与澄清"，载《东方法学》2021年第1期，第197页。

配置实体性权利义务为目的，[1]法律事实推定规范属于证据实体规范。[2]因此，"视为"规范区分论命题，区隔法律问题和事实问题的观点实难成立。在推进事实与规范关系的研究中，这种方法难以供给有足够解释力的理论，无法促进学术共识的凝聚。

　　在"视为"规范区分论视野下，《民法典》部分"视为"规范性质的差异，是否会影响举证责任分配和事实认定结果？[3]有观点认为，"视为"规范性质的差异会直接影响原被告举证责任分配甚至事实认定结果。[4]该观点与前述区隔方法，都指向事实与规范之间的关系范畴，都强调法律推定是证明责任层次的问题。事实上，该观点不缺乏反对者。例如，有观点就认为，法律推定没有改变证明责任的分配规则和分配方向，仅改变了证明对象，[5]不影响举证责任分配，仅举证之必要移转于对造而已。[6]法律推定的适用并非必然引起当事人之间证明责任的变动，推定不利方可以选择承认，也可以选择否认推定事实，其仅在行使程序反驳权以否认推定事实时，才会真正涉

---

〔1〕　张海燕："民事推定法律效果之再思考——以当事人诉讼权利的变动为视角"，载《法学家》2014年第5期，第62~63页。

〔2〕　王雷："论合同法中证据规范的配置"，载《法学家》2016年第3期，第54页。作者认为，在民法证据规范论视野下，法律事实推定规范包括可反驳的推定和不可反驳的推定，后者与法律拟制同义。

〔3〕　研究推定规则的适用问题时，应该把重心从证明责任转向证明标准。参见何家弘：《司法证明方法与推定规则》，法律出版社2018年版，第288页。

〔4〕　张海燕："'推定'和'视为'之语词解读？——以我国现行民事法律规范为样本"，载《法制与社会发展》2012年第3期，第105页。

〔5〕　樊崇义：《证据法治与证据理论的新发展》，中国人民公安大学出版社2020年版，第331页。作者认为，推定改变证明对象不但是推定的本质，而且是判断某一法律规定是否推定的标准。

〔6〕　骆永家：《民事举证责任论》，商务印书馆股份有限公司1972年版，第121页。

及证明负担的变动问题。[1]因此，无论将"视为"规范理解为拟制规范还是推定规范，都要根据法律要件分类说分配举证责任。

所谓事实认定结果的差异，是对"如何理解拟制规范不可推翻性与推定规范可推翻性"问题的回答。拟制规范不可推翻性，是说拟制事实的否定不能从其本身着手，也就是不能从拟制事实对应的基础规范着手。以"胎儿视为具有民事权利能力"拟制规范为例，胎儿具有民事权利能力是拟制事实，不能通过主张胎儿非自然人而达到否定该拟制事实的目的，但不影响当事人举证推翻拟制规范的其他构成要件以推翻拟制事实。但是，当事人对推定事实的否定可以从其本身着手，可以借助推定事实本身的反证加以推翻推定事实。在此意义上，"视为"规范区分论具有理论实益。换言之，"视为"规范的性质不同，当事人诉讼抗辩权受到的限制也不同，拟制规范对当事人诉讼抗辩权形成更严格限制。[2]如果这种限制事先储存立法者特定的价值判断结论，并且这种价值判断与被限制的价值判断比重相当，后者就不能作为支持"视为"规范区分论命题的理由。以《民法典》第621条第1款"视为"规范为例，买受人怠于通知的，视为标的物的数量或质量符合约定，这既是对买受人消极行使权利行为的否定评价，也是对交易安全和交易效率的保护。在个案中不允许买受人通过检验、鉴定等方法确定标的物数量或质量，直接否定标的物数量或质量这一拟制事实，难道就有失

---

〔1〕 张海燕："民事推定法律效果之再思考——以当事人诉讼权利的变动为视角"，载《法学家》2014年第5期，第55~56页。

〔2〕 参见"'实体法与程序法交错背景下的法律推定'学术研讨会成功举办"，载 http://msjjfxy.cupl.edu.cn/info/1046/7404.htm，2022年3月6日访问。陈汉副教授认为：法院认定某规范是推定规范，还是拟制规范，诉讼程序上的意义就是看法院是否给当事人重新推翻的机会。

妥当吗？只是个案结论的负外部性效果要受到类案判断的严格限制而已。也就是说，在"买受人怠于通知"案型中，可以援引依据《民法典》第 621 条第 1 款认定的结论；非类案中，可以根据检验、鉴定结论认定标的物数量或质量。因此，"视为"规范性质的差异不会实质影响举证责任的分配，也不会当然影响事实认定的结果。

综上，"视为"规范区分论内部隐含促使拟制规范与推定规范分道扬镳的张力，但其未必与法律适用效果相关的民法问题相对应。不同的规范定性可能影响法官的裁判思路，〔1〕但这种影响不必然违反实质正义或带来不可接受的裁判结果。

2."视为"规范区分论的问题类型

根据民法问题类型区分理论，民法命题都能转化为不同的问题类型，不同的问题类型对应不同的讨论方法，这样可以避免不同问题类型讨论方法之间"张冠李戴"，从而减损论证理由的可接受性和可讨论性，也可以避免论证僵局和自说自话。为了更好凝聚共识，切实推进学术思想和方法的形成，有学者极富创见地将民法学方法论区分为不同的问题类型，即事实判断、价值判断、解释选择、立法技术、司法技术、纯粹民法学问题，再分别讨论相应的研究方法或法律适用方法。〔2〕"视为"规范区分命题究竟对应何种民法问题类型？从不同的立场出发也会得出不同的民法问题类型区分的结论。

在支持"视为"规范区分论命题的立场，"视为"规范是拟制规范或推定规范，关乎"视为"规范的法律适用效果，属

〔1〕　纪格非："论法律推定的界域与效力——以买受人检验通知义务为视角的研究"，载《现代法学》2020 年第 6 期，第 18 页。

〔2〕　王轶："当前民法典编纂争议问题的讨论方法"，载《北京航空航天大学学报（社会科学版）》2018 年第 1 期，第 10~11 页。

于民法问题中的价值判断问题。[1]对于民法问题中的价值判断问题，要遵循民法价值判断问题的实体性论证规则及其派生的论证负担规则。[2]如果裁判者针对同一价值判断问题，得出不同的价值判断结论，主张限制民事主体交往自由的裁判者，要负担论证责任，必须提出足够充分且正当的理由来证成自己的价值判断结论。如前文所述，"视为"规范性质的不同，对当事人诉讼抗辩权限制也不同，拟制规范对当事人诉讼抗辩权形成更严格的限制。主张"视为"规范为拟制规范的裁判者，就要从相应"视为"规范目的价值出发，负担论证说理的义务。

在反对"视为"规范区分论命题的立场，"视为"规范是拟制规范或推定规范，无关"视为"规范的法律适用效果，属于纯粹民法学问题中的解释选择问题。严格区分推定规范与拟制规范是可能的，但也许是非常主观与人为的。[3]此时，"视为"规范是拟制规范还是推定规范，关系"视为"规范理论建构方案的选择，关系拟制规范与推定规范的概念及功能表达的选择。纯粹民法学问题中的解释选择问题，没有真假之分，学者可凭借自己的偏好构建相关理论。有观点认为，拟制规范是推定规范的下位概念，"视为"语词标志的拟制规范也是法律推定的判断语词，是法律推定的判断标准和判断方法。[4]即使对

---

[1] 民法中常用视为及推定两语。二者效力，不能无别。只曰推定，不过推定当事者之意思，及其他普通之事实而已。若反对之意思事实，获有证明之据，即失其效力。所谓视为者，乃完全之推定，不因有反证而失其效力者也。但立法者许其于反对事实证明之时，消灭某项效力者，则固无妨。参见［日］富井政章：《民法原论》（第1卷），陈海瀛、陈海超译，中国政法大学出版社2003年版，第70页。

[2] 王轶："民法价值判断问题的实体性论证规则——以中国民法学的学术实践为背景"，载《中国社会科学》2004年第6期，第104~105页。

[3] Kristin Y. Albrecht, Fiktionen im Recht, 1. Aufl. , 2020, S. 220.

[4] 张继成：《证据基础理论的逻辑、哲学分析》，法律出版社2011年版，第182页。

相同"视为"规范也有不同的解释方案，有观点认为《民法典》第48条宣告死亡"视为"规范是推定规范、推定的事实，[1]有观点认为是拟制规范、虚构的事实。[2]

笔者认为，在没有足够充分且正当理由推翻形式区分论的情形下，在没有足够充分且正当理由证成形式区分论下"视为"规范对民事主体自由的限制与其应然价值的比重显著失衡的情形下，"视为"规范属于拟制规范。至于部分"视为"规范是拟制规范还是推定规范的问题，仅关系"视为"规范的理论建构，承担着知识梳理、体系建构及知识传播的功能，为民法规则的正当性发挥间接的支援功能。[3]因此，"视为"规范区分论属于纯粹民法学问题中的解释选择问题。根据不同立场将"视为"规范区分论归属于不同的民法问题类型中，不包含对不同问题类型进行主次排序的前见，也不意味在讨论上避重就轻、偷梁换柱。因为，纯粹民法学问题的重要性并不一定比民法问题的重要性低。在《民法典》时代研究"视为"规范区分论，还有更重要的、超越命题本身的理论和典范价值，即建构具有解释力的民法学的学术体系、学科体系和话语体系。

以《民法典》第621条第1款"视为"规范为例，司法实践倾向于采拟制规范说，只要认定买方在检验期内怠于通知，就直接认定涉案标的物质量或数量符合约定，[4]直接认定买受

---

〔1〕　刘宇、任继鸿编著：《证据法》，中国政法大学出版社2014年版，第82页。

〔2〕　周宝峰：《证据法之基本问题》，内蒙古大学出版社2015年版，第133页。作者区分法律推定与法律拟制。

〔3〕　王轶："论民事法律事实的类型区分"，载《中国法学》2013年第1期，第76页。

〔4〕　最高人民法院［2017］最高法民申2178号民事裁定书。

人认可涉案标的物。[1]但是，围绕该"视为"规范的法律适用，司法实践发展出了精细的利益平衡方法，拟制规范的法律适用效果不仅体现在拟制事实的不可反驳中，还体现在法律适用方法的不断丰富和发展中。首先，买受人在检验期间怠于通知，出卖人自愿承担违约责任的情形下，买受人不构成不当得利，而是发生类似于自然之债履行的法律效果，出卖人不得以检验期间经过为由主张买受人返还给付。[2]其次，"视为"效果的范围被严格限缩在"买受人在检验期内有能力完成检验事项的情形"，"视为"效果的适用节点被严格限缩在"涉案标的物交付时刻的质量或数量问题"。据此，"视为"效果仅提供了初始性的结论，[3]法官对检验期间是否合理还享有自由裁量权。如果法官认定约定的检验期限过短，买受人检验义务的负担远超出其能力范围，法官可直接适用《民法典》第622条，将检验期间认定为买受人对标的物外观瑕疵提出异议的期限。对于标的物质量瑕疵问题，买受人可以按照协议约定索赔或要求出卖人承担相应的责任，并不影响标的物验收合格的认定。[4]再次，买受人未及时履行检验义务不能免除出卖人的质量瑕疵担保责任，[5]但要严格区分质量瑕疵担保责任范围和约

---

〔1〕 最高人民法院［2020］最高法民申 6082 号民事裁定书。

〔2〕 北京市第一中级人民法院对"九天利建公司诉海纳天成公司买卖合同案"［2015］海民（商）初字第 10025 号的评析。

〔3〕 检验期旨在确定合同标的物交付时是否存在质量瑕疵，质量保证期旨在确保标的物质量和性能符合合同约定且在一段时间内不发生不合理的减损。在质量保证期内，出卖人承担瑕疵担保责任，对买受人正常使用标的物的情况下，因标的物本身存在质量缺陷不能达到使用性能要求或造成人身、财产损失，承担责任。

〔4〕 最高人民法院［2018］最高法民终 1850 号民事判决书。

〔5〕 "买受人未履行及时检验义务不能免除出卖人的质量瑕疵担保责任"，载 http://www.bjcourt.gov.cn/article/newsDetail.htm? NId = 25000042&channel = 100015001，2021 年 5 月 29 日访问。

定检验期间的检验事项，即外观质量瑕疵和难以发现的隐藏性质量缺陷，前者不包含后者。[1]买受人在检验期间怠于通知而请求质量鉴定情形下，法院不能仅以买受人违反检验通知义务为由拒绝鉴定，应综合考虑全案情形而定。[2]最后，《民法典》第621条第1款确定的拟制规范，是为了尽快确定标的物的质量状况，明确责任，防止时日久远证据灭失，及时解决纠纷，加速商品流转，确保商事交易效率。[3]因此，究竟将《民法典》第621条第1款"视为"规范解释为拟制规范还是推定规范，都不会造成法律适用效果明显违背实质正义，司法实践形成的法律适用方法消解了拟制规范不可反驳的刚性品格。

3. "视为"规范区分论的方法展望

"视为"规范区分论不仅是民法理论和司法实践中的一种法律现象，更蕴含着相应的民法学思想和方法。"视为"规范区分论是一种法律现象，它没有优劣之分，只有真假之别。要充分发挥"视为"规范区分论的理论效益，抑制其可能的负外部性。"视为"规范区分论的思想和方法都要被纳入方法论领域加以考虑。因为，"视为"规范最终是要落到法律适用上的。在方法论的视野下，拟制规范可以超越阶层区分论所主张的事实与规范分别对应的范畴，统合在民法证据规范论命题之下。也就是说，拟制规范和推定规范有一个共同的上位概念，即"民法证据规

---

〔1〕　最高人民法院［2018］最高法民终1850号民事判决书。《质量协议》中虽约定荣成华泰进货检验的合格判定不能免除比克公司产品在后续生产或使用中出现质量问题时应承担的质量责任，但该质量责任系针对电池在后续生产或使用中出现的质量问题，不包括收货时应在质量检验期间发现的电量是否充足问题。

〔2〕　最高人民法院民法典贯彻实施工作领导小组主编：《中华人民共和国民法典合同编理解与适用（二）》，人民法院出版社2020年版，第989页。

〔3〕　最高人民法院［2019］最高法民终38号民事判决书。

范"，民法证据规范中蕴含丰富的方法论命题，这是理论界普遍关注和讨论的。因此，笔者认为"视为"规范区分论的思想是动态民法证据规范观，具体落地的方法就是"请求—抗辩—再抗辩"的动态方法。以动态系统论方法为主，辅之以法律解释等方法，在具体"视为"规范的法律适用过程中，识别、判断其究竟是拟制规范，还是推定规范。

"视为"规范区分论命题展示了"区分的方法"对民法理论的价值。区分的方法体现民法体系强制的要求，在形式上廓清不同规范的界域，避免体系重复和体系违反。借鉴冯友兰先生对哲学研究所作的"正的方法"和"负的方法"区分，[1]区分的方法对应"正的方法"，目的在于突出区别。但是，消泯差别的"负的方法"和"正的方法"缺一不可，前者就包括竞合的思想和方法，"请求—抗辩—再抗辩"的动态方法就是其中之一。任何区分都要服务于特定目的，其并非任何时候、针对任何对象都行之有效，还可能造成区分对象陷入更迷惑的状态，形成讨论僵局。从语义学和语用学视角，拟制规范与推定规范在初显语义上可能存在界分，但在语用学上的适用效果差别不是那么大。"视为"规范区分论命题是以交叉学科面目出现的理论难题。如果站在部门法的藩篱外观察，拟制规范与推定规范之间存在法律适用方法上的差别，但不会出现法律适用结果的天壤之别，也不会出现"推定规范属于事实问题，拟制规范属于规范问题"命题干扰讨论的方向。为了形成理论共识，规范实务操作，特别是着眼于法律适用，有必要打破学科间研究方法的分立与割裂，"请求—抗辩—再抗辩"的动态方法论能从细

---

〔1〕 冯友兰：《中国哲学简史》，赵复三译，中华书局 2015 年版，第 412～414 页。正的方法的实质是讨论形而上学的对象；负的方法的实质是对要探讨的形而上学对象不直接讨论，只说它不是什么。

微处平衡利益冲突。

以《民法典》第 621 条第 1 款 "视为" 规范为例，从要件事实论的角度可以对当事人之间的诉讼请求、反驳、反诉等作如下动态展现。其一，买受人向出卖人主张涉案标的物质量或数量不符合约定。买受人须对买卖合同生效及标的物不符合约定的基础事实承担证明责任。其二，针对前一个环节买受人的请求及举证，出卖人可直接提出积极的诉讼反驳，主张买受人在约定的检验期内怠于履行通知义务，买受人在检验期限外提出该请求，己方对此不负担义务。出卖人须对这些积极事实承担证明责任，若其成功举证，则认定其不负担标的物质量或数量不符合约定的义务。其三，针对第一个环节买受人的请求及举证，出卖人可直接提出积极的诉讼反驳，主张己方交付的标的物的质量或数量符合约定。出卖人须对这些积极事实承担证明责任，若其成功举证，则认定其不负担标的物质量或数量不符合约定的法律责任。其四，若出卖人在第二、三环节中成功举证，则买受人可主张约定的检验期过短，己方没有能力在检验期内完成标的物质量或数量的检验事项。其须对检验期过短承担证明责任，并达到足以让法官形成内心确信的程度。若其成功举证，则认定约定的检验期限为对标的物外观瑕疵提出的异议期限。此时，买受人可请求质量鉴定或提出其他证据证明标的物质量或数量不符合约定的事实。其五，针对买受人在第四个环节中的请求和举证，出卖人可举证证明约定的检验期限内的检验事项不仅包括外观质量瑕疵，还包括难以发现的隐藏性质量缺陷。出卖人须对这些积极事实承担证明责任，若其成功举证，则认定其不负担标的物质量或数量不符合约定的义务。其六，若买受人在前几个环节中举证失败，其也可按照协议约定索赔或要求出卖人承担标的物质量瑕疵担保责任。买受人须对这些积极事实承担证明责任，若其成功举证，则认定出卖人负标的物质量或数量不符合约定的法律责任，反之出卖人不负担相应的责任。

第三章

拟制规范方法论功能

第一节　方法论功能的地位

　　鲜明的方法论功能是拟制规范不损害民法的重要原因。[1]法律拟制不能被谴责为"反常""失误"，一般人也没有理由认为它们可能是拐杖和临时工，但其是我们的"日常面包"，我们可以用它来生活。[2]也就是说，拟制规范具有积极效用或有用性，以"旧瓶装新酒"的方法避免民法规范大厦被随时推倒重建，避免民法理论的自洽性被随时质疑。它以渐进的方法完善民法规范对社会生活调整不周之处，展现强烈的法律实用主义色彩。再完备详尽的成文法典，都不足以适应社会需要，或者说面对错综变化的社会情势和纷繁复杂的民事案件时，当下

───────────────

　　[1]　在理论与实践中，不乏批评者认为，法律拟制使得法律科学蒙羞。拟制规范构成的图景是如此的美妙，也是如此的糟糕，它被不同教育背景的法学家坚定、持久地批判，却没有丧失立法者的青睐，构成民法规范中的独特现象，但拟制规范中的思想与方法尚未被充分认知。

　　[2]　Josef Esser, Wert und Bedeutung der Rechtsfiktionen, 2 Aufl., 1969, S. 199.

的法典时常力不从心。[1]此时，如何妥当解决司法适用的法源难题，就成了理论和实务首要回答的问题。在此背景下，第一顺位法律法源中，规范密度非常低的拟制规范作为法源的重要类型，是社会情势变迁的法律化表达，可缓和法律稳定性与时效性之间的张力。"人""权利""行为"与"时间"，是民法世界中的不朽题材，也是法律拟制的思想材料和主要对象。拟制规范既有助于形成法律关系以弥补法律漏洞，也有助于形成正确的判断和采取正确的行动。只要存在事实的有限性、相对性与秩序的紧迫性、必要性之间的矛盾，拟制的决断性功能就不可取代；只要存在规范的应然性、法律的僵滞性与社会的发展性、变化性之间的矛盾，拟制的协调性功能就不可替代。[2]

　　诉诸拟制的动机与人类行为的源头一样复杂、遥远和众多。[3]拟制可能出于经济、政策或体系的原因，在技术上是有利的。[4]"有用性"是拟制规范存在的根基，也是法律拟制作为永恒与普遍方法的根基。埃塞尔（Esser）就认为，永恒与普遍有效甚至是拟制在法律表达艺术中的意义。[5]民法拟制规范的正当性一直备受质疑，"有用性"很大程度上消解了这种质疑的力度，而且有助于民法规范效益的释放。在一定程度上，拟

---

〔1〕　这展现了民法规范的信息不对称性，规范体系蕴含的信息与社会生活事实内含的信息之间，存在形式上和实质上的双重不对称性。经济学中的信息不对称理论对这一现象具有足够解释力。

〔2〕　张世明："由简约通达正义：税法类型化观察法的适用"，载《经济法论丛》2019年第2期，第116页；郭富青：《商法技术品格论》，法律出版社2018年版。

〔3〕　Dieter Meurer, Fiktion und Straf urteil, Untersuchungen einer Denk- und Sprachform i n der Rechtsanwendung, 1973, S. 58f.

〔4〕　Manfred Pfeifer, Fiktionen im öffentlichen Recht, inbesondere im Beamtenrecht, 1980, S. 38.

〔5〕　Josef Esser, Wert und Bedeutung der Rechtsfiktionen, 2 Aufl. , 1969, S. 5.

制的正义也是由它的"有用性"担当的。[1]民法始终要直面平等主体的人身关系和财产关系，要借助妥当的利益协调策略预防和解决纠纷。在此意义上，法律适用如同法律创造，真正意图不在于法律认知，而是法律实现，它事关意志行为。法律认知、法律理论仅是法律实践的准备工作，它们为后者创造工具。[2]当法律有意识地与其认识对象发生矛盾时，就会出现法律拟制。拟制就像登山者，时而暂时向他瞄准山峰的相反方向攀登，避开障碍物，更易达至目标。[3]

　　"有用性"的规范化表达就是拟制规范的方法论功能。可以看出，方法论功能不仅是拟制规范存在的正当性理据，而且在实用主义角度为拟制规范的方法论提供了实质通道。拟制规范方法论功能要解决的问题，具有阶层化、类型化与内外部区分性的特点。所谓阶层化特点，一方面是指方法论功能宏观上总结和提炼了拟制规范的角色定位，但方法论功能本身不会给出拟制规范微观层面运行的方法。换言之，方法论功能不解决拟制规范的法律适用等问题，如何妥当地将方法论功能表达的命题以看得见的方式实现在法律适用中，这是拟制规范方法论本体构成要解决的问题。另一方面，方法论功能是拟制规范正当性证成的补强性理由，方法论本体是拟制规范正当性证成的决

---

　　[1]　最终要回归到这样一个永恒的问题，即拟制正义。拟制正义是否存在？实然层面的拟制正义如何表达？正义规范塑造实在法的内容，指向实在法的创设。凯尔森认为，正义以及非正义并不是或者至少并非直接是实在法规范的属性，而是制定它的行为的属性。参见 [奥] 汉斯·凯尔森：《纯粹法学说》（第 2 版），雷磊译，法律出版社 2021 年版，第 446 页。

　　[2]　Hans Kelsen, Zur Theorie der juristischen Fiktionen, Mit besonderer Berücksichtigung von Vaihingers Philosophie des Als Ob, Annalen der Philosophie 1, 1919, S. 630 - 658.

　　[3]　Hans Kelsen, Zur Theorie der juristischen Fiktionen, Mit besonderer Berücksichtigung von Vaihingers Philosophie des Als Ob, Annalen der Philosophie 1, 1919, S. 633.

定性理由。所谓类型化特点，是指"拟制规范方法论功能"是一个抽象的上位概念，这一上位概念存在进一步类型化的空间，借助民法问题类型区分方法，可以将拟制规范的方法论功能类型化为立法技术功能、司法技术功能、解释选择功能、事实判断功能、价值判断功能等。有观点认为，典型拟制与表见拟制在效果层面均实现了"不同事物的相同处理"，只是二者采用的路径不同：前者使用了典型的漏洞填补方法，后者则是通过一般条款的具体化来实现价值嵌入。[1]据此，拟制规范既可发挥典型漏洞补充的功能，也可发挥一般条款具体化的功能。所谓内外部区分性特点，是民法拟制规范相对其他部门法中的拟制规范而言的，不同部门法拟制规范方法论功能不尽相同，带有强烈的本部门法特色。例如，有观点认为，税法拟制规范的功能包括扩大税基、增加财政收入、简便征管、移转举证责任，核心目的是以"最高效率确保最大限度的税款征收。这显然背离纳税人中心主义的现代税法基石。将税法拟制融入以纳税人为中心的现代税法中，是税法未来立法首要解决的问题"。[2]因此，民法拟制规范方法论功能具有内外部区分性特点，无法当然为其他部门法拟制规范提供方法论功能借鉴，不同部门法拟制规范之间更多是方法论本体的相互借鉴，即拟制规范适用方法等方法论的借鉴、反思与完善。根据拟制规范方法论功能的内外部区分性特点可以得出两个结论。其一，拟制规范方法论功能与法律文本形式、法律规范内容、法律规范目的及其实现方式紧密相连，无法独立提炼出恰当的拟制规范的方法论功能。恰如阿尔布希雷特（Albrecht）所言，拟制是由形式和内容的结合、由与之追求的

---

〔1〕 尚连杰："拟制条件成就的法理构造"，载《法律科学（西北政法大学学报）》2017年第4期，第66页。

〔2〕 欧阳天健：《税法拟制论》，北京大学出版社2021年版，前言第4页。

方式和目的决定的。[1]其二，类型化讨论民法拟制规范方法论功能具有实益，不同的方法论功能导向不同的法律适用方法等方法论本体命题，也隐含反思与矫正具体拟制规范的不同方法。

因此，民法拟制规范的方法论功能，就是拟制规范在民法规范中的优越性或有用性的同义表达。在某种意义上，这使得拟制规范处于正当性和不正当性的边缘地带。虚构有一种特殊的力量，通过安抚人们对保守主义的渴望而使法律的改变更加容易，这种力量似乎不会因为穿上"视为"的形式而消失。[2]埃塞尔（Esser）认为，拟制的这种应用形式在法律领域获得了两方面意义。在法律理论上，它一直服务并继续服务于对神圣但站不住脚的教义和公理的表面维持；在法律发展史上，它服务于案例主义的实在法的进一步发展，同时在形式上维持实际上已经被放弃和突破的现有法律原则。[3]拟制规范还是民法体系化的重要方法。有观点认为，我国古代法律中的"以""准"是建构法律类型的两个重要规范连接词，"将不同的行为类型化，然后将之纳入某一抽象的法律规范之下，是法律体系化过程中最为重要的一步"。[4]我国法律思想史上，法律拟制和拟制规范的概念虽然属于舶来品，但其中的现象、思想与方法一直流淌在我国传统法律的血脉中。

第二节 方法论功能的类型

在民法问题类型区分视野下，可以将拟制规范的方法论功

---

[1] Kristin Y. Albrecht, Fiktionen im Recht, 1. Aufl. , 2020, S. 48.

[2] Lon L. Fuller, Legal Fictions, Stanford University Press, 1967, p. 37.

[3] Josef Esser, Wert und Bedeutung der Rechtsfiktionen, 2 Aufl. , 1969, S. 81.

[4] 陈锐：《中国传统法律方法论》，中国社会科学出版社 2020 年版，第 162~163 页。

能类型区分为对事实判断的功能、对价值判断的功能、对解释选择的功能、对立法技术的功能和对司法技术的功能。这种类型区分的实益有两点：有助于观察拟制规范微观层面发挥效用的领域，总结相应的方法；有助于总结、提炼和反思拟制规范方法论内部构成的具体命题、论证思想与论证方法。

一、对事实判断的功能

拟制规范具有弥补生活事实与民法规范之间时效差的功能。这对立法者在《民法典》新创设的拟制规范具有更强解释力，但对《民法典》保留的原民事基本法、单行法和司法解释中拟制规范的解释力就相对不足。因为，该命题的内容是在论述拟制规范应对社会生活的新变化，补足民法规范调整范围的狭窄性。我国《民法典》中诸多拟制规范都可以在《德国民法典》中寻得类似规范，如果法典化过程中未能把这些拟制规范转化为普通规范，它们就难以发挥弥补生活事实与民法规范之间时效差的功能，反而更多维持民法体系的完整性。《民法典》新创设了多个拟制规范。例如，《民法典》第 517 条第 2 款确立的按份份额拟制规范、《民法典》第 519 条第 1 款确立的连带债务份额拟制规范、《民法典》第 521 条第 1 款确立的连带债权份额拟制规范、《民法典》第 528 条确立的债务不履行拟制规范等。在此意义上，民法规范是一座体系化程度很高的大厦，一部民法典无法涵盖现在和未来可能发生的每一种情形，必须拒绝将拟制规范作为不成熟标志来谴责。学者对拟制的接受或法律适用者对拟制的使用，自始都取决于对法律如何与社会现实相关这一问题的回答。[1]

---

〔1〕 Kristin Y. Albrecht, Fiktionen im Recht, 1. Aufl., 2020, S. 29.

拟制规范具有完善事实类型区分与论证方法的功能。事实判断本身有真假之分，但事实的评价没有真假之分。拟制规范其他构成要件描述的法律事实及其还原的生活事实都是真实存在的。例如，胎儿利益保护、十六周岁以上的未成年人、自然人的经常居所地、意思表示的真伪不明等情形，都是活生生的现实。拟制规范其他构成要件也是对现实生活事实的类型化提炼，但唯独拟制规范的拟制要件将其他构成要件提炼的社会生活事实，评价为另一种类型的生活事实对应的构成要件事实。例如，具有民事权利能力的是出生之后死亡之前的自然人，胎儿具有民事权利能力就是将涉及胎儿利益保护的生活事实，另行评价为自然人这种生活事实对应的构成要件事实。借助拟制规范蕴含的民法想象力，可以重新审视从生活事实到构成要件事实所展现的具体方法。[1]生活事实（自然概念）与要件事实（法律概念）有所不同，生活事实有真假之分，但生活事实的评价没有真假之分。因此，拟制规范违背民法科学与体系的判断也是不能成立的。"作为事件的具体生活事实须先转化为作为陈述的案件事实，然后经由证据加以证明方可形成主体间性的法律真实以作为裁判的对象。司法纠纷中的要件事实是当事人产生争议的能够为构成要件事实涵摄的具体生活事实。具体生活事实在纠纷解决中以作为陈述的案件事实之面目出现，与抽象构成要件之间是评价对象和评价标准的关系，能够为法律规范构成要件所涵摄的具体生活事实就对应要件事实，要件事实即评价结果。"[2]法律拟制连接的两个具体事实是真实的，只不过

---

〔1〕　构成要件事实与民事法律事实有所区别，前者是社会生活事实的规范化表达，后者是引发民事法律关系产生、变更和消灭的原因。《民法典》第118条第2款对引发债权法律关系的民事法律事实进行了列举，包括合同、侵权行为、无因管理、不当得利以及法律的其他规定。

〔2〕　王雷："民法证据规范论"，载《环球法律评论》2015年第2期，第86页。

这两个具体事实之间的连接关系是拟制的。

因此，法律是一个直接面向现实的价值体系。拟制规范往往给人以操作事实的初步印象，被认为是一种不诚实的方法和对现实的刻意偏离（Die Fiktion als bewußte Abweichung von der Wirklichkeit），为参引目的而进行规范性的同等评价，它因形式而非因其特定内容与其他法律规范相区别。[1]拟制规范是使生活事实到构成要件事实的一种方法以及生活事实的评价手段。在哲学史上，现象学还原或现象学构造生活世界，胡塞尔之后的现象学关注的实际上都是其所谓的"生活世界"。拟制规范兼具客观生活现象和主观评价规则，具有自身独立的存在论地位和相当的空间延展性或规范弹性。[2]换言之，拟制规范为民法理念、民法规则与社会实践的未来发展，都预留了足够的空间，这也是"视为"民法语言的独特魅力所在。拟制是一种扩展法律思维的方法。如果我们仅在虚构性命题或真假二分命题下描述法律拟制，则拟制规范就无法得到充分的解释与适用。拟制规范的存在，既促使我们有意识、体系化地理解法律现实与生活现实之间的协调互动，也让我们体认社会生活事实本身的复杂性，这往往不是被清晰给定的，除需要我们忠实地进行描述外，还需要我们抽象地进行转化。人们对形而上学的普遍反感阻碍了对"现实"性质的任何探索，结果就是掩盖拟制要解决的问题，即法律拟制在理念与现实之间、在理解和所要理解的事物之间架起了一座桥梁。[3]

---

〔1〕 Josef Esser, Wert und Bedeutung der Rechtsfiktionen, 2 Aufl. , 1969, S. 25.

〔2〕 "明、确、弹力性"被视为法律文辞三要件。弹力性是指法文有解释余地。参见梁启超："论中国成文法编制之沿革得失"，载范中信选编：《梁启超法学文集》，中国政法大学出版社 2000 年版，第 181 页。

〔3〕 Lon L. Fuller, Legal Fictions, Stanford University Press, 1967, pp. xi-xii.

二、对价值判断的功能

拟制规范具有展现新的利益取舍排序结论的功能。拟制规范同样为了实现利益的取舍或排序，旨在调和民事主体之间利益的冲突与碰撞，借此发挥利益衡平功能。例如，根据《民法典》第 308 条确立的共有类型拟制规范和第 309 条确立的共有份额拟制规范，共有人对共有的不动产或动产没有约定为按份共有或共同共有或约定不明确的，如果共有人不具有家庭关系等，也没有约定或补充约定共有物的份额比例，则共有人对共有物的利益是相同的，享有相同的权利，承担相同的义务，没有先后之分。拟制规范还可直接作为民法基本原则的具体化，直截了当凸显其价值宣誓功能。例如，《民法典》第 159 条条件拟制规范就是诚实信用原则的具体化。拟制规范表达特定价值判断结论时更为谨慎，避免拟制这种利益协调策略及其目的落空，损害民事主体的意思自决。拟制规范的功能边界受到其法律目的约束。不同的拟制规范都应该追求并实现法律目的。法律后果参引的拟制（rechtsfolgenverweisende Fiktionen）与法律发展的拟制（rechtsfortbildende Fiktionen）都要追求法律目的（Zweck des Rechts）。这主要表现在两个方面。其一，更为保守地采用法律拟制的立法技术。事实上，立法者可以用"是"代替部分"视为"语词，或以"但书"形式创设例外规则，也能产生与拟制规范相同的结果。但是，拟制规范本身体现了立法者的谨慎态度，这种态度也必然影响裁判者对拟制规范的理解适用。例如，《民法典》第 638 条第 2 款"同意购买试用买卖标的物拟制规范"的前身是《关于审理买卖合同纠纷案件适用法律问题的解释》（法释〔2012〕8 号）第 41 条第 2

款。[1]司法解释起草者使用的就是"认定"。其二,更为严格地规定拟制规范构成要件。例如,《民法典》第 140 条第 2 款"意思表示拟制规范"中,沉默仅在有法律规定、当事人约定或符合特定交易习惯时,才视为意思表示。立法者就明确表示,沉默原则没有资格上升为具有拘束力、能够产生民事权利、义务与责任的意思表示。未明确表态的行为不能当然借助拟制规范成为不利于该方当事人的意思表示,尤其当涉及权利放弃时,适用意思表示拟制规范的态度更需谨慎。[2]司法实践中,过失相抵原则可以缓和该拟制规范严格的构成要件,实现违约责任承担等法律效果上的利益衡平。[3]拟制规范展现了价值对逻辑的形塑力。

拟制规范具有丰富民法正义观内容与体系的功能。拟制规范的正义是民法正义观的重要组成部分,民法正义观对拟制规范具有足够充分且正当的解释力。拟制规范对相应民事法律制度的建构、解构与重构,都是具体、实质和深刻的,不是抽象、形式和肤浅的。例如,胎儿利益保护问题涉及整个自然人制度甚至民事主体制度的逻辑自洽性问题。从拟制规范中能够解读出立法者的价值判断结论不是确定不变的,其法律适用方法也不是一成不变的。因为,社会发展会导致拟制规范中各种价值此消彼长、重新取舍、重新排序,反过来又改变拟制规范的适用方法,解构或重构传统民事法律制度。这展现了拟制规范的

---

[1] 《关于审理买卖合同纠纷案件适用法律问题的解释》(法释〔2012〕8 号)第 41 条第 2 款:在试用期内,买受人对标的物实施了出卖、出租、设定担保物权等非试用行为的,人民法院应当认定买受人同意购买。

[2] 广西壮族自治区梧州市中级人民法院〔2020〕桂 04 民终 1605 号民事判决书;山东省济宁市中级人民法院〔2018〕鲁 08 民终 5585 号民事判决书;陕西省高级人民法院〔2020〕陕民终 524 号民事判决书;湖南省邵东市人民法院〔2021〕湘 0521 民初 38 号民事判决书。

[3] 吉林省高级人民法院〔2019〕吉民终 340 号民事判决书。

流动性、包容性和可塑性。同时，拟制规范内含管制与自治的张力，此类规范对应的构成要件或法律关系直接绕过了民事主体的意思或意愿，以立法者的价值判断限缩了民事主体自我决定的空间，此类规范的强制色彩比普通民法规范更浓厚。在此意义上，拟制不取决于民事主体的主观意愿，而是取决于一种客观习惯。拟制事实与拟制基础之间平等延伸的程度，是价值判断功能合理化的重要识别标准。

三、对解释选择的功能

拟制规范具有丰富民法解释社会生活方法的功能。有观点认为，民法中的解释选择，就是用有限的法律条文和民法术语，表达和应对无限丰富的社会生活。这就是生活世界在向民法世界转变的过程中，用民法世界中的概念和术语去解释、想象、表达、描述我们所面对的生活世界。[1]换言之，从生活世界向民法世界转变的过程中，发展出"视为"术语和"拟制规范"，"视为"作为一种解释选择方案，将不具有民法意义的生活事实与已然确定的某项法律事实同等视之。例如，胎儿民事权利能力拟制规范是一种权利的过渡（Rechtsübergan），借助拟制简单地否认无主体的"中间地带"。[2]这种解释方案旨在实现立法者表达的价值判断结论。在此过程中，民法解释社会生活的方法也得到丰富和扩展，为民法体系带来新鲜血液。胎儿民事权利能力拟制规范也关涉如何看待民事权利法律化的可能及其路径的问题。也就是说，一种民事权利是根据怎样的理论逻辑和实践逻辑被法律创设出来的不是一个简单的问题。例如，在行

---

〔1〕 王轶："如何评价《民法总则》"，载《中国应用法学》2017 年第 4 期，第 130 页。

〔2〕 Josef Esser, Wert und Bedeutung der Rechtsfiktionen, 2 Aufl. , 1969, S. 83.

政许可的财产化条件研究过程中，至今众说纷纭的财产权概念直接影响并制约着该理论命题的论证起点。

拟制规范具有补充民法解释社会生活形式的功能。拟制规范是切断可疑问题的一种形式（Fiktionen als Form des Abschneidens von Zweifelsfragen），保持法律形式说服力的愿望。"视为"语词软化了直接表达的尖锐性，增强了法律规则的可接受性。拟制规范对民法规范构造的改造与促进，伴随着对民法科学性命题的反思与对社会生活事实足够充分且正当的评价。民法学方法论是对"民法是科学"命题的展开、回应和证成。拟制规范是观察"民法是科学"命题的重要素材，展示民法科学的独特性，即民法要直面社会生活和民事主体的日用常行。民法解释社会生活的方法和形式，都要着眼并落脚在民法规范的设计与适用上，以润物细无声方式将民法公平正义的理念渗透到具体案件中。如果一个新的法律形式出现，它就直接依附于一个旧的、现有的法律形式，后者的明确性和构成性就这样被赋予了它。[1]拟制可强调法律命题的连续性。[2]拟制规范以"旧瓶装新酒"方式修正民法科学的概念与构造。法律制度内部的形态转化应该采取并顺应渐趋缓慢、渐趋均匀的方式，否则生命之树便会如昙花，仅仅闪耀一瞬，繁茂一时。[3]历史拟制将新内容填充到旧形式中，不触及旧形式的外部完整性。[4]因此，"视为"补充民法解释社会生活的形式，有助于民法理论的体系建构，也有助于民法规范设计、理解与适用。民法的体系化与科学化，从来都

---

〔1〕 Friedrich Carl von Savigny, Vom Beruf unserer Zeit für Gesetzgebung und Rechtswissenschaft, 1814, S. 32.

〔2〕 Karl Larenz, Methodenlehre der Rechtswissenschaft, 6. Aufl., 1991, S. 250f.

〔3〕 ［法］莫里斯·奥里乌：《法源：权力、秩序和自由》，鲁仁译，商务印书馆 2015 年版，第 76~77 页。

〔4〕 Josef Esser, Wert und Bedeutung der Rechtsfiktionen, 2 Aufl., 1969, S. 201.

不是以暴力方式推倒重建，而是温和的改良与完善。

四、对立法技术的功能

拟制规范具有避免繁琐重复规定、确保语言结构清晰的功能。民法的立法技术问题没有真假对错之分，关键看立法者欲实现的立法目标是什么，最能够实现立法者设定的立法目标的立法技术方案，应当是最可取的立法技术方案。[1]拟制规范通过拟制等同的两个构成要件进行指示参引（Verweisung durch fiktive Gleichsetzung von zwei Tatbeständen）。[2]借助这种软性转介技术，拟制规范凸显基础规范的重要性，彰显民法规范内部的顺位。法律规范的参互引用，是避免立法重复的重要技巧。[3]我国传统法律中，"化繁为简""以简御繁"也是非常重要的方法。[4]拟制规范有助于缓和立法经济原则与精确性之间的张力，其缺点在于增加法律条文的复杂性，隐藏可能的不精确性，导致更多的法律解释工作，包括拟制规范方法论的拓展与完善。较之重新界定民法概念与术语内涵、重新演绎与编排民法体系而言，拟制规范更符合节约立法资源、叠加价值共识等立法目的，便于裁判者借助拟制规范与基础规范的体系关系寻找处理纠纷的裁判依据。[5]拟制规范还具有省略繁琐的重复规定的立法技术功能与解释社会生活形式的关联互动的功能。例如，胎儿

---

〔1〕　王轶："当前民法典编纂争议问题的讨论方法"，载《北京航空航天大学学报（社会科学版）》2018年第1期，第11页。

〔2〕　Manfred Pfeifer, Fiktionen im öffentlichen Recht, inbesondere im Beamtenrecht, 1980, S. 43.

〔3〕　张越：《立法技术原理》，中国法制出版社2020年版，第323页。

〔4〕　陈锐：《中国传统法律方法论》，中国社会科学出版社2020年版，第38页。

〔5〕　王轶："如何评价《民法总则》"，载《中国应用法学》2017年第4期，第131页。

民事权利能力拟制规范可减少法律概念、规则、制度和体系之间的冲突和矛盾。如果径行规定胎儿具有民事权利能力，总则编民事主体及章节布局要予以回应。这符合拟制规范解释社会生活形式的内在要求，也可避免在遗产继承、接受赠与等不同法律规范之下增加规定胎儿利益保护的内容。

拟制规范具有符合立法美学要求、便于裁判依据寻找与援引的功能。立法拟制是一种简洁表达（eine abbrevierende Ausdrucksweise），避免立法繁琐与累赘（umständlich, schwerfällig），这也是立法美学的内在要求。法典中妥善容纳诸多价值判断结论及其附属因素，这是一个立法技术问题。就立法技术问题而言，妥当的立法技术，应当是便于裁判者寻找法律依据的立法技术，应当是遵循"立法美学"，力求简明、便捷，避免法律规则重复、繁琐的立法技术。[1]从符号视角看，拟制规范表达的是一种语言学现象（The Fiction as a Linguistic Phenomenon）。[2]"视为"作为立法语词，具有立法语言的普遍特点，即立法语言是一种立法性语言、语用性语言和规范性语言。[3]中性的"视为"语词本身不负担区分规范优劣等级的义务。但有观点认为，如果"拟制"是一个价值中立的术语，就不能成为定义的组成部分。[4]拟制具有说明性和情感性功能（The Expository and Emotive Functions of the Fiction），可能只是为了实现一种简洁的表

---

〔1〕 王轶、关淑芳："民法商法关系论——以民法典编纂为背景"，载《社会科学战线》2016年第4期，第188页；苏彩霞："刑法拟制的功能评价与运用规则"，载《法学家》2011年第6期，第29~30页。

〔2〕 Lon L. Fuller, *Legal Fictions*, Stanford University Press, 1967, p. 11.

〔3〕 周赟：《立法用规范词研究》，法律出版社2011年版，第243~267页。作者认为，立法语言不仅是一种给定实在规范的语言，在根本上还是一种创生性语言。立法语言是一种不完整的，也即"未完待续"的语言，总是要仰赖用法者能动的填充才能显示自己的意图。

〔4〕 Kristin Y. Albrecht, Fiktionen im Recht, 1. Aufl. , 2020, S. 33.

达方式。[1]有观点认为，为了强化制度所具有的节省知识特性的功能，人们往往要用由符号构成的信号来使制度变得更确定。符号方便地代表了麻烦的规则，并提示我们注意这些规则。[2]

拟制规范具有推动法律发展的功能。拟制规范能够丰富和发展民事法律制度，以或有期间为例。《民法典》第 621 条第 1 款与第 2 款规定"标的物合约拟制规范"，这两个条款是协调买受人异议期间的规则，包括标的物检验期限、标的物质量保证期、买受人发现或应当发现标的物的数量或质量不符合约定的合理期限。理论上，诉讼时效期间与除斥期间对买受人异议期间的解释力都明显不足，这更加凸显出或有期间对买受人异议期间的解释力。在"或有期间"概念下讨论买受人异议期间，就是以拟制规范为前提和背景展开的。如果忽略拟制规范理论，赞成或反对或有期间制度的讨论都会或多或少偏离重心。或有期间与诉讼时效期间、除斥期间之间，既存在根本区别，又相互衔接配合。或有期间是决定当事人能否获得请求权或形成权等权利的期间，诉讼时效期间是对已存在的请求权进行限制的期间，除斥期间是对已存在的形成权进行限制的期间。[3]异议期间是通过直接决定买受人究竟是否能够获得违约责任请求权或合同解除权，间接限制买受人的请求权或解除权。作为或有期间的买受人异议期间的正当性与解释力，是标的物合约拟制规范赋予的，如果立法者不创设该拟制规范，则买受人异议期间作为或有期间就缺乏实证法依据。这种间接限制展现拟制规范的谦抑性特点。

---

[1]　Lon L. Fuller, *Legal Fictions*, Stanford University Press, 1967, p. 53.

[2]　[澳] 柯武刚、[德] 史漫飞、[美] 贝彼得：《制度经济学：财产、竞争、政策》（第 2 版），柏克、韩朝华译，商务印书馆 2018 年版，第 165 页。

[3]　王轶："民法总则之期间立法研究"，载《法学家》2016 年第 5 期，第 157~159 页。

五、对司法技术的功能

拟制规范具有弥补法典漏洞的功能。当法律与事实判断结论或现有法律规范相互矛盾时，二者之间就会产生张力并导致法律适用困难。拟制规范很重要的功能就是弥补民法典体系演绎下的法律漏洞，因为有很多情形无法借助演绎逻辑从民法规范中推导出来。在这种背景下，拟制规范弥补民法规范体系无法自足的部分，让社会生活中更多情形能够被民法调整，这也是民法不入之地与民法调整范围之间的动态博弈。但是，弥补法典漏洞的积极效益并非都能借助法律适用落到实处。换言之，拟制规范的功能可能会因无法形成裁判方法而落空。特别地，目前拟制规范的适用方法及广义民法学方法论均被忽视和掩盖，其法理基础、一般结构、论证方法、适用边界等都需要被认真对待，这种系统性操作共同展现拟制规范的现象、思想与方法。有必要强化运用拟制规范的法律适用方法，缓解法官裁判说理的困难，增强法官裁判说理的可理解性、可讨论性与可还原性。如果只把拟制看作是法律术语的工具，那么在它们身上既看不到渗透到法律体系的毛孔和缝隙中的肥沃花粉，也看不到偶尔在空中航行的风险，更不能把它们赋予法律体系和概念上进一步发展的任何意义或作用。[1]

第三节　方法论功能的反思

拟制规范依靠方法论功能，以自己的力量走出质疑的沼泽，填补其从民法逻辑体系中退出时留下的理论空白，初步完成其

---

[1] Gustav Demelius, Die Rechtsfiktion in ihrer geschichtlichen und dogmatischen Bedeutung. Eine juristische Untersuchung, 1858 (Nachdruck Frankfurt a. M. 1968), S. 88f.

在理论逻辑上不损害民法的可能性。拟制规范不仅要在理论中证明自己，还要在实践中证明自己。拟制规范在理论上不损害民法，不意味其在实践中就能实现立法目的，也不意味其真正完成方法论功能的抽象命题在法律适用等方法论具体命题上的进阶之路。拟制规范具有进一步发展法律的功能，但该功能并不必然实现，存在两种可能结果，即法律进一步发展的目的实现或法律进一步发展的目的落空。具体而言，拟制规范可能遮蔽法律理论独立发展的可能性，限缩法律理论可开垦的范围。通过拟制方法稀释新的观点，虽然可借此避开法律理论的部分疑问，但远未结束法律适用的争议，甚至制造诸多解释论上的难题，进而丧失拟制规范表达的理论延展性与实践延展性。笔者将以《民法典》第 888 条第 2 款 "保管合同拟制规范" 为例，从微观层面具体展现该拟制规范方法论功能的落空之虞和法律适用难题，考察拟制规范的力量与弱点，尝试寻找完善拟制规范弱点的方法。

一、理论转型之弊：从责任竞合到法律拟制

《民法典》第 888 条第 2 款规定："寄存人到保管人处从事购物、就餐、住宿等活动，将物品存放在指定场所的，视为保管，但是当事人另有约定或者另有交易习惯的除外。"该规则确立的保管合同拟制规范是立法者直接对法律关系进行拟制的情形（Fictitious Legal Relations）。[1] 在《民法典》之前，保管合同拟制规范对应实践中"保管人违反安保义务案型"。保管人违反安保义务案型的法律适用也是一个疑难问题，主要涉及合同法律关系和侵权法律关系的竞合问题。根据保管合同拟制规范，

---

〔1〕　Lon L. Fuller, *Legal Fictions*, Stanford University Press, 1967, p. 27.

如果当事人没有约定，也没有相应交易习惯，就不存在合同法律关系和侵权法律关系竞合，否则会混淆合同法律关系和侵权法律关系的必要分界，二者相互架空，这是该拟制规范重要的司法技术。在《民法典》之前，讨论违反安保义务型保管合同责任竞合，旨在推进此案型诉讼程序和法律效果的确定性与合理性。从宏观层面责任竞合研究到微观层面具体竞合规范协调适用研究，是民事责任竞合理论方法的转变。在违反安保义务型保管合同责任竞合情形下，赔偿范围、证明责任和免责条款效力是诉讼程序和法律效果确定性与合理性的影响因素，请求权相互影响说更利于实现影响因素的确定性与合理性。通过请求、抗辩、再抗辩的动态过程，可以缓和具体规则的冲突；借助融贯性理论和利益动态衡量方法，可以补足民法基本原则冲突引起的正当性危机。

（一）责任竞合理论的基本观点

责任竞合是民法规范适用中的客观现象。民法规范中存在诸多可能发生责任竞合的情形，违约损害赔偿责任和侵权损害赔偿责任竞合即为典型。在理论与实务的良性互动中，总结、提炼和发展出了三种解决该责任竞合问题的方案，即竞合规则发展说、[1] 竞合规则消灭说[2] 和竞合规则融合说。[3] 该民事责任竞合问题的学术讨论中的以下三个问题值得关注：其一，在债权人利益保护的规范目的认定上，如何实现责任竞合法律适用的确定性与合理性存在对立观点；其二，就责任竞合法律

---

〔1〕 叶名怡："《合同法》第 122 条（责任竞合）评注"，载《法学家》2019 年第 2 期，第 171 页。

〔2〕 谢鸿飞："违约责任与侵权责任竞合理论的再构成"，载《环球法律评论》2014 年第 6 期，第 26 页。

〔3〕 郗伟明："论合同保护义务的应然范围"，载《清华法学》2015 年第 6 期，第 94 页。

适用范围而言，仅加害给付型和违反保护义务型案件是责任竞合的关注对象；其三，新法条竞合说是推进责任竞合法律适用的新理论，但其还未成为通说。整体而言，既有讨论长于宏观，弱于微观，缺乏微观层面讨论具体竞合规范的法律适用，无法清晰展现违约责任和侵权责任竞合在具体规范间的协调互动，也无法在方法论层面实质推进责任竞合问题。有学者准确总结道：用抽象界定抽象是到不了正确适用法律之彼岸的，法规范只有在法律适用中才能被真正掌握。[1]"保管人违反安保义务案型"一般是在违约责任和侵权责任竞合理论下，发展法律适用方法，法律关系识别与抗辩援引是其理论难点。例如，当事人之间是否成立保管合同法律关系？如果权利人以侵权诉讼主张损害赔偿，保管人能否以保管合同的免责条款抗辩？如果权利人以违约诉讼主张损害赔偿，保管人能否依《侵权责任法》第37条第2款抗辩仅承担未尽到安保义务的补充责任？

违反安保义务型保管合同责任竞合具有理论和实践价值。请求权相互影响说认为，同时满足违约和侵权要件时，两者可相互作用，合同法则可适用于因侵权行为产生的请求权，反之亦然。[2]请求权相互影响说更利于实现影响因素的确定性与合理性，既可消除规范选择带来的价值判断差异，也可消除竞合给当事人带来的法律适用不便。下文从责任竞合前置规范、责任竞合影响因素区隔两方面，展示责任竞合理论对此案型法律适用方法的推进。

（二）违反安保义务型保管合同前置规范

在违反安保义务型保管合同情形下，如果因保管人自己的

---

〔1〕　黄卉：《法学通说与法学方法：基于法条主义的立场》，中国法制出版社2015年版，第5页。

〔2〕　王泽鉴：《民法学说与判例研究》（重排合订本），北京大学出版社2015年版，第594~595页。

行为导致保管物毁损、灭失的，可能产生《合同法》第374条与《侵权责任法》第37条第1款协调适用问题；如果因第三人介入导致保管物毁损、灭失的，可能产生《合同法》第374条与《侵权责任法》第37条第2款协调适用问题。法律适用是确定前提的思维过程与形式逻辑思维过程的合力，违反安保义务型保管合同法律适用的前提是2017年《民法总则》第186条责任竞合规范。借助责任竞合理论完善保管人违反安保义务案型的法律适用方法，首先要证成该案型落在责任竞合调整的范围内，属于责任竞合调整的对象，在此基础上描述竞合原因、界定竞合方法。

1. 竞合领域：涵摄在保护义务之下的安保义务

安保义务能否被保护义务涵摄，关涉违约责任与侵权责任的法律适用在实然层面的互动。安保义务是法定义务，仅规制经营场所、公共场所的经营者、管理者等主体创设风险的行为。寄存人到保管人处从事购物、就餐、住宿等活动，将物品存放在指定场所的，事实上就是安保义务调整的对象。保护义务的性质在合同法义务、侵权法义务或兼具合同法和侵权法义务间摇摆不定，对保护义务的研究失之对策性过强，欠缺体系性强制。[1]有观点认为，保护义务是合同当事人的法定附随义务，这增加安保义务人责任竞合可能性。[2]有观点认为，损害预见性判断方法的正当性源于"过错"包含的约定或法定的注意或保护义务。[3]这似乎可得出保护义务兼具约定性和法定性。也

---

〔1〕 王轶："对中国民法学学术路向的初步思考——过分侧重制度性研究的缺陷及其克服"，载《法制与社会发展》2006年第1期，第90页。

〔2〕 谢鸿飞："违反安保义务侵权补充责任的理论冲突与立法选择"，载《法学》2019年第2期，第57页。

〔3〕 潘玮璘："构建损害赔偿法中统一的可预见性规则"，载《法学家》2017年第4期，第60页。

有观点认为，附随义务包括保护当事人固有利益的义务，[1]反对观点认为，在缔约磋商、合同履行及后合同阶段，当事人不负担以保护相对人固有利益为内容的一般性义务。[2]因此，对保护义务性质远未形成共识，讨论者在相同或不同领域表达的观点富有很强的个性化特点。该命题的支配性意见还要理论和实务进一步沟通。法定附随义务说是目前的有力说。

　　德国民法发展的合同法上保护义务，旨在克服侵权法对受害人固有利益救济不力的困境。事实上，保护义务以合同法定的附随义务为原则，以合同约定的主给付义务为例外。方法论上，判定合同保护义务应关注其与合同的关联形式与结合程度。[3]保管合同保护义务既是保管人对寄存人负担的主义务，也照应保管合同目的、寄存人固有利益及保管人主给付义务。因此，保管合同保护义务具有约定的、主给付义务品格，与安保义务保护固有利益的功能一致。从性质出发也难以回答：为何在适用安保义务的情境中，违反保管合同保护义务就会产生安保义务条款竞合适用问题？从功能主义路径出发，讨论《合同法》第374条和《侵权责任法》第37条的协调适用更有实益。保护义务理论无法建立可供逻辑演绎的规则，模糊违约责任与侵权责任的固有疆界。[4]有观点认为，附随义务中保护义务性质相当于侵权行为法上的社会安全义务，与给付义务的关系较远。[5]据此，

---

[1]　李大何："论附随义务及其救济方式"，载《浙江工商大学学报》2018年第2期，第65页。

[2]　王文胜："论合同法和侵权法在固有利益保护上的分工与协作"，载《中国法学》2015年第4期，第224页。

[3]　张家勇：《合同法与侵权法中间领域调整模式研究——以制度互动的实证分析为中心》，北京大学出版社2016年版，第240页。

[4]　陈自强：《契约之内容与消灭》，元照出版有限公司2016年版，第98~99页。

[5]　王泽鉴：《债法原理》（第2版），北京大学出版社2013年版，第84页。

保护义务与安保义务更具家族亲缘性，安保义务在范围上可被保护义务涵摄，保护义务是保管合同法律关系的内容，只不过保管合同保护义务具有约定的、主给付义务品格。违反安保义务型保管合同产生的民事法律关系，落在责任竞合规范调整领域内，属于《民法总则》第 186 条调整的对象。

2. 竞合原因：投射在民法规范之上的繁杂现实

寻找、描述和表达违反安保义务型保管合同责任竞合的原因，关涉违约责任与侵权责任的法律适用在应然层面的互动。大陆法系民法是由法律概念、原则与制度构建起来的，天然具有体系和逻辑强制的品性。区分合同行为与侵权行为有利于保证法律适用清晰、统一，但在合同行为和侵权行为之间不存在一条清晰分界线，它们之间存在相互交汇的中间地带，责任竞合理论就生长在这个中间地带。但是，责任竞合可能引发民法内在体系和外在体系的冲突。根据民法调整利益类型的不同，可将其区分为调整性民事法律关系和保护性民事法律关系，[1]前者主要以民事权利和义务调整利益关系，后者主要以民事责任调整利益冲突。民事权利、义务和责任法律关系产生、变更和消灭的原因是民事法律事实。[2]根据民事法律事实类型区分理论，[3]违约责任产生的原因是对民事法律行为的违反，侵权责任产生的原因是事实行为的发生。这种泾渭分明的区分，旨在从形式上区隔违约责任和侵权责任，使特定规范确定对应法律效果。民事法律事实类型区分理论对应民法调控方法类型区

---

〔1〕 王雷："民法典编纂的地方经验——以南阳市依法治国若干实践为题材"，载《财经法学》2017 年第 1 期，第 136 页。

〔2〕 杨立新："民法总则规定民事责任的必要性及内容调整"，载《法学论坛》2017 年第 1 期，第 13 页。

〔3〕 王轶："论民事法律事实的类型区分"，载《中国法学》2013 年第 1 期，第 77 页。

分理论，即违约责任对应民法意定主义的调控方法，侵权责任对应民法法定主义的调控方法。

民事法律事实和民法调控方法类型区分理论展现了民法的规范思维。在民法规范论视野下，违约责任和侵权责任竞合缺乏原因力和正当性。因此，避免或减少规范竞合的论断就顺理成章。为避免体系违反，有学者考察既有责任竞合概念后，主张未经法律评价的"一个生活事件"引发责任竞合，〔1〕这不同于经过法律规范引导和评价的民事法律事实。据此，违约责任和侵权责任竞合有悖于民法体系性的应有之义，但这种竞合现象不是立法者主观制造的。即使把保护义务全面驱逐出合同义务群，也不能消除违反安保义务型保管合同责任竞合。很难说，在法律特殊评价的场所，违反安保义务致使保管物毁损、灭失的情形，与违反妥善保管义务致使保管物毁损、灭失的情形可以截然分开。大陆法系民事责任竞合与民法类型化、规范化相关联，民法对社会生活的类型化调整使请求权竞合有了可能，规范出发型的法律思维和裁判方法使请求权竞合成为现实。〔2〕即使尝试建构"统一债法"也不能消除责任竞合，因为这种理论旨在宣示统一的法效果，由此建构的损害赔偿一般条款无法排斥不同的法律构成和类型化的思考方法。〔3〕在社会生活事实类型化过程中，叠加评价无法避免，这种概率往往与社会发展速度成正比。责任竞合不是民法规范体系的异类，它展现民法的柔软性和灵活性，上承民法规范体系的稳定性，下接社会生

---

〔1〕 段厚省：《请求权竞合要论——兼及对民法方法论的探讨》，中国法制出版社 2013 年版，第 78 页。

〔2〕 段厚省：《请求权竞合要论——兼及对民法方法论的探讨》，中国法制出版社 2013 年版，第 118、125 页。

〔3〕 张平华："违约责任与侵权责任竞合：理想模式、现实状态与未来趋向"，载《北方法学》2019 年第 5 期，第 5~16 页。

活的繁杂性。反观英美法，合同与侵权竞合之历史现象、竞合形态与两者之间的关系相互交织。[1]

因此，以先入为主的偏见对待责任竞合，或以对策性思维将责任竞合要素固定在特定领域，都忽略了现实对民法包容性的期许。大陆法系民法体系和逻辑强制展现其阳刚性面向，以违约和侵权竞合为典型的责任竞合展现其柔软性面向。作为关乎立法设计和司法适用的真正民法问题，民事责任竞合蕴涵更丰富的方法论，从具体竞合规范适用的微观入手，也符合从归纳到演绎的法学研究规律。

3. 竞合方法：独立在非财产责任外的损害赔偿

界定违反安保义务型保管合同责任竞合的方法，关涉违约责任与侵权责任的法律适用在技术层面的互动。通说认为，违约责任和侵权责任竞合于损害赔偿，即损害赔偿是确定竞合的方法。少数说主张淡化或取消违约与侵权责任方法差异，[2]确定竞合的方法包括财产性损害赔偿和非财产性责任方式。在违反安保义务型保管合同情形下，如果因毁损、灭失的物品具有人格象征意义而造成权利人精神损害的，权利人在违约之诉中能否获得精神损害赔偿尚存疑问。

违约责任和侵权责任竞合须有"损害"要件。2017 年《民法总则》第 186 条将 1999 年《合同法》第 122 条的"侵害"修改为"损害"，表达这样的立法价值判断结论，即违约责任和侵权责任竞合以损害赔偿为边界，非财产性责任方式没有责任竞合适用的可能。具言之，侵害除了会引发损害外，还可能导致危险或妨碍。

---

〔1〕 王少禹：《侵权与合同竞合问题之展开——以英美法为视角》，北京大学出版社 2010 年版，第 99 页。

〔2〕 谢鸿飞："违约责任与侵权责任竞合理论的再构成"，载《环球法律评论》2014 年第 6 期，第 24 页。

侵害的救济除了损害赔偿，还有停止侵害、排除妨害等非财产方式。《民法总则》第 186 条是在损害赔偿角度规制违约责任和侵权责任的竞合，如果侵权行为导致非财产性方式救济的危险或妨碍，就没有了违约和侵权竞合规范适用余地。损害救济理念是我国侵权责任法领域的强势价值，应从多元融合、价值汇流的立场，而非从向受害人救济优先位移的角度看待现代侵权法的价值转型。[1]

通说认为，精神损害赔偿仅得作为侵权责任方式，原则不能作为违约责任方式，否则可能破坏交易的基本法则，违背等价交换和可预见性规则。[2] "违约诉讼能否赔偿精神损害"与"因违约造成的精神损害能否得到赔偿"是不同的问题。有观点认为《合同法》明确保护人身权益，伴随人身损害产生的精神利益当然在其保护范围内，两者在违约诉讼中共进退。[3] 该解释路径对责任竞合法律效果合理性的证成大有裨益。据此，应对《民法总则》第 186 条规定的财产权益作目的性扩张解释，将具有人格象征意义的财产上附着的精神利益也囊括在内。另一解释路径是将精神损害赔偿作为纪念物之固有利益赔偿的衡量因素，融入等价有偿原则的主观价值标准，这实际关涉法官自由裁量。显然，第一种解释更有利于实现责任竞合的确定性与合理性，但与通说衔接较为困难。第二种解释较为折中，但要实现责任竞合的确定性与合理性，要求法官作更复杂的利益衡量。

（三）违反安保义务型保管合同责任竞合影响因素区隔

违约责任和侵权责任的区分，围绕构成要件、举证责任、

---

〔1〕 龙卫球："《侵权责任法》的基础构建与主要发展"，载《中国社会科学》2012 年第 12 期，第 118 页。

〔2〕 王利明："民法分则合同编立法研究"，载《中国法学》2017 年第 2 期，第 44 页。

〔3〕 谢鸿飞："违约责任与侵权责任竞合理论的再构成"，载《环球法律评论》2014 年第 6 期，第 16 页。

赔偿范围、诉讼时效、责任方式和免责条款等展开。[1]寄存人选择不同的法律关系主张损害赔偿，诉讼负担和法律效果不同，诉讼程序和法律效果的不确定性与不合理性也不同。不同的责任竞合理论都致力解决法律适用的确定性与合理性。选择更具解释力的责任竞合理论，实现违反安保义务型保管合同诉讼程序和法律效果的确定性与合理性，要回答两个问题：何为责任竞合法律适用确定性与合理性"不变"的非影响因素、何为"变"的影响因素？何种责任竞合理论更能弥补"变"的影响因素带来的不确定性与不合理性，更能公平地调和利益冲突？

1. "不变"的因素：确定性与合理性的非影响因素

在违反安保义务型保管合同责任竞合情形下，构成要件、诉讼时效和责任方式是法律适用确定性与合理性的非影响因素。诉讼时效上，无论权利人依何种法律关系主张损害赔偿，都适用《民法总则》第 188 条三年普通诉讼时效，精神损害赔偿亦如是。责任方式上，违约责任和侵权责任竞合被严格限定于损害赔偿。构成要件上，合同的例外过错要件与侵权的原则过错要件在该案型中重合。笔者没有模糊违约责任和侵权责任区分之意。[2]这两个制度的过渡地带，蕴含反思和修正既有方法论论题、发展和扩展新的方法论命题的契机。

通说认为，合同行为以无过错责任为原则，以过错责任为例外，[3]例外中还包含绝对责任；[4]侵权行为以过错责任为原

〔1〕 韩世远：《合同法总论》（第 3 版），法律出版社 2011 年版，第 716~717 页；王泽鉴：《侵权行为》（第 3 版），北京大学出版社 2016 版，第 74~76 页。

〔2〕 郭明瑞："论侵权请求权"，载《烟台大学学报（哲学社会科学版）》2013 年第 3 期，第 17 页。

〔3〕 崔建远主编：《合同法》（第 6 版），法律出版社 2016 年版，第 237 页。

〔4〕 朱虎："债法总则体系的基础反思与技术重整"，载《清华法学》2019 年第 3 期，第 126~143 页。

则，以过错推定和无过错责任为法定例外。为化解过错证明难题，过错本身也趋于客观化，即违反注意义务就可推定过错。客观化的注意义务更有利于法官认定"事实"，这种"事实"不是连接行为与损害的构成要件意义上的"关于行为的事实"，而是过错责任成立的基础事实，即违反注意义务的事实。在民法思想史和制度史上，通说存在大致的形成和改变机制，新的有力说在不断克服通说不足的过程中升格为新的通说，新的通说在若干年后又会被新的有力说取代。通说的这种演变也暗合大历史观之下的人类社会的演进。[1]随着民事义务理论发展，"义务竞合论"统合责任竞合的法律适用，可能成为有力说。反观我国立法，也可得出保管人对保管物的毁损、灭失承担过错责任的结论。法定例外情形下，违约责任归责原则为过错责任，这是立法者对特定情境中违约方的优待，体现民法宽容的调整方法对民事关系的介入。[2]我国1999年《合同法》和《民法典》合同编规定适用过错责任的具体情形，例如赠与人、无偿保管人、无偿受托人及遗产管理人过错责任等。解释论上，有学者主张对更多合同类型确立过错责任。例如，出卖人所负一般违约责任、技术开发方所负违约责任等。[3]其中，《合同法》第374条前半段的"保管不善"，一般指管理人未尽到善良管理人的注意义务，"保管不善"体现对保管人在有偿保管合同中承担的违约责任采过错原则；但书条款本身就是过错原则。《民法典》第897条增加"无偿保管人证明自己没有故意或者重大过

---

〔1〕　黄卉：《法学通说与法学方法：基于法条主义的立场》，中国法制出版社2015年版，第11页。

〔2〕　王雷："论容忍义务在我国民法典中的体系位置"，载《河南财经政法大学学报》2017年第1期，第108页。

〔3〕　崔建远："合同法应当奉行双轨体系的归责原则"，载《广东社会科学》2019年第4期，第225页。

失"的免责事由，强化保护无偿保管人。

　　2."变"的因素：确定性与合理性的影响因素

　　举证责任、赔偿范围和免责条款，是违反安保义务型保管合同责任竞合法律适用确定性与合理性的影响因素。权利人依不同法律关系主张损害赔偿，有不同的举证负担。赔偿范围与举证责任休戚与共，也与违约和侵权责任的保护范围直接相关，影响诉讼程序和法律效果。如果权利人主张侵权损害赔偿，侵权人是否可援引保管合同的免责条款抗辩，也会影响赔偿范围。证明责任思维对违反安保义务型保管合同法律适用的确定性与合理性至关重要。责任竞合理论应兼顾"以请求权基础分析方法和法律关系分析方法为主的司法三段论之大前提法律规范"和"司法三段论小前提案件事实的形成及与之相关的民法证据规范论"。[1]

　　在举证责任分配上，权利人以违约诉讼主张损害赔偿，须对保管合同成立且生效及保管人保管不善的事实负证明责任。无偿保管合同中的权利人无需对保管人重大过失的事实负证明责任。1999 年《合同法》第 374 条要求无偿保管人证明自己没有重大过失，这比有偿保管人的证明责任还重，在利益衡量上显失公平，存在体系违反。实践中违反安保义务型保管合同的情形有：停放在宾馆等经营场所门前的机动车毁损、丢失；停放在收费停车场或租赁停车场内的机动车毁损、丢失；[2]业主

────────────

〔1〕 对违约责任和侵权责任竞合问题的讨论，很容易绕开举证责任规范，回归到一般问题上。加藤雅信曾提出"统一请求权论"，就是把请求权竞合与物权、债权的严格区分论等实体法上的问题，以及诉讼物权、争点的效力论、举证责任论等民事诉讼法上的问题统合起来进行讨论。参见 ［日］加藤雅信等编：《民法学说百年史：日本民法施行 100 年纪念》，牟宪魁等译，商务印书馆 2017 年版，第 468 页。

〔2〕 北京市第一中级人民法院 ［2015］一中民（商）终字第 2048 号民事判决书。

停放在小区或物业人员指定地点的机动车毁损、丢失。[1]上述情形中，双方很少以书面或口头方式订立保管合同，甚至无存放凭证，权利人证明保管合同成立且生效的难度很大。如果权利人以侵权诉讼主张损害赔偿，须对安保义务人违反安保义务的事实负证明责任。无论选择违约诉讼还是侵权诉讼，都存在特定的举证困难，这会诱使当事人依现有证据选择更容易证明的诉讼方案。这看似赋予权利人主动选择权，却是以权利人的诉讼不利益为代价的。

在赔偿范围确定上，需要回答两个有逻辑递进关系的问题，即损害的有无和损害的多少，前者仅涉及举证责任问题，后者涉及损害赔偿范围和举证责任分配问题。无论依据何种责任主张损害赔偿，权利人均应对己方遭受的损失承担证明责任。但是，在特定情形下，权利人可能无法提供证据证明自己的损失。如何缓和权利人的证明责任本身就值得研究。如果权利人能够证明其损失，接着就要确定赔偿范围。期待利益与固有利益分属合同与侵权保护范畴的结论并非始终清楚。寄存人也正是经由保管合同本身欲实现"固有利益"的保护。[2]如果权利人以侵权主张损害赔偿，能否依《合同法》第113条主张保管合同履行后可得利益的损失？这与保管合同中违约金条款在侵权诉讼中的适用相关，因为违约金酌减是以违约造成的实际损失和预期利益损失为基准的。因第三人介入导致保管人违反安保义务致使保管物毁损、灭失的，若权利人以违约主张损害赔偿，能否同时向第三人主张损害赔偿？如果可以，显然突破合同的相对性，正当性何在？

---

[1]　广东省高级人民法院［2009］粤高法审监民提字第253号民事判决书。

[2]　张家勇：《合同法与侵权法中间领域调整模式研究——以制度互动的实证分析为中心》，北京大学出版社2016年版，第45页。

在免责条款认定上，从广义上理解更为妥当，即包括约定的免责条款和法定的免责条款。这就需要回答两个问题：如果权利人以侵权诉讼主张损害赔偿，保管人能否以保管合同中的约定免责条款抗辩？如果权利人以违约诉讼主张损害赔偿，保管人能否依《侵权责任法》第37条第2款进行抗辩，主张己方仅承担未尽安保义务相应的补充责任？这些问题都没有现成答案。

（四）法律拟制理论对责任竞合理论的遮蔽

立法者借助法律拟制方法创设保管合同拟制规范，解决违反安保义务型保管合同法律关系定性与识别的争论和困难。除当事人另有约定或法律另有规定外，权利人和裁判者都可以直接根据保管合同拟制规范，主张或认定此案型是保管合同纠纷。但是，这也在很大程度上限制权利人选择请求权规范基础的自由。因为根据保管合同拟制规范，保管合同纠纷是此案型最契合和正确的案由，保管合同相关法律规范是此案型最适当的请求权规范基础，这可以确保法律适用的正确性与确定性。[1]就法律适用而言，法律关系的定性是其第一步，《民法典》第888条第1、2款共同发挥界定保管合同性质的功能，《民法典》第888条第1款规定："保管合同是保管人保管寄存人交付的保管物，并返还该物的合同。"这是保管合同的典范/原则定义，是识别大多数保管合同法律关系的依据。保管合同拟制

---

〔1〕 最高人民法院《关于印发修改后的〈民事案件案由规定〉的通知》（法〔2020〕347号）第5条"适用修改后的《案由规定》应当注意的问题"第4项规定："……在请求权竞合的情形下，人民法院应当按照当事人自主选择行使的请求权所涉及的诉争的法律关系的性质，确定相应的案由。"最高人民法院《关于民事诉讼证据的若干规定》第53条第1款规定："诉讼过程中，当事人主张的法律关系性质或者民事行为效力与人民法院根据案件事实作出的认定不一致的，人民法院应当将法律关系性质或者民事行为效力作为焦点问题进行审理。但法律关系性质对裁判理由及结果没有影响，或者有关问题已经当事人充分辩论的除外。"

规范是保管合同的异例/例外定义，处于保管合同典范定义的边缘地带。

在民法典编纂过程中，时常有质疑和反对定义性法条的意见，但也不乏对这种反对意见的再反对。法律适用者要借助《民法典》第 888 条判断当事人之间的纠纷是否属于保管合同纠纷。笔者认为保管合同拟制规范对违反安保义务型保管合同案型及法律发展有三个方面的消极影响。其一，保管合同拟制规范可能不当限制侵权行为请求权对此案型的适用范围，限制其法律适用范围，其只可能对《民法典》第 888 条第 2 款无法妥当涵盖的情形有适用余地。其二，保管合同拟制规范可能不当限缩责任竞合理论对违反安保义务型保管合同案型的解释力与理论发展空间。责任竞合理论在理论和实践中有很强的生命力，影响着民法知识、民法理论和民法哲学的讨论方向，但保管合同拟制规范极大限缩责任竞合理论的发展空间，这表面上看只是此案型法律适用方法的转变，实质可能对责任竞合理论产生负面作用。其三，保管合同拟制规范可能不当限制法律发展和方法论的完善。事实上，该拟制规范的目的就是解决现实生活中违反安保义务型保管合同案型面临的法律适用的确定性与合理性难题，让权利人有直接的请求权规范基础，而不是通过法律解释方法寻找请求权规范基础，但法律拟制方法可能导致法律适用方法上的路径依赖。理论和实务普遍认为，责任竞合之争最终会被立法消除，责任竞合理论可能贡献的此案型法律适用方法直接被拟制技术人为地阻断了。下文我们就会发现，保管合同拟制规范终结了法律关系的定性之争，带来更复杂的法律适用方法难题和更宽泛的自由裁量权。这也为观察责任竞合理论与法律拟制理论的协调互动提供了视角。拟制可能不是最强大的，却是最经典、最合法的取代说服力的手段，说服力有时对承认和确信法律的约束性是必不可少的。[1]

保管合同拟制规范本身具备民法拟制规范的所有方法论功能命题，但方法论功能命题只是拟制规范正当性自我证立的起点，还远未到达终点。因此，要将拟制规范的正当性与拟制规范适用的正确性结合起来观察，[2]加强二者之间的协调互动，防止将法律拟制的讨论引向狭窄、抽象的层面。在保管合同拟制规范中，我们明显感受到，即使证成了拟制规范的方法论功能，还是无法根本上消除拟制规范的正当性质疑。在拟制规范质疑中，最重要的论点就是它掩盖了其他法律命题和被调整情形的真正问题。黄茂荣就认为，在立法上与司法上，矫枉式拟制之论据，一样地借助于假象。[3]可以把拟制比作一块笨拙的补丁，贴在法律理论结构的缺口上。揭开这块补丁，我们可以对织物被撕裂的紧张状态进行追溯，也可以发现织物之前被遮蔽的元素。在这一切中，我们可能会对将人类生活中顽固的现实置于努力实现统一和系统结构的法律秩序的约束之下所涉及的问题获得新的洞察力。[4]

二、法律适用之难：从定性之争到适用无解

（一）"请求权相互影响说"的解释力

在《民法典》之前，保管合同拟制规范对应违反安保义务型保管合同案型。当时，最疑难的法律适用问题是此案型法律关系的定性，这主要是将其纳入责任竞合理论范畴予以解决的，请求权相互影响说对实现此案型法律适用确定性与合理性具有

---

[1] Josef Esser, Wert und Bedeutung der Rechtsfiktionen, 2 Aufl., 1969, S. 206.

[2] 赵春玉：《刑法中的法律拟制》，清华大学出版社 2018 年版，第 5 页。

[3] 黄茂荣：《法学方法与现代民法》，2020 年自版发行，第 331 页。

[4] Lon L. Fuller, *Legal Fictions*, Stanford University Press, 1967, pp. viii-ix.

更强的解释力。责任竞合理论是围绕妥当解决竞合案型法律适用确定性与合理性展开的。何种责任竞合理论能够实现"违反安保义务型保管合同"诉讼程序和法律效果的确定性与合理性，何种责任竞合理论就是对该案型具有更强解释力的理论选择方案。何种责任竞合理论能够赋予法官裁判"安保义务型保管合同"最小自由裁量权，何种责任竞合理论就是对该案型具有更强的解释力的理论选择方案。结合违反安保义务型保管合同的案例，分析法官说理论证和规范选择的方法，归纳法官对此案型形成的责任竞合理论共识，增强论证的说服力。事实上，裁判者并没有在裁判文书说理部分，直接揭示责任竞合存在与否及请求权选择的过程。[1]但是，部分裁判说理暗合"请求权相互影响说"主张的基本观点。司法案例围绕《民法总则》第 186 条中"违约行为"之有效保管合同的认定，达成了共识性较高的结论。其一，有偿行为更易被法院认定为保管合同。[2]其二，主观的保管承诺或客观的保管凭证、保管费用缴纳之一即可证明存在保管合同，[3]停车卡兼具缴费凭证和保管凭证的性质。[4]其三，场所封闭程度和管理状态，是认定标的物事实管领力的衡量因素，[5]有无管领力又反过来决定是否存在保管合同的事实。

　　作为民法问题的责任竞合不是对司法三段论的简单涵摄适用，法律适用者要回答如何适用法律的问题。[6]责任竞合要回答合同法与侵权法何者优先适用的问题。有观点认为，德国主流

---

〔1〕　张家勇：《合同法与侵权法中间领域调整模式研究——以制度互动的实证分析为中心》，北京大学出版社 2016 年版，第 314 页。

〔2〕　北京市高级人民法院［2018〕京民申 2503 号民事裁定书。

〔3〕　广东省高级人民法院［2016〕粤民申 2756 号民事裁定书。

〔4〕　四川省高级人民法院［2017〕川民申 5470 号民事裁定书。

〔5〕　四川省高级人民法院［2016〕川民申 3621 号民事裁定书。

〔6〕　朱庆育：《民法总论》（第 2 版），北京大学出版社 2016 年版，第 566 页。

观点及中国《民法总则》第 186 条正确采纳了请求权竞合说。[1]
请求权竞合说包括请求权自由竞合说和请求权相互影响说，前
者存在违反立法目的和经验理性的缺陷，后者更能实现违反安
保义务型保管合同责任竞合影响因素的确定性与合理性，也更
契合部分法院展现的裁判趋势。

1. 价值判断结论的可接受性与司法实践的回应性

有三种责任竞合理论值得重视，即请求权相互影响说、请
求权规范竞合说和新法条竞合说。请求权相互影响说的基本观
点前文已交代。请求权规范竞合说认为，如果同一请求，可同
时依合同责任、侵权责任及危险责任的规定提出，这不是同时
存在多种请求权的请求权竞合，而是存在多种债法上的请求权
基础，是基于一个单一的、建立在多种基础上的请求权。[2]新
法条竞合说认为，违约责任与侵权责任是对峙关系，不是逻辑包
含关系，应以法律规范目的为基础，决定规范的评价资格和适用
关系，竞合时，以适用合同法为原则，适用侵权法为例外。[3]实
际上，这三种责任竞合理论都承认请求权的选择关乎当事人的
利益取舍排序，但它们对利益关系的协调策略不同。其中，请
求权相互影响说没有偏向补强特定一方的利益保护；请求权规
范竞合说以补强权利人保护为目的；新法条竞合说也没有偏向
补强特定一方的利益保护，但其持守违约责任和侵权责任对峙
的观点还有商榷空间。责任竞合属于违约责任和侵权责任交叉

---

〔1〕 ［德］彼得·A. 温德尔：“合同责任与侵权责任的统合与区分”，载王利
明主编：《判解研究》（2019 年第 1 辑，总第 87 辑），人民法院出版社 2019 年版，
第 32 页。

〔2〕 ［德］卡尔·拉伦茨：《德国民法通论》（下册），王晓晔等译，法律出版
社 2013 年版，第 354~355 页。

〔3〕 谢鸿飞：“违约责任与侵权责任竞合理论的再构成”，载《环球法律评论》
2014 年第 6 期，第 21 页。

领域，但该领域具有独立性，蕴含丰富的方法论。合同与侵权的区分，不等于违约责任与侵权责任的区分，也不等于合同法与侵权法的区分，被误置的等同是造成理论混淆之缘由。[1]因此，不同理论的学术对话还没有进入解释选择层面。[2]但是，在价值多元的情形下，民法价值判断问题没有真假之别，也无对错之分，仅存在可接受程度的高低。赋予责任竞合以独立地位，公平保护当事人民事利益，将责任竞合作为民法体系和逻辑强制的"柔软面"，可接受度更高。在此意义上，请求权相互影响说更具理论上的解释力。

越契合该案型裁判说理逻辑的竞合理论就越具有解释力。违反安保义务型保管合同案型法律适用还没有形成足够的实践共识。在［2011］甘民二终字第 106 号民事判决中，法院认定邰某龙无证据证明招待所经营者承诺为其看管拖拉机，双方未形成保管合同关系，经营者也无证据证明其尽到安全警示义务。依据《侵权责任法》第 37 条第 2 款判决毛某平承担 20% 的补充赔偿责任。这展现《合同法》第 374 条和《侵权责任法》第 37 条在法律效果层面的补充适用，是请求权相互影响说的基本观点。但是，在［2018］川民申 953 号民事裁定中，法院认定单某钰基于与禾信公司之间成立的合同关系要求其承担赔偿责任，而非基于侵权关系，后者认为应根据《侵权责任法》第 37 条第 2 款先由第三人承担侵权责任的再审申请理由不能成立。[3]也就是说，权利人以违约诉讼主张损害赔偿时，保管人不能依据《侵权责任法》第 37 条第 2 款抗辩仅承担未尽到安保义务的补

---

〔1〕 张家勇：《合同法与侵权法中间领域调整模式研究——以制度互动的实证分析为中心》，北京大学出版社 2016 年版，第 547 页。

〔2〕 沈健州："民法解释选择问题的分析框架：以或有期间概念为分析范例"，载《中外法学》2019 年第 4 期，第 1079 页。

〔3〕 四川省高级人民法院［2018］川民申 953 号民事裁定书。

充责任。这否认请求权相互影响说的适用。在［2016］粤民申2756号民事裁定中，陈某停放在卓某辉经营的咖啡店前空地的机动车丢失，一审主张保管合同责任，二审增加主张安保人责任。法院认定卓某辉已尽到相应注意义务，不承担超过餐饮服务合同附随义务的违约赔偿责任。再审对违约和侵权责任进行全面审查，认定陈某与咖啡店之间就案涉车辆不存在保管合同关系；陈某停放车辆的空地不是咖啡店的经营场所，案涉车辆不在咖啡店控制范围内，无证据证明咖啡店作为餐饮经营者未尽相应安全保障义务。再审的裁判说理不能准确展现广东省高院对责任竞合理论的倾向，展现了不同请求权之间的构成性差别，而非法律后果性差别。因为，法院对安保义务的审查是后端问题，前端问题是认定损害是否发生在安保范围。

2. 当事人充分的事实论证性与法官的彻底检验性

不同法院持有适用不同责任竞合理论的倾向。在支配性意见尚未形成时，主张请求权相互影响说者仍要承担更多的论证负担。请求权相互影响说更利于当事人对事实的充分论证，更利于法官对裁判结果的彻底检验，也更利于此案型诉讼程序和法律效果确定性与合理性的实现。请求抗辩的动态过程为裁判的正当性增添新的论证因素。请求、抗辩、再抗辩及各自负担证明责任的动态过程，是法官和当事人在规范和事实间往返流转、反复沟通、充分辩论以达成共识的过程，缓和该案型诉讼程序和法律效果的确定性与合理性之间的张力。"案结事了"表征确定性，符合民法基本原则及具体法规范目的的裁判表征合理性。[1]根据是否有第三人介入，此案型分为"保管人违反安保义务致使保管物毁损、灭失的"和"第三人介入时保管人违反

---

〔1〕 段厚省：《请求权竞合要论——兼及对民法方法论的探讨》，中国法制出版社2013年版，第301页。

安保义务致使保管物毁损、灭失的"。案型不同，请求与抗辩的事实、证明责任负担及移转等也不同。

　　以"停放在餐饮场所指定车位的机动车毁损、丢失"为例，对当事人之间的请求、抗辩、再抗辩等作如下动态展现。其一，权利人主张案涉机动车毁损、丢失是经营者违反保管合同义务造成的。权利人须对保管合同生效及保管人保管不善的基础事实承担证明责任。其二，经营者可作出诉讼否认，否认双方存在保管合同，并对此不承担证明责任。若权利人在前一环节成功举证，则认定存在保管合同。其三，对第一个环节中权利人请求及举证，经营者可直接提出积极的诉讼反驳，主张其对案涉机动车无事实管领力或主张权利人驶入停车场的机动车与其毁损、丢失的机动车不一致。经营者须对这些积极事实承担证明责任，若其成功举证，则认定不存在保管合同。其四，若权利人在第一个环节中成功举证，经营者可主张双方存在无偿保管合同，其须对未收取停车费或在机动车毁损、丢失的合理时间段内免费负担举证责任。若其成功举证，则认定存在无偿保管合同。其五，对第四个环节，权利人可主张双方存在有偿保管合同并负证明责任，如出具缴费凭证、停车卡等。若其成功举证，则认定存在有偿保管合同。此时，经营者可主张并证明案涉机动车毁损、丢失是第三人介入造成的，经营者仅应承担与其过错相适应的补充责任。其六，若权利人在第五个环节中举证失败，经营者须证明自己没有重大过失。若其成功举证，权利人可主张经营者违反安保义务，并负证明责任。若权利人在该环节成功举证，则经营者可主张并证明案涉机动车毁损、丢失是由第三人介入造成的，经营者仅承担与其过错相适应的补充责任。

　　违反安保义务型保管合同在举证责任、赔偿范围和免责条款效力上，会影响诉讼程序和法律效果的确定性与合理性。通过请求、抗辩、再抗辩等动态过程，当事人可充分地举证、质证，实现案结事了。在有偿保管合同情形下，权利人证明保管人保管不善或违反安保义务之一即可，二者具有相互推定的效力。在无偿保管合同情形下，若再以保管人违反安保义务推定保管人有重大过失，会对保管人更不利。若权利人以保管合同主张损害赔偿，但申请追加实际侵权的第三人作为被告，实则突破债的相对性，可通过民法基本原则作融贯性论证以补足正当性危机。合同相对性原则是合同法的基本原则，是意思自治原则的具体化，属于一般原则与具体规则之间的次级原则。意思自治的优先性只是问题分析的起点，如具体问题域其他原则的抽象重力和超过意思自治原则的抽象重力，后者就须被限制或排除。[1]这也是利益动态衡量方法在民法基本原则中的体现。第三人介入时保管人违反安保义务致使保管物毁损、灭失的，第三人侵犯权利人的财产权（合法权益受保护原则），使其作为违约之诉中的共同被告承担损害赔偿责任并无不公（公平原则），其在诉讼中可以充分辩论，平等参与举证质证（平等原则）。突破合同相对性原则使第三人进入违约之诉符合融贯论。

（二）法律拟制时代的解释论难题

保管合同拟制规范解决了法律关系定性难题，也带来了具体法律适用难题。就具体法律适用而言，保管合同拟制规范至少有如下未尽事宜。

第一，在拟制保管情形中，如何认定拟制保管的类型，认定标准为何？寄存人到保管人处从事购物、就餐、住宿等活动，

―――――――――

〔1〕 方新军："内在体系外显与民法典体系融贯性的实现 对《民法总则》基本原则规定的评论"，载《中外法学》2017 年第 3 期，第 582 页。

将物品存放在指定场所，此时立法者拟制的保管合同属于有偿保管还是无偿保管，依据何种标准认定保管合同类型？有观点认为依据寄存人是否支付报酬定。[1]也有观点认为，如果寄存人没有真正消费，又将物品无偿寄存在经营者指定场所，认定有偿保管略显牵强，保管责任承担问题有待司法解释明确。[2]但是，寄存人到保管人处从事购物、就餐、住宿等活动是一揽子交易行为，给保管人带来至关重要交易或潜在的交易机会。拟制保管是寄存人与保管人在交易背景下的非交易民事法律行为，等价有偿原则对其解释力和涵括力不足，这为保管人负担赔偿责任的法律效果配置提供了正当性。此时，保管合同是否有偿与合同法理论上"有偿合同和无偿合同"这种类型区分，表达的是不同的理论建构结论。所谓有偿合同，是基于己方的给付取得他方对待给付的合同。在合同法语境下，有偿更强调主观价值而弱化客观价值。合同自由的法哲学基础就是交换正义，即主观等价有偿的交换价值。[3]等价有偿展现的是一个客观价值规律，没有展现价值的主观方面。在合同法调整方法中，等价有偿原则已退出解释方法范畴，但并不意味客观价值判断在民法上毫无用武之地。在调整法定债之关系、违约责任等情境中，客观价值表现出强大解释力。例如，善意取得的合理价格应该是等价有偿原则之下的客观价值。《民法总则》和《民法典》删除了等价有偿原则，不意味等价有偿原

---

〔1〕 黄薇主编：《中华人民共和国民法典合同编解读》（下册），中国法制出版社 2020 年版，第 1230 页。

〔2〕 最高人民法院民法典贯彻实施工作领导小组主编：《中华人民共和国民法典合同编理解与适用（四）》，人民法院出版社 2020 年版，第 2352 页。

〔3〕 王雷："违约金酌减中的利益动态衡量"，载《暨南学报（哲学社会科学版）》2018 年第 11 期，第 48 页；王雷："论我国民法典中决议行为与合同行为的区分"，载《法商研究》2018 年第 5 期，第 130 页。

则彻底丧失对民法制度的解释力。侵权人与被侵权人就侵权损害赔偿的范围无法达成合意的情况下，仍然要适用等价有偿原则进行判断，此时就不存在双方的心甘情愿，需要裁判者居中裁判。

第二，在拟制保管情形中，未经当事人合意将停车费等视为支付的保管费，这是否影响保管人承担损害赔偿责任？笔者认为，在原则/例外范畴中，拟制规范参引基础规范的法律效果。据此，在拟制保管情形下，保管人与寄存人之间权利、义务与责任的配置，就不能完全由合意成立并生效的保管合同决定，要根据拟制保管性质的特殊性，限制适用普通保管合同的法律效果。核心问题是：影响拟制保管法律适用的重要特殊性何在？笔者认为，保管费用的非合意性使寄存人具有更高的注意义务，这是其重要特殊性之一。这种注意义务应该比《民法典》第893条规定的寄存人告知义务更高。交易行为与非交易行为的一体性使拟制保管类型以有偿为原则，无偿为例外，不能以是否支付报酬作为认定标准。《民法典》第889条关于保管费用的规定在大多数场景下都难以作为调整拟制保管的规范。

第三，在拟制保管情形中，保管人与寄存人的举证责任如何配置？这关乎保管合同拟制规范立法目的能否实现。无论如何，寄存人要对保管物种类、数量、质量等违约损害赔偿请求权的决定性要素承担举证责任，如果这种举证责任还是"全有或全无式"的，则该规范就是借助法律拟制技术，将以前理论和实践的争论改头换面地搬到民法典中，除解决了法律关系定性外，并没有带来法律适用方法的改革。此时，举证责任分配与要件事实论之下的举证责任分配原理应当如何协调，也是一个具有重要研究价值的问题。证据规范与证明责任配置方法关乎民事实体权利的实现，更关乎法律适用方法变革的开展。

第四，在拟制保管情形中，其他有名合同能否适用保管合同拟制规范？如何适用？根据《民法典》第 918 条规定，仓储合同一章没有规定的，适用保管合同的有关规定。在拟制保管情形中，保管合同拟制规范是否有补充适用《民法典》侵权责任编第 1198 条第 2 款安保义务规范的空间？根据《民法典》侵权责任编第 1198 条第 2 款规定，因第三人的原因造成保管物毁损、灭失的，与无偿保管人没有故意或重大过失该如何衔接适用？

第五，在拟制保管情形中，如何妥当平衡《民法典》第 897 条证据规范配置显失衡平与公允的情形？如何正确看待保管合同拟制规范的"但书"，即"当事人另有约定或者另有交易习惯的除外"？换言之，如何看待作为保管人的经营者的格式条款和事先排除成立保管合同声明的民法意义？如果这种声明被寄存人明确知晓，是不是就一定排除保管合同成立的可能？如果答案是肯定的，该"但书"很可能把保管合同拟制规范变成"僵尸条款"，将其束之高阁。

三、法律发展之策：竞合与拟制方法的融合

单纯的法律拟制方法或责任竞合方法，都不能完全妥当地实现违反安保义务型保管合同案型法律适用的确定性与合理性。《民法典》确立保管合同拟制规范之前，根据请求权相互影响说调整此案型法律适用，虽可借助动态系统论等方法，最大限度保障法律适用的确定性与合理性，但最大障碍就是，权利救济可能因不符合保管合同构成要件和违反安保义务侵权构成要件而双双落空。保管合同拟制规范立足权利救济的立场，赋予此案型权利救济更高确定性，使权利救济至少不会落空，权利人

可以选择"保管合同纠纷"或"违反安全保障义务责任纠纷"案由。保管合同拟制规范要直接回答：权利人是否可以按照请求权竞合继续选择案由，还是只能选择"保管合同纠纷"案由并确定此案型为保管合同法律关系？如果是后者，则意味着此案型被排除出责任竞合范畴，不属于责任竞合情形。但是，保管合同拟制规范只针对一部分违反安保义务型保管合同案型，并不是全部。如果不是保管合同拟制规范规定情形的违反安保义务型保管合同案型，当然属于责任竞合范畴。停放在临时收费停车场的机动车毁损、灭失的，法院还是认定不存在保管合同。例如，法院认为原告无需领取任何凭证即可在被告设置的临时停车点停放车辆，其停放后仍对该车辆实际占有和控制，双方之间没有形成保管合同法律关系，不能仅凭被告收取停车费用的情形就断定被告存在承担车辆保管义务的意思表示。故被告不负有基于保管合同关系留存监控录像的约定或法定义务。[1]

如果将保管合同拟制规范对应案型排除出责任竞合范畴外，则法律适用无法克服该拟制规范制造的解释论难题，无法兼顾该案型特殊性质，无法消除规范选择带来的价值判断差异，无法消除竞合给当事人带来的法律适用不便。安保义务的注意义务与保管不善的保护义务，在价值判断上具有高度相似性和结论一致性。因第三人介入安保义务人承担相应补充责任的价值判断，与拟制保管性质的特殊性相契合，即"寄存人更高的注意义务"和"交易行为与非交易行为一体性"。因此，责任竞合

---

[1] 甘肃省兰州市红古区人民法院［2021］甘 0111 民初 793 号民事判决书。法院认为，对于被告所收取的停车费用而言，无论从涉诉停车位的地理位置，抑或目前市场通行的停车费用收费标准，被告收取的费用数额及计费标准明显与专业停车服务市场收费水平存在显著差别，收费的形式意义大于实质意义。

的方法与法律拟制的方法融合，更利于实现此案型法律适用的确定性与合理性。这并非混淆合同行为与侵权行为的边界，是因为保管合同拟制规范对应案型就是从责任竞合领域中提取出来的，借鉴责任竞合理论的有益方法，本就具有正当性。保管合同拟制规范法律适用的诸多难题，也要裁判者在具体法律适用中加以发展和完善。应该坚持这样的发展法律适用方法的原则，即赋予法官自由裁量权最小的法律适用方法，就是最妥当的法律适用方法。[1]在广义民法学方法论和广义法律解释方法视野下，裁判者应优先在民法典内部完成找法、用法作业。相对法律续造而言，借鉴安保义务人承担相应的补充责任规则，更利于限制裁判者的自由裁量权。责任竞合的方法与法律拟制的方法协调互动，更利于释放拟制规范的体系效益和方法论功能效益，更利于发展拟制规范法律适用方法。

---

〔1〕 限制法官的自由裁量权是民法学方法论的核心目标，德国自由法运动倡导者康特洛维茨心中的"真正忠于法律的法学与法适用"。参见黄舒芃：《变迁社会中的法学方法》，元照出版有限公司 2009 年版，第 12~13 页。

第四章

拟制规范方法论构成

　　法学是有关裁判的实用学科，以规范有效适用为目的，将法律规范负荷的价值以可靠且可理解的方式予以实现，该内在驱动强力助推方法论的持续发展。[1]立法者创设拟制规范后就退居幕后，其法律适用方法不是一目了然的。民法拟制规范要有方法论的自觉。狭义民法学方法非常接近法律控制论，民法理论和实践的转变，会相应地引起法律控制的阶段和方法的转变。法学方法论包括解释方法、法律续造、法律推理等。[2]根据立法和司法主体的不同，对应区分为法学方法论和法律方法论，深层次原因是对立法者理性能力的盲目自信及法官自由裁量权的排斥。[3]因此，立法与司法方法要调和互动，互相补充、互相发展。

第一节　拟制规范的法理基础

　　拟制规范是民法规范的重要组成部分。拟制规范的法理基

<hr>

　　〔1〕　姚辉：《民法学方法论研究》，中国人民大学出版社 2020 年版，第 I 页。
　　〔2〕　黄卉：《法学通说与法学方法：基于法条主义的立场》，中国法制出版社2015 年版，第 29 页。
　　〔3〕　姚辉：《民法学方法论研究》，中国人民大学出版社 2020 年版，第 III 页。

础是对民法想象力和民法知识无限性的认知。民法不仅借助社会实证分析方法妥当作出事实判断结论，还借助民法学者的想象力妥当安排立法技术和解释选择方案。拟制规范法理基础展现民法的想象力，展现"事实/规范关系论"及其构成的理论流变与脉络，扩展拟制规范方法论的发展和想象空间。通说认为，拟制规范因仅具有立法技术品格而无法跻身方法论的讨论视阈，因仅具有虚假性而无法担当民法科学性的论证素材。通说生成的理论背景是狭义法学方法论与科学逻辑，存在遮蔽拟制规范丰富理论内涵和方法论命题的风险。通说往往代表人类知识的边界，是对既有知识再思考的起点，反思通说是形成新通说的主要方法。拟制规范法理基础包括抽象的法理基础（民法正义观视野下的"平等"）和具体的法理基础（法律论证理论视野下的"类比"），法理基础具体落地的方法是相似性论证。

一、拟制规范的理论难题

理论研究、思想表达与日常交往频繁使用"视为"语词，这种语言现象没有招致过多的责难，反而增强了表达的生动性和可理解性。实证法中，"视为"语词在形式上被默认为拟制规范的标志，但人们对这种法律现象的抵触心理较强。支配性理由是该现象背离民法的科学性及其演绎逻辑，[1]是民法规范的例外。在理性主义视野下，法律规范可以被几何学式地、清晰地、数学般地精确表达。事实上，规范性与科学性之间存在紧

---

〔1〕 法律科学性的论述，参见［德］J. H. 冯·基尔希曼："作为科学的法学的无价值性——在柏林法学会的演讲"，赵阳译，载《比较法研究》2004年第1期，第138~155页；［德］卡尔·拉伦茨："论作为科学的法学的不可或缺性——1966年4月20日在柏林法学会的演讲"，赵阳译，载《比较法研究》2005年第3期，第144~155页。

张关系，"原则/例外"关系更是放大了拟制规范的反科学性。拟制规范往往成为民法非科学性因素的具体例子。[1]据此，很难说拟制规范具有深厚且正当的法理基础。在认识论观点下，拟制规范要直面创设正当性和适用合理性这两个尖锐的问题。反拟制规范的论证，主要建立在演绎逻辑下的规范体系自足性和完满性之上。演绎逻辑一度被当作唯一科学的推论方法，司法三段论的涵摄方法就是演绎逻辑的原型。拟制规范不仅是民法规范的例外，而且脱离演绎逻辑的射程范围，存在法哲学的正当性危机。但是，笔者始终对拟制规范的逻辑疑问再质疑。一方面，民法适用不简单等同于民事司法三段论，大前提法律规范的寻找与小前提案件事实的形成环节更复杂，分别对应民法规范论、法源论和民法证据规范论，它们蕴含的方法论命题无法完全被演绎逻辑证成，尤其是价值判断问题。法律是一门理解性科学，而不是结构性科学。另一方面，单纯规范性思维的解释力不足，法律思维除规范性外，还有价值性和证据性思维，规范性、价值性与证据性思维构成法律思维的全貌。直接从规范逻辑上否定拟制规范有失妥当。退一步讲，演绎逻辑与演绎结果权威性之间不具有稳定的对应关系。正如有学者所言："现代逻辑可以无视实质推理，但是不能不面对内容的产生和逻辑理性化问题。于是现代逻辑制造了一个神话：可以通过逻辑演绎从形式中产生内容。以逻辑演绎为核心的传统法学方法论就是这种神话的一个产物。"[2]

在概念法学之后，正视演绎逻辑与科学性之间的关系逐渐

---

〔1〕 Hans-Peter Haferkamp, Methodenehrlichkeit-Die juristische Fiktion im Wandel der Zeiten, FS Horn, 2006, S. 1080.

〔2〕 陈辉：《解释作为法律的结构及其对法治的影响》，中国政法大学出版社2018年版，第299页。

形成高度共识。我们在承认民法典是科学法理产物的同时，不断批评与反思潘德克顿法学。[1]纯法学倾向的法哲学家，落入唯科学论的误区，高估科学，片面醉心于科学思维。[2]有观点认为，法律适用绝不是以法条和制定法文本为基础的逻辑演绎，作为规则目的的社会利益随着社会变化而变化，死守规则不过是固守传统而已。[3]因此，从科学性角度指责拟制规范，忽视其方法论命题的发现和总结，是站不住脚的。这是从反面论证拟制规范存在的正当性。因此，可以得出如下两个拟制规范法理基础前提的判断结论。其一，法律科学与自然科学不同。法学关乎事实、应然和规范，不是纯数理逻辑和演绎逻辑的产物，价值性思维不可或缺。其二，法学方法论符合科学性要求，法律科学能够提供真正的认识，自然科学只是比法律科学更接近科学的理想而已。法学兼具科学与技术面向。[4]因此，要在形式逻辑和实质方法上理解拟制规范，以便得出完整的拟制规范认识论命题。

从正面看，就要证成拟制规范的逻辑正当性，确立拟制规范的科学性。但是，何为拟制规范的逻辑？对该问题回答得不

---

〔1〕　我们要实事求是地评价潘德克顿法学的贡献，有学者就妥当指出：既然我们承认民法典是科学法理的产物，就没有必要刻意回避潘德克顿法学，更没有理由回避这一法学所建立的法概念体系和法技术手段。因此，我国法学家没有必要回避概念法学在我国的复兴。参见孙宪忠："我国民法立法的体系化与科学化问题"，载《清华法学》2012年第6期，第60页。

〔2〕　[德]温弗里德·哈斯默尔、乌尔弗里德·诺伊曼、弗来克·萨利格主编：《当代法哲学和法律理论导论》（第9版），郑永流译，商务印书馆2021年版，第10页。

〔3〕　陈辉：《解释作为法律的结构及其对法治的影响》，中国政法大学出版社2018年版，第12~14页。作者进而认为，法官的"守门人"困境，根本难题在于坚信存在客观性法律而试图揭示这种客观性法律，无论是正统解释学试图通过法条和制定法文本发现客观法的努力，还是反解释学通过一些社科法学的方式发现客观法的努力，都陷入了客观性难题中。

〔4〕　[德]考夫曼：《法律哲学》，刘幸义等译，法律出版社2004年版，第89页。

彻底，也是导致拟制规范被长期消极对待的原因，即拟制规范是民法规范和立法技术的剩余，是非逻辑的权宜之计，是对事实的虚构，缺少法律适用方法的品格。同时，拟制规范导出的判断是有疑问的，无法供给足够稳定且正当的结论。据此，拟制规范仅以立法技术面向展现法律效果的不可反驳性。这种消极理解，深刻影响拟制规范的学说、面向、思想与方法。逻辑构成思维规则对思维内容的拘束力。逻辑是世界的一面镜子，最早处理的是事实推理问题，是以陈述事实的命题表达有真假值的语句，从而获取真知识的思维法则。但是，拟制规范的逻辑为何？真假值的命题逻辑能否考察法律？某种意义上，法律逻辑就是法条逻辑，但理论和实务谈得更多的是法律应用逻辑。法条逻辑与法律应用逻辑本质不同，法条逻辑有真假值，法律原则是法条逻辑的大前提，法律规则是法条逻辑的小前提，法律正当性是法条逻辑的结论。但是，法律规范逻辑没有真假值，是规范性、价值性与证据性的统一。

于是，法学家致力发现或创造与演绎逻辑并身而立的法律逻辑，妥当解释法律规范的逻辑构成，从内部为法律科学性寻找最基础的立足点。在诸多竞争方案中，考夫曼的类推逻辑与相似性论证成了跨法系和国界的灵魂性、共情性理论。考夫曼认为："传统法学方法论仅关注法律发现过程的最后行为包摄，包摄之前的一切程序都陷入迷雾。法律发现过程的科学性不在于把这个过程化约为包摄的逻辑推论，只在于澄清该过程的复杂性，合理反思该过程中不是以形式逻辑得出的一切事物。法学方法的核心不在于一个逻辑推论，而在于一个比较，这种比较没有规范、规则与比较点是不可能的。比较点是权力决断的产物。"[1]

---

〔1〕 〔德〕考夫曼：《法律哲学》，刘幸义等译，法律出版社 2004 年版，第 132~133 页。

但是，也有学者质疑考夫曼对比较点的认识。[1]总之，拟制规范法理基础要正确对待两个难题：正确对待演绎逻辑在民法规范体系中的地位；正确对待拟制规范的逻辑构成，发展和完善拟制规范的方法论命题，即相似性论证方法及其一般化。

二、学说谱系与哲学互动

法哲学视野下，拟制规范法理基础与学说谱系一脉相承。谱系包含个体性、整体性、关系性、结构性品格，谱系学更是具有权力性品格。拟制规范学说是围绕"虚构性"的证立和反驳建构起来的。梳理拟制规范学说谱系不仅要凸显不同学说的个性，还要提炼不同学说的共性，在"个性/共性"关系中总结可能的规范命题和方法论命题。拟制规范的学说与哲学思潮、方法、理论密不可分。在谱系学和哲学双重视野下，更可能窥见拟制规范全貌。拟制规范的学说包括虚构事实说、法律真实说和法律品性说三种。拟制规范的学说与哲学互动，是纯粹民法学问题，无关拟制规范的规则设计和法律适用，但对洞见其法理基础具有实益。

（一）虚构事实说

虚构事实说，是指相对基础规范而言，拟制规范中"视为"语词引导的要件事实是虚构的。该学说在拟制规范"虚构性"

---

〔1〕　陈辉：《解释作为法律的结构及其对法治的影响》，中国政法大学出版社2018年版，第309页。作者认为，如果说比较点只是一种权力决断，那么以类推为核心的一整套等置体系意义何在？如果说比较点不过是权力决断的结果，再追溯到"事物的本质"又有何种意义？美国有学者认为，20世纪法律理论的基石是法律彻头彻尾是政治的。包括侵权、合同和财产等传统上被界定为私法的领域也已经被这一口号裹挟，因为它们属于法律，更重要的是，它们是法律的政治部分。参见［美］朱尔斯·科尔曼、斯科特·夏皮罗主编：《牛津法理学与法哲学手册》（下册），杜宴林等译，上海三联书店2017年版，第723页。

的基底上作业，其他学说以拟制规范"虚构性"为靶子驳论与立论。维特根斯坦认为，每个语词都有一个含义，含义与语词一一对应，含义即语词代表的对象。[1]在虚构事实说下，拟制与虚构相对应。例如，《民法典》第16条将胎儿视为具有民事权利能力，就是立法者虚构的要件事实。因为《民法典》第13条规定"自然人从出生时起到死亡时止，具有民事权利能力"，只有自然人这一民事法律事实才能推导出民事权利能力，胎儿不是自然人。相对自然人，胎儿具有民事权利能力就是立法者虚构的要件事实。不借助拟制技术创设"胎儿民事权利能力拟制规范"，就会导致民事主体类型区分结论变动，造成民法体系震荡。这种虚构事实是在实证法视野下、与形成共识的要件事实相互比较得出的，而非对具体生活事实的虚构。

虚构事实说的哲学渊源是拟制哲学，拟制哲学为其提供了最直接的哲学思想和方法，维辛格（Vaihinger）及其追随者以拟制哲学建构拟制规范的哲学基础，解释、描述和表达拟制规范的正当性。维辛格认为，整个想象世界不是为了成为现实的形象，而是成为一个帮助我们定位的工具。[2]任何熟悉法学方法的人都能体会法律拟制对法律实践的重要性，拟制在法律实践中就像在数学中一样不可或缺。[3]将拟制哲学引入法学领域是要济逻辑类型之穷，解释演绎和归纳逻辑无法解释的法学现象和规范结构。有观点认为，拟制规范以规范上的虚构为手段或形式，获致更契合市民社会实际情况的描述与规范，技术性

---

〔1〕［奥］维特根斯坦：《哲学研究》，陈嘉映译，商务印书馆2016年版，第3页。

〔2〕Hans Vaihinger, Die Philosophie des Als Ob, Raymund Schmidt（hrsg.）, 2. Aufl., 1924, S. 14f.

〔3〕Hans Vaihinger, Die Philosophie des Als Ob, Raymund Schmidt（hrsg.）, 2. Aufl., 1924, S. 32.

地回应现实，完成基本条款的实际损益与修正。[1]拟制哲学的观点认为，拟制具有基础性、贯穿性功能，普遍存在于哲学的每个细胞中。不仅法律拟制不可避免，甚至法律本身也带有拟制性格，法律原则、规则皆是基于人类精神的拟制，法律本身即为拟制。但是，拟制哲学对拟制规范解释力的弱点也很突出。其一，它有效却不稳定，有用却不长久，与法律规范的稳定性存在张力，无法作为法律规范的支配性哲学基础和法理依据，但可以作为辅助性哲学基础和法理依据。其二，维辛格将立法拟制与数学拟制完全等同的做法仍值得商榷，规范真实与自然真实并非完全等同。[2]拟制是沟通自然世界和人造世界的形式通道，沟通两个世界中的存在与规范，维辛格心中的拟制甚至是理性基础。我们要批判地思考拟制哲学对拟制规范的解释力，同情地理解拟制哲学在思想和方法上的贡献，不能武断地将其视为侵蚀法律规范性和稳定性的毒瘤。因为，任何哲学都实在记录并反映了哲学家思想、情感乃至人生阅历的转型，绝不能为了寻找与论点相互契合的论据，就排斥任何相反或无关的论据。维辛格这样说道："我对自然和历史中的非理性有一双敏锐和开放的眼睛。从我生命一开始，非理性就以同样多的方式面对着我，就像在我周围的环境中一样。"[3]"我想揭示（拟制）这种奇妙方法的秘密生命力，我想给出一个完整的理论，可以是一个解剖学和生理学，或者是一个拟制的生物

---

〔1〕　谢潇："私法拟制论：概念、源流与原因"，厦门大学 2016 年博士学位论文，第 269、271 页。

〔2〕　Hans Kelsen, Zur Theorie der juristischen Fiktionen, Mit besonderer Berücksichtigung von Vaihingers Philosophie des Als Ob, Annalen der Philosophie 1, 1919, S. 641f.

〔3〕　Raymund Schmidt（Hrsg.）, Die deutsche Philosophie der Gegenwart in Selbstdarstellungen, Bd. 2, 1921, S. 181.

学。"〔1〕在维辛格关于拟制哲学的自述中，我们可以感受其哲学思想的变迁及拟制哲学的思想与方法的微观层面，借此避免不恰当批判拟制哲学对法律拟制或拟制规范法理基础的消极作用。

(二) 法律真实说

法律真实说，是指拟制规范本身就是法律意义上的真实。该学说的代表学者是佛朗哥·托德斯坎（Franco Todescan）和汉斯·凯尔森（Hans Kelsen）。托德斯坎认为："也许拟制本身也是一种法律上的真实，即拟制在法律层面上具有规范与逻辑上的真实性：在本体论价值上，拟制是一种对经验事实的表达形式；在伦理价值上，拟制是一种将现实以可理解的方式予以呈现的形式。"〔2〕凯尔森认为，法律拟制不是自然现实，而是应然世界的一种现实，却不与实然世界相抵触。〔3〕他关于法律拟制的观点与纯粹法学理论一脉相承，后者建立在"实然与应然"区分的基础上，应然不断回溯到更高的应然，应然与实然也因此越走越远，应然终是一项伦理学上的范畴。〔4〕拟制规范中包含的现实因素，不是被理性认知而是被规范，为行动指明方向，实际创造了一个现实。拟制规范中的拟制内容不是民事主体在认识论上的认可，而只是与被拟制对象作相同处理而已。立法者的认识论与法律拟制之间的原则性不同是：法律拟制永远不会

---

〔1〕 Raymund Schmidt（Hrsg.），Die deutsche Philosophie der Gegenwart in Selbstdarstellungen，Bd. 2，1921，S. 195.

〔2〕 谢潇："私法拟制论：概念、源流与原因"，厦门大学 2016 年博士学位论文，第 59 页。

〔3〕 Hans Kelsen, Zur Theorie der juristischen Fiktionen, Mit besonderer Berücksichtigung von Vaihingers Philosophie des Als Ob, Annalen der Philosophie 1, 1919, S. 657f.

〔4〕 ［德］考夫曼：《法律哲学》，刘幸义等译，法律出版社 2004 年版，第 21 页。

与自然现实或法律现实相矛盾。[1]凯尔森的法哲学基础是黑格尔的形式哲学，该哲学甚至处于法律哲学的典范位置，也是凯尔森法律拟制观形成的基础。秩序是规范的体系，它的统一性由此构成，它们都拥有相同的效力基础；规范秩序的效力基础在于基础规范，从中可推导出所有属于这一秩序的规范的效力。[2]基础规范不是由某个实在的法律行为来制定的，而是被预设的，如果相关行为被诠释为立宪行为且根据这部宪法所实施的行为被诠释为法律行为的话。确认这一前提预设，属于法律科学的一种根本功能。在这一前提预设中存在法秩序最终的，但据其本质仅是有条件的且在此意义上假设的效力基础。[3]实在法秩序的基础规范并非正义规范。因此，"实在法绝无可能与其基础规范发生冲突，而这一秩序很有可能与自然法发生冲突。因此，纯粹法学说的基础规范不可能是实在法的价值尺度，因而也不可能具有自然法相对于实在法可以发挥的那种功能，也即证成这种伦理—政治功能。因为实在法只有通过某个规范或规范秩序才能得到证成"。[4]

（三）法律品性说

法律品性说，是指拟制规范属于法律的根本品性，实证法上的拟制规范具有不证自明的正当性。陈金钊认为"法律具有拟制的性质"，即拟制是法律的根本品性。作为法律规则组成部分的拟制规范，分享"法律具有拟制的性质"命题的具体内容。该学说有三层含义。在词源上，法律拟制与假定、虚假、虚拟

---

〔1〕　Hans Kelsen, Zur Theorie der juristischen Fiktionen, Mit besonderer Berücksichtigung von Vaihingers Philosophie des Als Ob, Annalen der Philosophie 1, 1919, S. 639.

〔2〕　［奥］汉斯·凯尔森:《纯粹法学说》(第 2 版)，雷磊译，法律出版社2021 年版，第41、242 页。

〔3〕　［奥］汉斯·凯尔森:《纯粹法学说》(第 2 版)，雷磊译，法律出版社 2021 年版，第 59 页。

〔4〕　［奥］汉斯·凯尔森:《纯粹法学说》(第 2 版)，雷磊译，法律出版社 2021 年版，第 548 页。

同义，包含法律创设与狭义的法律拟制规范。[1]在功能上，法律拟制是法律的根本品性，是法律概念、规则、体系与思维的起点，是法律建构及其运行的基础。[2]例如，法源是法学家等拟制的理论或思维方法，但理论界对法源拟制性的集体遗忘，未免陷入社科法学的窠臼，将法源理论现象化，以致纷争不断。[3]在方法上，法律拟制是法律方法之修辞的重要类型，法律适用过程要借助批判性思维重新论证。[4]吕玉赞认为，在确

---

〔1〕 陈金钊："批判性法理思维的逻辑规制"，载《法学》2019 年第 8 期，第56 页。作者认为，法律对行为的指引主要通过法律拟制来完成。法律拟制存在于大多数法律体系之中，这种拟制有两种：一种是在空地上创设；另一种是将某物视为同类。法治以法律独立性为前提，法律独立性其实是以假定作为开端的虚拟体系；法律规范的体系性也是从假定开始的。没有假定根本就不可能有法律规范的展开，也不会有法律方法、法律思维。没有法治逻辑，不可能有法治。有了这些拟制才有了法治以及法学的基本概念。

〔2〕 陈金钊："探究法学思维的基本姿态——尊重逻辑、塑造法理、捍卫法治"，载《浙江社会科学》2020 年第 7 期，第 39、44、46 页。作者对"法律拟制是法律的根本品性"命题具体论述如下：法治逻辑是根据法律拟制的规范体系以及机制体制的运行要求展开的涵摄思维、体系思维、批判思维和类比思维，以获取对法律的正确理解、解释和运用。在法律、法学体系之中包含着逻辑规则、说理结构等知识路向，这一路向包含的就是由法律拟制所衍生出的意向性思维。任何理论的开端都是拟制。没有拟制，既不可能有法律也不可能有法治。在有些社会学家眼中，法律规范以及主体都是拟制的虚假"存在"，因而法律并不具有独立性。但我们需要看到法律拟制的意义。法律的真假不是一个重要的问题，因为法律本来就是建构物，由定义赋予意义。从法教义学出发思索法律问题就是尊重法律拟制的功能实现。从科学的角度看，法律拟制大体上相当于对法律、法治和法学的编码，包括对思维、行为、主体的体系性拟制。此后，人们又围绕着法律规范及其实施展开了一系列法学拟制。

〔3〕 陈金钊："法源的拟制性及其功能——以法之名的统合及整饬"，载《清华法学》2021 年第 1 期，第 47、49、51 页。

〔4〕 陈金钊："批判性法理思维的逻辑规制"，载《法学》2019 年第 8 期，第56 页。作者认为，法律方法不仅仅是推理、判断、论证，还包括修辞。最为重要的修辞就是由"法律拟制"所衍生的思维方式。法治体系是拟制的产物，法治中国建设需要法律逻辑，需要运用逻辑明法治构成要素。法治拟制的要素有三，即拟制了行为规范体系、主体系统和思维规则体系。这三方面的所有拟制都需要批判性思维重新论证塑造。

定请求权基础后，请求权体系认知功能弱化并退居幕后，法律方法论和法律修辞方法移步台前。[1]因此，从"法律拟制是法律的根本品性"命题出发，树立法律拟制先验的正当性、最典型的法理思维和法律体系构造方法。据此，拟制规范的正当性怀疑被最大限度地化解。法律品性说既关注拟制规范的虚构性，也不掩盖拟制规范的真实性。但是，该学说似乎表达了这样的命题，即"凡抽象者皆为拟制"，与虚构事实说殊途同归。霍菲尔德认为："多数词语最初仅表达物质对象，而当其用以表达法律关系时，严格说来，皆属比喻和拟制。"[2]英美法上，有将抽象概念、法理学概念本身作为拟制实体的伪名。[3]

　　法律品性说对拟制规范具有方法论启示。其一，拟制规范是在比较的观点下展开的，其可以论证、限缩、扩张、完善或补充基础规范。拟制规范的研究离不开与基础规范的协调。其二，拟制规范具有司法品格，拟制规范的研究要落脚在司法适用上，增强裁判的合理性和可接受性。其三，拟制规范蕴含方法论的丰富命题，可能形成新方法论的发展方向，与方法论不挂钩的拟制规范是不完全的。拟制规范的目的（方法论功能地位）和实现目的的方法（方法论本体构成）是并行不悖的。其四，拟制规范是有条件、有限制的，要借助相应的控制机制避免立法者不受约束地创设拟制规范，避免裁判者不受约束地适用拟制规范，实现法律的权威性、安定性和正确性协调统一。

---

〔1〕　吕玉赞："'把法律作为修辞'理论研究"，山东大学 2015 年博士学位论文，第 120 页。

〔2〕　［美］霍菲尔德：《基本法律概念》，张书友编译，中国法制出版社 2009 年版，第 18 页。

〔3〕　［美］朱尔斯·科尔曼、斯科特·夏皮罗主编：《牛津法理学与法哲学手册》（下册），杜宴林等译，上海三联书店 2017 年版，第 1008 页。

三、法理基础与具体方法

（一）拟制规范的平等法理

法理基础是理解拟制规范现象与思想的方法。拟制规范法理基础是限制其立法与司法恣意的方法，这种限制的方法不仅要在价值理念中去寻找，还要在法律发现中去寻找。平等是民法正义观的核心，也是"正义公式"的核心内容，是民法规范的内在力量。所谓平等，就是将相同事物相同对待，不同事物不同对待。拟制规范是将明知不同者等同视之，这中间的平等理念与我们通常理解的平等理念明显不同，构成典范平等的例外和补充内容，这就要求立法者论证拟制规范与基础规范间的相似性。事实上，拟制规范内部就包含相似性，在拟制规范与基础规范之间也能归纳出相似性。有观点认为，既然我们是依据概念系统的范畴以及我们所拥有的各种自然经验来看待相似性的，那么很自然我们所感知到的许多相似性都是作为我们概念系统一部分的常规隐喻的结果。[1]但是，平等法理高度抽象，很容易丧失具体性与指引性，容易人云亦云。[2]社会秩序和正义都是客观概念，是人类精神可予感知的一种真实事物。[3]有观点

---

〔1〕 ［法］乔治·莱考夫、马克·约翰逊：《我们赖以生存的隐喻》，何文忠译，浙江大学出版社 2015 年版，第 136 页。民法拟制规范更类似于一种结构隐喻。

〔2〕 何为有效的法律论证方法和方法论？如果某个法律论证方法普遍服务于任何法律规范的正当性证成，它确实具有普遍性的说理工具价值，但对特定法律规范的偏在性的论证就不能提供更强的说服力。因此，需要描述、提炼、总结和表达相似性论证的一般方法和特别方法。

〔3〕 ［法］莫里斯·奥里乌：《法源：权力、秩序和自由》，鲁仁译，商务印书馆 2015 年版，第 38 页。作者讨论了社会秩序和正义的区分，一定的社会秩序，或者说建立该秩序的某种制度，往往被说成是不正义的；而充满正义精神的社会框架有时又不能够维持久远，因为这种框架不能适应维护社会秩序的起码要求。正义观念会诱发社会革命，而革命会打破现成的社会秩序；反过来，稳固的社会秩序也会使人们精神窒息。

认为，正义追求的目标是法学家保罗所说的平等和善行，努力使人与人之间在社会关系和经济往来中，为做善事而尽可能平等。正义永远都是相同的，而且正在一点一滴地变为现实。[1]

拟制规范存在平等的非平等性质疑和正义的责难。论证法律规范的正当性基础，就是将其中蕴含的正义观点揭示出来。正义的核心与真实意义主要在于平等，平等性证成是衡量正义的行止、力量、可能性和盛衰的重要方法。私法自治原则追求的正义首先是一种交换正义和矫正正义。霍布斯总结道："著作家们把行为的正义分成两种，一种是交换的，另一种是分配的。他们说前者成算术比例，后者则成几何比例。因此，他们便认为交换正义在于立约的东西价值相等，而分配的正义则在于对条件相等的人分配相等的利益。"[2]拟制规范与基础规范分享相同的法律效果，民事主体在不同的构成要件下被立法者配置了相等的法效利益，明知不同者等同视之。拟制规范的平等性证成存在形式上的障碍，即拟制规范是否违反了正义的平等内核？如果拟制规范包含平等因素和正义的观点，则平等因素和正义观点在其中的展开与实现方法为何？如果无法有效证成拟制规范的平等性，也无法补正拟制规范的平等性缺失，则该具体拟制规范可能就属于"制定法上的不法"，对相应的自然事实采取的拟制技术也就可能有害于民法。

拟制规范与基础规范的构成要件明显不等，二者调整的类型化社会生活事实也不同。拟制规范参引基础规范的法律效果是否具有正当性？平等法理是否能够填补并有效解释这种形式

〔1〕 〔法〕莫里斯·奥里乌：《法源：权力、秩序和自由》，鲁仁译，商务印书馆2015年版，第42、44页。

〔2〕 〔英〕霍布斯：《利维坦》，黎思复、黎廷弼译，商务印书馆1985年版，第114页。

不同？分配正义的基本观点借助"相等条件的人分配相等的利益"命题表达出来，该命题成立的前提是存在"相等性"或"相同性"概念。事实上，现实世界根本没有完全相同的两个事物，因此，相同处理不同的事物，必须以一个被证明为重要的观点作为标准。[1]在哲学的视野下，抵达普遍性不是靠抛弃特殊性，而是将它变成一种抵达其特殊性的手段，利用这种令各种处境得以互相理解的、神秘的相似性。[2]如果从相似性之思想和方法的启示出发，突破并扩展相等性的分配正义，[3]或许可以达成这样的共识：拟制规范与基础规范存在充分的相似性，可获得参引基础规范法律效果的正当性。规范间相似性属于"当为"层面，事实与规范间相似性属于"当为与存在混合"层面，事实间相似性属于"存在"层面。当为层面的相似性论证方法与其他两个层面的相似性论证方法根本不同，尤其是拟制规范创设的正当性，很难在其他两个层面获得相似性证成。在构成要件上，很难说拟制规范与基础规范具有分配相同法律效果的正当性。例如，胎儿与自然人之间、不满十八周岁与已满十八周岁的自然人之间，很难强行说二者在民事法律事实的某一重要点上具有相似性。

因此，平等法理对拟制规范发挥解释力的方法，就是证立拟制规范与基础规范在当为层面的相似性，即规范目的相似性和性质相似性。平等涉及正义形式，合目的性涉及正义内容，

---

〔1〕 ［德］亚图·考夫曼：《类推与"事物本质"——兼论类型理论》，吴从周译，学林文化事业有限公司 1999 年版，中文版序言第 9 页。

〔2〕 ［法］梅洛–庞蒂：《意义与无意义》，张颖译，商务印书馆 2018 年，第 124 页。

〔3〕 同一并不等于相似，但二者之间又有密切的联系，因为认识同一往往是从相似开始的，同一认定也必须以客体特征的相似性为基础。参见何家弘：《司法证明方法与推定规则》，法律出版社 2018 年版，第 80 页。

法律安定性涉及正义目的。如果立法机关意图借助拟制方法使法律上无法比较的事实承担相同的法律后果，就不得不与正义的要求相冲突。[1]平等对正义的证成，并非全有或全无式的；平等的民法意义，也不是在"相同性"观点下展开的，而是在"相似性"观点下展开的。质言之，在相似性观点下，拟制规范没有违反正义的平等内核。

（二）拟制规范的类比法理

类比是拟制规范的另一法理基础。Analogie 中译文是"类推"或"类比"。[2]因此，类比和类推分享共同的论证方法、论证思路和论证结论。但是，本书语境下，拟制规范的类比法理，是区别于作为法律漏洞填补方法的类推适用的，后者是"大同小异"，前者类比的是规范目的和性质的相似性，不受拟制规范与基础规范"大异小同"约束。福柯认为，"适合""仿效""类推""交感"是"相似性"的四种类型，"类推力量是巨大的，因为它所处理的相似性并不是事物本身之间的可见的厚实的相似性，只是较为微妙的关系相似性。这样得到消释以后，类推就可以从同一个点拓展到无数的关系"。[3]维特根斯坦

---

〔1〕 Manfred Pfeifer, Fiktionen im öffentlichen Recht, inbesondere im Beamtenrecht, 1980, S. 40.

〔2〕 Analogie 中译文为"类推"的，参见［德］亚图·考夫曼：《类推与"事物本质"——兼论类型理论》，吴从周译，学林文化事业有限公司 1999 年版；Analogie 中译文为"类比"的，参见雷磊："法律推理基本形式的结构分析"，载《法学研究》2009 年第 4 期，第 18~39 页。

〔3〕 ［法］米歇尔·福柯：《词与物——人文科学的考古学》，莫伟民译，上海三联书店 2016 年版，第 23~27 页。关于类推，福柯进而论道："类推的空间其实就是一个光辉的空间。在四面八方，人都被该空间所包围；但是，反过来，它又把这些相似性传送给它从中接受它们的世界。它是巨大的比例焦点，是中心，诸关系都依靠这个中心，并从这个中心出发再次被映照。""整个世界，适合的全部邻近，仿效的所有重复，类推的所有联系，都被受制于交感和反感的这个空间所支撑、保持和重复，交感和反感不停地使物接近和分开。通过这一作用，世界保持为同一；相似性继续成其为所是并彼此相似。同仍是同，是自身封闭的。"

反对传统形式逻辑通过"种加属差"给事物下定义的方法，他要求在观察的基础上，通过对比来把握事物之间的类似关系。[1]在认识论上，类比可以扩展民法学知识、思想和方法上的增量，将类比作为拟制规范的法理基础之一，在认识论和方法论上都具有妥当性。

在逻辑学视野下，之所以类比推理作为拟制规范的法理基础，是因为科学逻辑具有正视、接纳、迈向类推逻辑的趋势。[2]相似性论证方法绝不会推导出一个确定无疑的判断结论，其最强劲的对手就是科学的清晰性与合理性。[3]正如前文强调，科学逻辑无法作为证成法律科学性的全部逻辑理由，甚至对自然科学的逻辑证成也时常处于失灵状态，对其难以保持完全的逻辑期待。之所以法律及其自主性作为法律科学成立的前提条件并非拟制，是因为法律事实与自然事实本就分属"应当"与"是"的不同领域，永远不可能互相矛盾，不可能是对方的拟制。因此，拟制规范的逻辑是一种规范逻辑，是和"当为"与"存在"对应的逻辑，是介于演绎逻辑和归纳逻辑之间的模糊地带，是演绎逻辑和归纳逻辑相混合而得出的类推逻辑。考夫曼认为："如果在科学上局限于逻辑有说服力的推论，我们根本

---

〔1〕 赵敦华：《现代西方哲学新编》，北京大学出版社2001年版，第169页。

〔2〕 反对观点可参见严崴："论司法拟制的性质与意义"，载《安徽大学学报（哲学社会科学版）》2021年第3期，第100~102页。作者指出，拟制与类推具有实质性差别，其中最为重要的是拟制与类推的比较点的属性不同。其中，拟制的比较点带有强烈的人为设定色彩，类推的比较点经常源自事物本身的属性。基于此，作者提出如下两个判断结论：其一，单纯依靠类推来论证司法拟制未必充分，设证是司法拟制的核心前提，类推是司法拟制的辅助论证；其二，司法拟制的完整逻辑结构是在共同规范目的的前提下，通过悬设操作性事实，适用相同法律规范，赋予待决案件相同法律后果的法律推理方法。

〔3〕 民法学研究中存在诸多类型区分的情形，此处的科学逻辑与类推逻辑的区分即为适例。我们为了清晰而区分，但我们常常又要返回解构区分的方法中重新寻找区分的意义和边界。

不会有任何进展。创造性的、崭新的知识几乎都不是以一种精确的逻辑推论创造得出的。类推正具有此种创造性的知识价值；这个价值在于经由潜在的前提，发现当时尚未被认识的事物。"[1]反对观点认为："拟制规范蕴含的思维不以案件之间的类似性出发探究类推适用的妥当性，不同于类推适用以具体案件与法律明文所定案件间有相似性为适用理由，在逻辑上已超出类推适用，力图将系争规定适用至立法意旨所及的其他类型案件或在逻辑上同属于更高一级的种类，相当于目的性扩张的层次，已属于较之类推适用更进一步的对法律漏洞的补充。"[2]

（三）拟制规范法理基础具体化的方法：相似性论证

相似性论证是拟制规范法理基础落地的具体方法。但是，相似性本身无法提供有效的立法技术和法律适用方法。正如福柯所言："相似性的形式告诉我们相似性路径是什么并采取什么方向，但没有告诉我们相似性在何处，人们怎样看到相似性，或者凭什么标记被人认出的相似性。相似性是那个在世界深处使事物成为可见的东西的不可见形式。"[3]据此，就要找到拟制规范"相似性"可能显现的"标记"，让拟制规范的立法创设与司法适用等深层次考量显示出来。拟制规范的立法创设和司法适用中，涉及规范之间的相似性论证、事实与规范之间的相似性论证两个阶层。这两个阶层的相似性论证方法相互区分、相互补充、相互转化。首先，这两个阶层的相似性论证方法相

---

〔1〕〔德〕亚图·考夫曼：《类推与"事物本质"——兼论类型理论》，吴从周译，学林文化事业有限公司1999年版，第77~79页。

〔2〕张世明："由简约通达正义：税法类型化观察法的适用"，载《经济法论丛》2019年第2期，第138页。

〔3〕〔法〕米歇尔·福柯：《词与物——人文科学的考古学》，莫伟民译，上海三联书店2016年版，第28~29页。

互区分。拟制规范创设的正当性，取决于拟制规范与基础规范之间相似性的论证强度，其中起决定作用的是目的相似性。拟制规范法律适用的正确性，取决于案件事实与拟制规范之间相似性论证的合理性与精确性，其中起决定作用的是性质相似性。其次，这两个阶层的相似性论证方法相互补充。规范之间的目的相似性更为抽象，有助于凝聚共识，但容易丧失具体性与指引性。事实与规范之间的性质相似性，更有助于揭示和表达拟处理案件的本质，限制法官的自由裁量权。最后，这两个阶层的相似性相互转化。目的相似性本身会转化为法律适用中的目的解释方法，性质相似性本身会转化为法律适用中的性质解释方法，实现立法的方法与解释的方法之间的转化。

相同性难题（das Gleichheitsproblem）是所有法律思维的核心难题。[1]Gleichheit 有"相同""相似"的意思，在拟制规范、类推适用、参照适用等语境下，应该取"相似"之意，意涵"相似性论证"。虽然相似性难以捉摸，但并不意味民法对相似性的认识不具有可能性。拟制规范的"双阶层相似性论证"体系是区别于类推适用、参照适用相似性的重要点。拟制规范的方法论蕴含避免超过合理程度的等同视之。相似性论证是拟制规范具体的方法论难题，关系拟制规范的前世今生。[2]相似性论证既关系拟制规范的创设正当性检视，又关系拟制规范的适用正确性控制。相似性这种方法对于民法论证的有效

---

〔1〕 ［德］亚图·考夫曼：《类推与"事物本质"——兼论类型理论》，吴从周译，学林文化事业有限公司 1999 年版，中文版序言第 9 页。

〔2〕 相似性问题不仅关涉民事实体法，也关涉民事证据法。例如表见证明（Anscheinsbeweis）、盖然性证明（Wahrscheinlichkeitsbeweis）、经验证明（Erfahrungsbeweis）是一种"类似性证明"。参见［德］汉斯·普维庭：《现代证明责任问题》，吴越译，法律出版社 2000 年版，第 134 页。但是，在民事证据法中的相似性是否表达了相似性论证的方法论命题？

性、稳定性格外重要。拟制规范与基础规范之间的相似性论证，起决定作用的是目的相似性论证；案件事实与拟制规范之间、案件事实之间相似性论证，起决定作用的是性质相似性论证。

1. 规范间的相似性论证：目的相似性

拟制规范立法创设的正当性，取决于拟制规范与基础规范之间目的相似性强度。费弗（Pfeifer）就认为，选择以拟制形式进行的比较，最终基于规范利益的内在相似性。[1]拟制规范与基础规范之间的相似性，关涉当为层面的相似性，既不是存在的相似性，也不是规范与事实连接点意义上的相似性。考夫曼认为，法是当为与存在的对应，是规范与事实互为开放的协调，规范符合存在，案件符合规范，相似性是调适规范与事实的中介与连接点，法以此展开具有类推性质的认识。拟制本质是一种类推：在一种已证明为重要的观点之下，或在一个以某种关系为标准的相同性中，对不同事物相同处理。[2]拟制规范与基础规范之间的相似性，不是构成要件（事物）之间的相似性，而是拟制规范与基础规范之间规范目的相似性，即正义内容的合目的性。这并不是说，立法者在拟制规范与基础规范中表达的价值判断结论具有可被赋予相同法律效果的相似性。因为在更微观的层面，立法者在法律规范中表达的价值判断结论就是对利益的取舍排序，即立法者要么安排某种利益的实现，摒弃他种利益的实现；要么安排某种利益先实现，某种利益后实现。在此意义上，很难说拟制规范与基础规范的相似性是立法者价

---

[1] Manfred Pfeifer, Fiktionen im öffentlichen Recht, inbesondere im Beamtenrecht, 1980, S. 27.

[2] ［德］亚图·考夫曼：《类推与"事物本质"——兼论类型理论》，吴从周译，学林文化事业有限公司1999年版，第43、59页。作者提出的"拟制终究无非是类推"，在方法论上重新为拟制设定了角色与坐标，即类推及相似性。

值判断结论的相似性。例如，"胎儿民事权利能力拟制规范"的基础规范是"民事权利能力规范"，这两个规范中的价值判断存在不同类型利益的取舍问题，而不是相似性判断问题。在遗产继承情形下，胎儿继承权会排除其他继承人部分或全部的继承权。因此，拟制规范与基础规范之间的相似性是规范目的相似性，是合目的性的正义内容相似性。例如，在遗产继承或接受赠与等情形下，胎儿民事权利能力拟制规范与民事权利能力基础规范表达的共同规范目的是：保证胎儿和自然人"各得其份"，蕴含分配正义、公道正义等丰富内涵。

存在或事实层面的相似性，无法为拟制规范与基础规范间的相似性提供支配性论证理由。有观点认为，相似性论证方法是法律拟制的方法论本体，但相似性论证结论不能直接获得，要在两个比较对象（构成要件/要件事实）之间寻找事物本质（比较点/中间项/抽象性），事物本质又无法从两个比较对象中间获得，要借助规范目的在司法三段论大前提中寻找。[1]事实上，论者继受考夫曼的类推思想和论证方法来讨论刑法拟制规范的正当性，但存在明显的逻辑跳跃：始于小前提的案件事实相似性，反而无法在小前提内部得到有效解决，小前提层面甚至没有为相似性论证结论供给解释方法，而是从大前提法律规范的规范目的层面加以论证。事实上，拟制规范相似性的第一层次是规范目的相似性，而不是构成要件事实的相似性，也不是价值判断的相似性。规范目的相似性是拟制规范正当性的控制机制，也是拟制规范平等法理的证成方法。事实上，拟制规范"当为"相似性论证指向规范目的，是以目的论作为桥梁的相似性，目的论的解释过程指向类推结构。目的法学的思想和

―――――――――

〔1〕 赵春玉：《刑法中的法律拟制》，清华大学出版社 2018 年版，第 18~67 页。

方法，对拟制规范当为相似性具有充分的解释力。[1]

2. 事实间的相似性论证：性质相似性

事实间的相似性，是拟制规范"存在"和法律适用层面的相似性，影响拟制规范法律适用的正确性。类比并非纯粹的法律适用方法，也可以在事实与规范间的辩证张力中体现"事物本质"。[2]这种事实间的相似性，本身就包含拟处理案型和拟制规范之间的相似性论证，以完成对司法三段论大前提实定法规则的有效寻找和谨慎证立。法律适用就是在事实与规范之间不断往返流转的过程。事实间的相似性是判断相似案件的逻辑起点，[3]其既有讨论是在"同案同判""案例指导制度"背景下作业的。该相似性是案件相似性的内部构成，是案件相似性更基础、根本的问题。最高人民法院《关于统一法律适用加强类案检索的指导意见（试行）》（以下简称《指导意见》）第1条规定："本意见所称类案，是指与待决案件在基本事实、争议焦点、法律适用问题等方面具有相似性，且已经人民法院裁判生效的案件。"事实间相似性论证具有"统一法律适用，提升司法公信力"的功能。但是，事实间相似性论证在法律适用中隐而不彰，本身也没有标准的规定性构成要素，相似性论证自始存在标准不明的问题。

---

〔1〕　吴从周：《概念法学、利益法学与价值法学：探索一部民法方法论的演变史》，中国法制出版社 2011 年版，第 125~135 页。在目的法学视野下，目的是整个法律的创造者，没有目的就没有法律。法律不是永恒不变的，而是随着人的行动目的而变化的。

〔2〕　陈曦：《法律规范性的哲学研究》，法律出版社 2020 年版，第 56 页。作者认为，法律类比不只是对相似事物的比较，而是在此以生存境遇（整体）为参照形成的对相似事物（部分）可能带来的生存意义之比较。当我们判断某些事物是否具有实质相似时，是此在的存在结构决定着这类判断的标准及可能带来的影响。

〔3〕　阮堂辉、陈俊宇："'同案不同判'现象的内在逻辑与治理路径"，载《学习与实践》2018 年第 7 期，第 72 页。

选择比较点的方法，是事实间相似性论证的首要难题。有力说认为，演绎是从一般到特殊，归纳是从特殊到一般，相似性是从特殊到特殊。在认识论角度，从特殊到特殊的论证在逻辑、理论、实践层面都难以完成。相似性论证的有效性在很大程度上取决于选取合理的比较点。但是，比较点的选取没有章法可循，推进性研究也极为有限。一个类比推理如果想要有说服力，必须找到判定相似性的方法，更重要的是要说明相似性对案件结果为何重要。[1]有观点认为，同案同判能否落实很大程度取决于相似性论证的可能性与可行性。从关键性事实中区分出相同/不同点，进而甄选出相关相同点/不同点，[2]案件间相似性论证的复合模式，即"关键性事实+争议焦点+规范目的"。[3]其中，案件事实特性提炼是一种形式论证、初始判断，目的价值判断是一种实质论证、终局判断。区分相似性的形式与实质论证已成为有力的理论观点。《指导意见》三个标准体现规范与事实、当为与存在之间的相互对应的关系。有观点认为，"同案同判"本身无法提供判断标准，要依据法律规则自身建构的标准进行判断。[4]选择类似性标准的过程，实际就是案例背后的价值权衡过程，判断何者"更相似"并不是一个案件之间

---

〔1〕 Kevin D. Ashley, *Precedent and Legal Anology*, in Giorgio Bongiovanni et al., Handbook of Legal Reasoning and Argumentation, Springer Nature B. V., 2018, p. 674.

〔2〕 孙海波："'同案同判'：并非虚构的法治神话"，载《法学家》2019年第5期，第148~149页。

〔3〕 孙海波："重新发现'同案'：构建案件相似性的判断标准"，载《中国法学》2020年第6期，第268、274~277页。

〔4〕 雷磊："如何理解'同案同判'？误解及其澄清"，载《政法论丛》2020年第5期，第32页。作者认为，同案同判并非与法官的自由裁量权相伴而生，亦非司法裁判普遍的方法论原则。对它的理解要回到司法裁判之性质的层面，做某种程度的"虚化理解"。在这一层面上，它只是依法裁判的同义反复，是对后者更为具象化的表达，但相对于后者，它具有更加形象地表露形式正义和可预期性之"溢出价值"、彰显司法活动之内在道德的社会效果。

相关相似性的程度判断问题，而是涉及价值评价问题。比较点是一种与相关规则关联并具有法律意义的价值评判。案件之间的相似性判断，根据也在于法律目的的判断。[1]

法律适用中过度强调"规范目的"作为相似性论证比较点的重要性，面临如下疑问。首先，"规范目的"实质论证可能不当限缩《指导意见》第 1 条中"法律适用问题"，遮蔽和忽略"法律适用问题"的其他参考点。其次，"规范目的"与"价值判断的实体论证规则"在相同层面上使用。价值判断问题的实体性论证规则是：在没有足够充分且正当理由的情况下，应当坚持强式意义上的平等对待；在没有足够充分且正当理由的情况下，不得主张限制民事主体的自由。[2]价值判断的实体论证规则不当然包含比较观点，而相似性论证中"规范目的"是在比较的观点下展开的，二者存在讨论域的内在冲突。再次，我们往往在决断论思维下讨论"规范目的"，这很可能会引导讨论者将相似性论证比较点的选择方法局限于权力决断，忽视认识因素在比较点选择中的方法和力量。比较点的选择是权力与认识因素合力作用的结果。[3]最后，虽然"规范目的"包含目的解释等法律解释方法和法律评价方法的洞见。但是，过度强调"规范目的"作为相似性论证比较点的重要性，会遮蔽其他比较点选择方法的发展和完善。

笔者认为，性质方法论是拟制规范法律适用过程中，相似性论证的重要方法，尤其在根据拟制规范构成要件性质和拟调整法律关系性质的特殊性，参引基础规范法律效果的基础上，

〔1〕　王彬："案例指导制度下的法律论证——以同案判断的证成为中心"，载《法制与社会发展》2017 年第 3 期，第 150、153 页。

〔2〕　王轶："民法价值判断问题的实体性论证规则——以中国民法学的学术实践为背景"，载《中国社会科学》2004 年第 6 期，第 104 页。

〔3〕　[德] 考夫曼：《法律哲学》，刘幸义等译，法律出版社 2004 年版，第 135 页。

具有重要民法意义。其一，性质方法对相似性论证规则具有更深层和更本质的意义。其二，性质方法是《民法典》确立的新的法律解释方法。性质解释方法作为独立的意思表示解释方法，排在目的解释方法之前。其三，性质方法是《民法典》确立的新的法律适用方法。例如，参照适用的重要方法就是通过论证民事法律事实性质相似性来实现的。其四，性质方法本身具有丰富的方法论内涵。但是，性质方法也是非常疑难的方法论，其民法意义如何体系化地表达有待深入研究。其五，性质方法可以与规范之间的相似性论证方法，即规范目的论证方法相区别，推进法律适用相似性论证方法在《民法典》的方法指引下具体化、体系化。同时，也可以有效解决相似性论证方法的建构难题、相似性论证方法的扩张限度及限制难题。

在以往的法律论证方法和民法学方法论中，类比与相似性论证被边缘化，甚至被有意识忽视，即使它们确实存在并实质影响理论发展和司法适用。重要原因是：相似性论证缺乏共识性的逻辑规则，既不能简单套用演绎或归纳逻辑的规则，也不能发展出一套独立的逻辑规则。精确的相似性论证何以可能？与其说相似性论证可以展现可见的逻辑形式，不如说其本身蕴含特定、有待发现的内生性逻辑。如果相似性论证能够以看得见的方式发挥方法论功能，则对拟制规范理论和实践都具有实益。理论上，有助于树立拟制规范独立的民法学方法论，展现相似性论证的可理解性、可讨论性与可还原性，避免陷入不可知论。实践上，有助于控制拟制规范的立法创设与司法适用。但是，相似性论证也并非以完全陌生的方式出现在认识领域，具体生活事实和规范事实的对应也包含相似性判断，可以将这种相似性判断的方法描述出来，并有条件地借鉴到拟制规范相似性论证领域。因为事实具有特殊性，即事实是唯一且具体的存在，只可能类似、循环地出现，不可能被复制或重复相同地出现。[1]考夫曼认为，确定生活事实是否符合规范事实，一直是一种目的论的判断。因为并非法律的文字在适用，而是它的精神在适用。[2]具体生活事实与构成要件事实相互对应、调适的比较点就是法律规范的目的。法律规范的制定也可以如此理解，但它是以相反方向进行上述程序。当胎儿在继承开始前视为既已出生，这意味着，其在规范目的，亦即立法理由的观点下，与已出生者等同视之。[3]

第二节　拟制规范的一般结构

拟制规范的一般结构命题就是要回答：在拟制规范的立法创设和司法适用过程中，是否存在一个相对客观、清晰、可操作的规范结构，消解立法创设的正当性质疑，保证司法适用的正确性。该命题的论证逻辑是：首先，讨论拟制规范一般结构的视阈观基础，交代清楚在何种语境下讨论拟制规范的一般结构。其次，讨论拟制规范一般结构模型面临的困境，交代清楚拟制规范一般结构无法承担起一般结构功能的原因。最后，讨论拟制规范一般结构的重构方案，交代清楚在法律适用中识别出拟制规范的一般方法。

---

〔1〕　彭漪涟：《事实论》，上海社会科学院出版社 1996 年版，第 78 页。有学者认为，法律人证明案件事实面临有限性与无限性的矛盾。该矛盾集中表现在相关性尺度的把握上，由此彰显出相关性规则在证据规则体系中的基础地位。参见高家伟：《证据法基本范畴研究》，中国人民公安大学出版社 2018 年版，第 27 页。

〔2〕　[德] 亚图·考夫曼：《类推与"事物本质"——兼论类型理论》，吴从周译，学林文化事业有限公司 1999 年版，第 85 页。

〔3〕　[德] 考夫曼：《法律哲学》，刘幸义等译，法律出版社 2004 年版，第 23 页。

一、一般结构的视阈观基础

理论上，民法规范应该由一个个小的结构体组成，共同建构起民法的大厦。因此，规范结构始终是民法理论和实践关注的重点。[1]结构是民法概念、制度和体系层层推进并得以具体展现的方法。有观点认为，法律概念的规范结构是由既定规范与个案规范构成的层级体系。既定规范是由制定法和获得制定法承认的判例、习惯和公共政策等非正式法律渊源组成的规范体系，个案规范是由解释规则通过既定规范转换而来的个案裁量基准。[2]法律体系分为内在体系与外在体系，潘德克顿法学确认法律真理的方法是"概念—演绎—体系"结构。结构性问题与功能性问题相伴相生，法律制度结构的变化必然导致法律功能相应地发生微调或转变。民法规范构造是一种关系结构（人身关系和财产关系）。人们在这种关系中相互依存并与物发生联系。有观点就认为，代替实体本体论，应确立关系本体论。如果将一切淹没在主观性和功能性中，彻底否定"本体论"，法将完全被置于立法者支配之下。[3]因此，拟制规范的方法论功能不是其正当性的支配性理由，这种支配性理由永远要在方法论本体构成中艰难求索。

〔1〕 对权利结构和规范构造的研究，既具有理论价值，也具有实践价值。参见管洪彦："宅基地'三权分置'的权利结构与立法表达"，载《政法论丛》2021年第3期，第149~159页；金耀："数据可携权的法律构造与本土构建"，载《法律科学（西北政法大学学报）》2021年第4期，第105~116页；郭志京："民法典土地经营权的规范构造"，载《法学杂志》2021年第6期，第73~85页。

〔2〕 周维栋、汪进元："法律概念的规范构造：从'既定规范'到'个案规范'"，载《江苏行政学院学报》2021年第3期，第135页。

〔3〕 ［德］温弗里德·哈斯默尔、乌尔弗里德·诺伊曼、弗来克·萨利格主编：《当代法哲学和法律理论导论》（第9版），郑永流译，商务印书馆2021年版，第20页。

　　无论《民法典》中44个"视为"规范是否都是实质意义上的拟制规范，拟制规范部分或全部存在于"视为"结构中却是不可否认的事实。在"视为"结构中，存在某事实到另一事实的指示参引，拟制规范始终来源并依附于基础规范，这不是说二者在规范性质上存在优劣之分，而是说二者之间具有这种关联。但是，"视为"结构往往会被"虚构性"干扰。"视为"结构中包含"目的性"因素，即拟制规范的方法论功能，借此可以把握拟制规范的概念、制度和体系。"视为"结构对法律适用的准确性和合理性也具有重要意义。在民法上"视为"与"推定"被明确区分开来。"推定"是指在法律上暂时处理。如果能举出反证，该推定则被推翻。与此相对，"视为"是指法律作此决定，即根据法律拟制的事实，即便它与事实相悖，非经该决定本身的撤销程序，"拟制"不得被推翻。[1]因此，如果能够总结和提炼出拟制规范一般结构，既可助力拟制规范的识别及其方法论的发展，也可摆脱对"视为"语词的争议。这就要首先厘清，我们在什么样的视阈下讨论拟制规范一般结构。

　　拟制规范一般结构的论证视阈分为两种，即整体视阈观和个体视阈观。整体视阈观对应演绎逻辑的思维，个体视阈观对应归纳逻辑的思维。这两种视阈观对拟制规范一般结构功能的影响不同。整体视阈观意味着先存在拟制规范一般结构，立法者根据这个一般结构创设拟制规范，裁判者根据这个一般结构识别拟制规范。此时，结构和规范之间形成良性互动关系，互相解释与证立的正当性就很高。换言之，整体视阈观下，拟制规范一般结构形成并存在于立法者之前。但不是说，拟制规范一般结构如凯尔森的"基础规范"般是不可置疑的先验存在。

---

　　〔1〕　〔日〕近江幸治：《民法讲义Ⅰ民法总则》（第6版补订），渠涛等译，北京大学出版社2015年版，第71页。

个体视阈观意味着从《民法典》中抽取部分"视为"规范，作为提炼拟制规范一般结构的原型。但是，这种方法存在挂一漏万的缺点，可能仅揭示典范拟制规范的结构，忽略被典范拟制规范遮蔽的异例拟制规范的结构。如此，结构和规范之间的解释力就相对不足，拟制规范一般结构可能被降格为拟制规范的特殊结构。因此，在何种视阈观下讨论拟制规范一般结构显得尤为重要。

二、一般结构的循环论困境

在个体视阈观下，有讨论者富有洞见地提出并论证拟制规范一般结构，即"把某事实另行评价为满足某要件"，而不对"把某事实看成另一个事实"。这种拟制结构的实质并非"对两个不同构成要件的同等评价"，而是对"两个不同具体事实的同等评价"。[1]该论者心中的拟制规范的一般结构，是从《民法典》第18条第2款"完全民事行为能力人拟制规范"、第16条"胎儿民事权利能力拟制规范"和第159条"条件拟制规范"三个具有普遍共识的拟制规范中提炼和总结出来的。该拟制规范一般结构有如下实益：其一，树立拟制规范的抽象结构及其附属因素作为识别实质意义上的拟制规范的决定性标准的地位，将拟制规范的识别从语词之争的泥沼中解放出来；其二，凸显拟制规范的方法论品格，将拟制规范再度作为重要的民法议题呈现在民法学视野中；其三，革新拟制规范的研究方法，在微观层面研究拟制规范的理论命题。但是，该拟制规范一般结构面临循环论的困境，这也是个体视阈观的基因导致的。

可以分如下三步清晰展现循环论的困境。第一步：该一般

---

〔1〕 张焕然："论拟制规范的一般结构——以民法中的拟制为分析对象"，载《法制与社会发展》2021年第4期，第179~182页。

结构并不是凭空而来的，它有一个预设前提，即"完全民事行为能力人拟制规范""胎儿民事权利能力拟制规范"和"条件拟制规范"都是实质意义上的拟制规范。第二步：该预设前提有一个前提问题要回答，即上述三个所谓实质意义上的拟制规范的判断标准为何。第三步：只能说这个拟制规范一般结构，就是上述三个所谓实质意义上的拟制规范的判断标准。可见，该拟制规范一般结构从解决拟制规范一般结构的问题出发，最后又回到拟制规范一般结构为何的问题上，形成循环论证。同时，该一般结构论证过程存在倒果为因的嫌疑。本来要寻找拟制规范一般结构，却提前给出了拟制规范一般结构的具体实例，本来应该是"先有一般结构再有被据此识别的拟制规范"，现在却是"先有拟制规范再有识别拟制规范的一般结构"。拟制规范一般结构仅具有描述价值，还是说兼具描述价值与认识论价值？如果没有认识论价值，拟制规范一般结构就无法担当识别规范与区分规范的功能。另外，该一般结构选取典范拟制规范作为原型的思维，又可能遭受"直觉主义非难"。[1]但是，并不是说直觉对法学方法论毫无裨益。直觉、推理、同感等都是理性形式的具体类型，各安其分，各得其所。在发明创造中需运用直观感觉，在讨论中需要推理，在作最终判断时需考虑共同感受。[2]

应该本着最大善意，正确看待这种循环论证的困境，这是

----

〔1〕〔美〕约翰·罗尔斯：《正义论》，何怀宏、何包钢、廖申白译，中国社会科学出版社1988年版，第31页。作者总结了直觉主义的两个特征：首先，它们是由一批最初原则构成的，这些最初原则可能是冲突的，在某些特殊情况下给出相反的指示；其次，它们不包括任何可以衡量那些原则的明确方法和更优先的规则，我们只是靠直觉，靠那种在我们看来是最接近正确的东西来决定衡量。即便有什么优先的规则，它们也被认为多少是琐碎的，不会在达到判断时有实质性的帮助。

〔2〕〔法〕莫里斯·奥里乌：《法源：权力、秩序和自由》，鲁仁译，商务印书馆2015年版，第60页。

普遍困扰理论研究的"幽灵",不能因此彻底否认该一般结构的论证方法。哲学要研究整体、关联和基础,哲学家当认识整体,具体科学关注具体、个别的事物,无法立即从整体上把握对象的全貌。[1]在此意义上,要想从所有"视为"规范中概括、描述和表达出拟制规范一般结构,难度非常大,甚至在思维上面临巨大困境与不可能性。例如,对民法拟制规范的研究,通常从某具体拟制规范开始逐渐及于整体,即从中抽象共性做一般化处理,发现个性做类型化处理,从具体拟制规范到一般抽象原理,再到对相同类型拟制规范的重新归纳整理。

三、一般结构的概念论困境

在整体视阈观下,拟制规范一般结构就是"以非 A 为 A"。"以非 A 为 A"比"以假为真"更具涵括力和解释力。"以假为真"暗含的"虚构性",这可能使拟制规范不自觉深陷"虚构事实说"的沼泽,拟制规范的虚构性品格[2]阻碍其作为民法问题被充分讨论。"以假为真"无法包含所有拟制规范,无法解释"没有约定/约定不明确/不能确定"型拟制规范。因此,以非 A 为 A,显得更为周延。根据有无重合之处,将概念外延间的关系分为相容关系和不相容关系。"非 A 与 A"是矛盾关系,是不相容关系的类型。所谓矛盾关系,是指两个以上的概念同时包含于一个属概念之中,它们的外延之和等于其属概念的外延。[3]民法概念的涵盖范围由其外延决定,但概念外延并不是固定不变的,

---

〔1〕 〔德〕温弗里德·哈斯默尔、乌尔弗里德·诺伊曼、弗来克·萨利格主编:《当代法哲学和法律理论导论》(第 9 版),郑永流译,商务印书馆 2021 年版,第 6~8 页。

〔2〕 Lon L. Fuller, *Legal Fictions*, Stanford: Stanford University Press, 1967, p. 9.

〔3〕 姚小林:《法律的逻辑与方法研究》,中国政法大学出版社 2015 年版,第 25 页。

而是随着语境变迁，其可以在"限制"和"概括"之间相互转化。拟制规范一般结构是将超出 A 法律概念外延的、本是非 A 法律概念外延的内涵，借助拟制技术框入 A 法律概念的外延，参引 A 的法律效果。但是，如果要将"以非 A 为 A"结构作为拟制规范一般结构，指导立法者妥当创设拟制规范，指引裁判者正确适用拟制规范，就要遵循其中的逻辑结构和概念界定。非 A 和 A 有同一个属概念，即非 A 与 A 有一个共同上位概念。

　　根据拟制规范的表达惯性，不同的国家和地区、不同法系多借助"视为"结构表达民法拟制规范。换言之，民法规范中的"视为"结构并不都是拟制规范，但拟制规范大多蕴含在"视为"结构中，少部分拟制规范可能被推定规范等遮蔽。因此，在拟制规范的"视为"结构中，"视为"语词两端的概念应有一个共同上位概念。"以非 A 为 A"结构能否担当拟制规范一般结构，最好的检验素材就是"视为"规范。通说认为，《民法典》第 16 条规定的"胎儿民事权利能力拟制规范"属于实质意义上的拟制规范。在该拟制规范中，"视为"结构两端分别为"胎儿"和"具有民事权利能力"。根据"以非 A 为 A"结构，"视为"结构两端应该分别为"胎儿"和"自然人"，"具有民事权利能力"只不过是"自然人"对应的法律效果。虽然，拟制规范最终目的是参引基础规范的法律效果，但"自然人"与"具有民事权利能力"具有不同的逻辑位阶和规范功能，直接用后者取代前者并放在"视为"结构一端，很难说足够妥当。这显然与"以非 A 为 A"结构形式不符。这涉及"胎儿民事权利能力拟制规范"是否为实质意义上的拟制规范的问题。对此，至少存在两种解释方案。

　　第一种解释方案："自然人"在民法上对应的法律效果是"权利能力"和"行为能力"，连婴儿都是无民事行为能力人，更不具有赋予胎儿民事行为能力的可能性和必要性，胎儿只可能具有民事权利能力。无论是将"自然人"或"具有民事权利能力"作为拟制的对象，对胎儿都没有民法上的不同，省略"自然人"而采用"具有民事权利能力"，不影响"胎儿民事权利能力拟制规范"作为实质意义上的拟制规范的定性。换言之，是将"自然人"放在"视为"结构的一端，还是代之以"具有民事权利能力"，仅是纯粹民法学问题中的解释选择问题，不会影响其定性和法律适用。但是，这种解释方案遭遇该拟制规范的双重拟制结构的怀疑。通说认为，赠与属于双方民事法律行为，受赠人要具有相应的民事行为能力。但是，胎儿不具有民事行为能力。也就是说，涉及接受赠与胎儿利益保护的，立法者不仅拟制胎儿具有民事权利能力，还拟制胎儿具有民事行为能力。

第二种解释方案："胎儿民事权利能力拟制规范"是一个实质意义上的拟制规范，但无法被"以非 A 为 A"结构涵盖，可能是立法创设得更为精细的拟制规范类型。此时，立法者有意将"胎儿"与民法意义上的"自然人"作了规范区隔，本就没有将"胎儿"拟制为"自然人"，而是直接拟制为一种法律效果。相对拟制规范结构既有认知，这种解释方案指向拟制规范新类型的创设和发展。该方案也仅是纯粹民法学问题中的解释选择问题，不会影响该拟制规范的定性和法律适用。但是，该解释方案可以克服方案一中存在双重拟制结构的问题，简化解释方案。

不同的解释选择结论并不存在真假对错之分，哪种结论更符合大多数人分享的前见，更遵从人们使用概念的习惯，它就是更可取的结论。[1]上述两种解释方案虽然对"胎儿民事权利

---

[1] 王轶："论民事法律事实的类型区分"，载《中国法学》2013 年第 1 期，第 79 页。

能力拟制规范"的规范定性和法律适用没有影响，却密切关乎拟制规范一般结构，至于何种解释方案更可取，还要根据拟制规范的学术发展不断观察。笔者认为，拟制规范一般结构应该是一个相对开放的结构，应该有助于拟制规范类型区分与体系建构，不应该是非此即彼、闭合性的结构。因为，拟制规范就是为应对民法规范的僵化和滞后问题而存在，不应该再受制于自身的封闭结构。"以非 A 为 A"结构贡献给我们识别拟制规范的基本方法是：如果"视为"结构两端的两个概念事实上就是一个概念，则该"视为"规范一定不是拟制规范。

四、一般结构的重构论方案

整体视阈观和个体视阈观下的拟制规范一般结构，都无法发挥一般结构的功能。但是，既有拟制规范一般结构的研究推进了其认识深度，扩展了其认识广度，相当程度改变了我们对拟制规范的偏见或局限。[1]至此，又回到了这样一系列的追问：是否存在拟制规范一般结构，还是说拟制规范是以非结构化的方式存在？拟制规范是否具有可识别性？如果存在拟制规范一般结构，这个结构究竟是什么？如果拟制规范是非结构化的存在，描述其一般结构的努力就丧失了基点，就连拟制规范的讨论起点也随之变得模糊。在批判性讨论现有拟制规范一般结构后，该如何妥当建构拟制规范的一般结构呢？某种理论如专攻解构而无建树，它也无法逃脱被解构的命运；某种理论如仅为

---

〔1〕 Esser 认为，虚假交易和拟制是法律进一步发展的典型工具，因理论上的弱点、教义上的结构、僵化的保守主义或者政治上的考虑，不敢纠正要改变的法律原则和思想，甚至在形式上也是如此。Vgl. Josef Esser, Wert und Bedeutung der Rechtsfiktionen, 2 Aufl. , Frankfurt a. M. 1969, S. 409.

建构而无批判，它只是"一潭死水"。[1]拟制规范一般结构的发现、发展和完善，需要外部的方法加以辅助。借助体系化方法可以将"视为"结构两端不是同一概念的规范，排除出实质意义上的拟制规范家族；借助论理解释方法可以将解释规范排除出实质意义上的拟制规范家族。[2]例如，《民法典》第503条确立"被代理人追认拟制规范"[3]。根据体系解释方法，无论是结合《民法典》第490条第2款，还是《民法典》第140条第1款，其都属于以默示方式作出的意思表示。因此，借助体系解释方法，将"被代理人追认拟制规范"从实质意义上的拟制规范中排除出去，划归为"视为"结构引导的形式意义上的拟制规范，无须再对该规范做结构分析。再如，《民法典》第586条第2款第2句规定的"定金变更拟制规范"。根据《民法典》第586条第1款第2句"定金合同自实际交付定金时成立"并结合论理解释方法，因为定金合同属于要物合同，定金数额的确定标准就是给付定金一方当事人最终实际交付的定金。即使没有"定金变更拟制规范"，也不会影响法律适用结果。该拟制规范实际上更接近解释规范，立法者旨在借此提醒法律适用者，避免将这种情况认定为定金合同不成立或不生效。类似《民法典》第503条、《民法典》第586条第2款第2句确立的形式意义上的拟制规范，可以说都是实质意义上的拟制规范的"剩余"，不会制约和检验拟制规范一般结构的提炼和总结。

---

〔1〕 陈曦：《法律规范性的哲学研究》，法律出版社2020年版，第5页。

〔2〕 在真正的拟制中，没有解释的空间（Bei wirklicher Auslegung ist für Fiktionen kein Kaum.）。Vgl. Josef Esser, Wert und Bedeutung der Rechtsfiktionen, 2 Aufl., 1969, S. 92.

〔3〕 近江幸治认为，"意思表示的效力依据之表示主义从外部得以推断的意思，往往会伴随着强烈的拟制性意味"，"法定追认的意义是为了交易关系稳定由法律对追认作出的拟制"。参见［日］近江幸治：《民法讲义Ⅰ民法总则》（第6版补订），渠涛等译，北京大学出版社2015年版，第166页。

第三节　拟制规范的论证规则

拟制规范法理基础是平等和类比中的相似性及相似性论证规则，目的和性质方法又是相似性论证规则发挥效用的方法。鉴于目的方法的正当理由很大程度上来自对民事法律事实和民事法律关系性质的认识，并且更多包含立法者的政策考量，本节专门论述"性质"在相似性论证中的方法论。立法论上，"性质"与"目的"配合以实现拟制规范创设的正当性；解释论上，"性质"在两个层次上展现强大解释力，包括拟处理案型与拟制规范对应案型的相似性论证，以及根据拟制规范调整法律事实的性质特殊性，参引基础规范的法律效果，前者对应构成要件的相似性，后者对应法律效果的相似性，以实现拟制规范法律适用的正确性。

一、从哲学范畴到民法意义

（一）从形而上学的"本质"到民法意义的"性质"

"Natur"中译文可以对应"性质"一词，也可以对应"本质"一词。根据不同学科的学术共识和语词偏好，"Natur"在哲学和法理学语境下多译为"本质"，在民法学语境下多译为"性质"，《民法典》立法者采用的就是"性质"语词（下文中，"事物本质"与"本质"、"事物性质"与"性质"在同一含义下使用）。哲学的"事物本质"（Natur der Sache），就是由于自身而存在的东西，是人类在认识和改变世界过程中以不变应万变的方法论。柏拉图、亚里士多德、西塞罗、孟德斯鸠、康德等哲学思想中，都直接表达了"事物本质"的观点，直接应对哲学追问的无限递归。但是，对该哲学概念的批判性反思也一直没有中断。[1]本质以及由此建构的哲学体系时常遭到其他哲学流派的解构，从现象学对本质哲学的批判与解构可见一斑。现象学家借助现象学直观、现象学分析和现象学描述，考察事物本身，现象学家心中不存在现象和本质分离的情形。[2]马克思哲学"本质"观点认为："如果事物的表现形式和事物的本质会直接合二为一，一切科学就都都成为多余的了……"[3]"人们认识事物，就是要透过现象认识本质，把握事物的发展规律。这是一个艰苦、反复的过程。只有在实践中通过对多方面现象的分析研究，去粗取精、去伪存真、由此及彼、由表及里，才能实现从现象到本质、从不甚深刻的本质到更深刻的本质的深化的无限过程。"[4]

事物本质对法学的解释力无法脱离哲学的关照。皮特森（Peterson）认为，"事物本质"概念的法律功能必须在一般哲学背景下考虑，"事物本质不是专门的法学概念，而是形而上学思想中普遍有效的思想形式"。[5]哲学语境下的"事物本质"概念能够介入法律领域并展现强大的方法论意义，这并非偶然现

---

〔1〕 陈辉：《解释作为法律的结构及其对法治的影响》，中国政法大学出版社 2018 年版，第 138 页。本质通过定义的方式获得，借助种和属回答事物的本质问题。但是，事物由质料和形式构成，质料无法作为实体参与到定义的构成部分中，导致定义只包含形式的部分而无法对质料部分进行认知，这样我们通过定义获得普遍性和认识第二实体（种和属）。但是，对于作为具体事物的第一实体定义则无能为力，无法获得认知。如何认识个体性的事物，如何在普遍性和个体性之间架设一道沟通的桥梁，就成了亚里士多德"存在—实体—实质—定义"结构没有解决的问题。

〔2〕 赵敦华：《现代西方哲学新编》，北京大学出版社 2001 年版，第 91、93、94、172 页。

〔3〕 《马克思恩格斯全集》（第 25 卷），人民出版社 1974 年版，第 923 页。

〔4〕 《列宁全集》（第 38 卷），人民出版社 1959 年版，第 239 页。

〔5〕 Claes Peterson, Praeterea censeo metaphysicam esse delendam, Die Natur der Sache in rechtsrealistischer Fassung, FS Canaris, 2017, S. 1186.

象，而是文化基因的必然，因为法律本身也是人类对自身存在及其周边关系理性思考的结果，蕴含事物本质的社会生活事实就是法律的素材。只不过，法律规范是借助类型化思考方法，将社会生活事实中的某些特征上升为该社会生活事实的法律意义，这些特征于特定历史时期和特定环境中发挥事物本质的功能。在社会生活事实的部分特征借助"本质"方法法律化的过程中，目的方法及其法政策导向很大程度决定特定生活事实的哪些特征得以作为被凸显出来的本质。换言之，特定生活事实具有不同的特征，但不是所有特征都需借助"本质"方法上升为民法规范的构成要件，也就是所谓构成要件事实对具体生活事实的裁剪。

相对于哲学语境下的"本质"，民法学语境下的"性质"方法论最终要落脚到民法规范的法律适用中，而不能仅停留在纯粹哲学思辨层面。在哲学上属于一般思想史的"事物本质"概念，也是一种法律的思维方式。"性质"民法意义如何在方法论上发挥应有的解释力？哲学中"本质"如何完成民法中"性质"的法律化表达？拉德勃鲁赫（Radbruch）认为，事物性质是所有努力软化实然与应然、现实与价值这种严格二元论者的口号，他们在事物中寻找理性。[1]尚贝克（Schambeck）认为，对"事物性质"的认识，是努力寻求性质存在及其与实在法规范关系的思维结果。作为一个关于特定事实（事物）的原因（性质）的问题，它试图找出某种存在方式的规范价值，在可能的相应实证化之后，把握在实在法规范结构中这一法律制度的功能。[2]"事物性质"的民法意义，就是要充当实然与应然之间的桥梁。落脚到法律适用中就是：法律适用者目光不断往返

---

〔1〕　Gustav Radbruch, Die Natur der Sache als Juristische Denkform, 1960, S. 5.

〔2〕　Herbert Schambeck, Der Begriff der Natur der Sache, 1964, S. 54.

流转于事实与规范之间，在个案中完成法律发现的作业。民法学语境下的"事物性质"是一个具体概念，不是形而上学的抽象概念，它来自具体的社会生活事实，以具体化的方式在法律实现过程中发挥作用。此时，"事物性质"就不再属于司法适用中抽象、不可还原和不可讨论的理念，而是具体的事实和方法，只是该方法有待法律适用者在个案中发现、总结和描述。民事法律事实或民事法律关系的性质，需要法律适用者在个案中总结和提炼，通过法律适用者的论证发展"性质"方法论。在"性质"方法论转化为法律适用的具体内容时，论证规则以及由此得出的论证理由，充当中介和转化器。总之，"性质"是重要的民法学方法论。但是，"性质"方法论在民法中实现的方式为何？如何识别、运用和发展其民法意义？

（二）"性质"的规范例证与民法意义

《民法典》中的"性质"字样出现 38 次，分布在 37 个民法规范中。其中，《民法典》第 142 条第 1 款和第 2 款意思表示解释规则中，分别出现了"性质"字样。"性质"对民法规范具有广泛解释力。根据类型化思考方法，可以将修饰"性质"的定语类型化区分为七类：①民事法律行为的性质（如《民法典》第 142 条规定的"行为的性质"、《民法典》第 161 条"民事法律行为的性质"等）；②标的物的性质（如《民法典》第 301 条共有物的性质、《民法典》第 622 条第 1 款"标的物的性质"、《民法典》第 709 条"租赁物的性质"等）；③标的的性质（如《民法典》第 582 条"标的的性质"等）；[1]④权利的性质（如

---

〔1〕 民法理论上，民事法律关系的客体必须是民事权利义务直接指向的客体，所有权直接指向的客体就是特定物，在手机买卖合同中，合同债权指向的对象就是交付该手机的行为。债的客体是债的标的，但不是债的标的物，是给付行为。债权指向的对象是给付行为，给付行为指向的对象是特定物，而在物权法律关系中，物权指向的对象是特定物，适用物权客体特定原则。

《民法典》第 418 条 "土地所有权的性质"、《民法典》第 545 条第 1 款第 1 项 "债权性质" 等）；⑤义务的性质（如《民法典》第 524 条第 1 款、第 568 条第 1 款和第 581 条 "债务性质" 等）；⑥民事法律事实的性质（如《民法典》第 466 条第 2 款、第 509 条第 2 款和第 566 条第 1 款合同的性质等）；⑦民事法律关系的性质（如《民法典》第 468 条债权债务关系的性质）。"性质" 的规范例证决定了 "性质" 方法论及其民法意义的解释空间。这种民法意义可以从相关民法规范中识别和表达出来，具体有如下三个。

第一，"性质" 体现民法规范类型化的思维方式。例如，根据《民法典》第 418 条 "土地所有权的性质"，将土地所有权的性质区分为国有土地和集体土地；根据《民法典》第 658 条第 2 款赠与合同的性质，将赠与合同区分为道德义务赠与合同和非道德义务赠与合同。这可以引导、提示法律适用者根据不同的类型正确适用法律。凯尔森认为，行为的主观意义与客观意义之间，可能存在部分或全部背离。性质判断只能来自某种思维过程，无法从感官上察知。[1] "性质" 是在比较观点下进行思考的，比较过程就是借助相似性论证做类型化分析的过程。[2]

第二，"性质" 是合理配置民法规范法律效果的控制机制。上述七种类型中的 "性质"，都要回归到民事法律效果上，依据 "事物性质" 特殊性，差别化配置民事主体的权利义务，使权利义务的配置更加符合民法正义观。例如，《民法典》第 658 条第

---

〔1〕 [奥] 汉斯·凯尔森：《纯粹法学说》（第 2 版），雷磊译，法律出版社 2021 年版，第 5 页。

〔2〕 [法] 米歇尔·福柯：《词与物——人文科学的考古学》，莫伟民译，上海三联书店 2016 年版，第 32 页。事物的性质，它们的共存，它们借以联系在一起和交流的方式只是它们的相似性。

2 款规定道德义务性质的赠与合同，赠与人的任意撤销权受到限制，不会发生赠与合同撤销对应的法律效果。权利义务是民事法律关系的内容，"事物性质"是相同案型中权利义务差别化配置的足够充分且正当的理由。拉德勃鲁赫（Radbruch）认为，事物性质是它的实质，它的意义不是任何人实际设想的意义，而是只能从生活关系的性质中得出的客观意义。如何将由此构成的生活关系视为有意义的，也即如何视为一种理念的实现以及什么理念的实现？[1]民法规范深层次的正当性来源于对事物性质的关照，事物性质不再是抽象、普遍的哲学思想，而是具体、特殊的立法和司法方法。与其说立法和司法是政治决断和自由裁量的独角戏，毋宁说是人类不断追求事物性质的外显、不断追求公平正义的常数。在这个角度上，我们更能体会"法是善良和公正的艺术"所表达的真意。

第三，"性质"是新的民法思想和民法发展的重要动因。《民法典》立法者创设了诸多参照适用条款，参照适用背后蕴藏民法学方法论的丰富思想和方法，是民法学方法论的重要革新。在参照适用条款中，立法者多使用"根据其性质参照适用"的表述。在新的法律思想出现的过程中，法律理念与事物本质必须共同发挥作用。[2]民法理念一般蕴含在民法的基本原则和民法正义观中，是民法问题中的价值判断问题。总之，事物性质的民法意义是重要的民法学方法论，不过"性质"方法论在具体法律适用的论证有难易之分。换言之，在有的情形下，"性质"方法论的论证较为直接；在有的情形下，"性质"方法论的论证就变得相当复杂，如参照适用中的"性质"方法论。"事物性质"将法律的终极存在指涉、特定秩序的理念和具体的客观

---

〔1〕　Gustav Radbruch, Die Natur der Sache als Juristische Denkform, 1960, S. 13.

〔2〕　Gustav Radbruch, Die Natur der Sache als Juristische Denkform, 1960, S. 37.

指涉结合起来。[1]因此，民法视野下的"事物性质"表达了先验、不证自明的正当性，携带着民法的规范性、价值性和证据性思维。

二、"性质"对拟制规范的解释力

"性质"方法论对拟制规范具有强大解释力，缺乏形式意义的法源依据并不会使这种解释力打折扣。拉德勃鲁赫论述了"性质"的两种法律适用方法，即"性质"的非法源性及其适用方法和"性质"的终局性及其适用方法。拉德勃鲁赫认为，事物性质不是一个现存事物，但与一个现存事物相联系：它是生活关系所产生的意义，是作为这一意义基础的法律思想的表达（但还没有因此被证明是有效的）。事物性质无法自行适用，其不是法源，只有在法源明确或默许的情况下才能适用。只要它确定的生活关系意义和它依据的理念不与法律精神相矛盾，事物性质就是一种解释和填补空白的方法。它是解释和完成法律的最后手段，只有在无法证明具体的立法者为调整生活关系提出的想法，不得不提到"一般的立法者，抽象的立法者"时才适用。[2]依循拉德勃鲁赫的观点，"性质"包含两项法律适用规则。其一，"性质"与法源理论相连接，依法律规范而适用。例如，《民法典》中带有"性质"字样的规范，就是"性质"方法得以适用的法律法源。其二，"性质"形成了现有法律适用方法的边界。假设用"性质"作为拟制规范相似性论证的重要方法，如果没有法源依据，"性质"方法就无法自行应用到拟制规范的法律适用中，也就无法作为拟制规范的法律适用方

---

[1]　Herbert Schambeck, Der Begriff der Natur der Sache, 1964, S. 63.

[2]　Gustav Radbruch, Die Natur der Sache als Juristische Denkform, 1960, S. 15.

法，拟制规范的意义就会被严格限缩在立法层面上。依据"性质"发展拟制规范法律适用方法过程中，"法源"何在？可以从《民法典》总则编第142条意思表示解释方法中寻找，本条规定了"行为的性质"作为意思表示的解释方法，甚至形式上放在"目的"之前。虽然《民法典》总则编饱受"非总则性"责难，但规定在总则编的"性质"方法，是可以统摄性地为拟制规范的法律适用提供法源依据，这也可能构成动态法源理论的重要内容。[1]总之，"性质"方法对拟制规范的解释力，主要表现在拟制规范的立法创设和司法适用两个层次的以下三个方面。

第一，"性质"确保拟制规范创设的正当性。拟制规范的创设不是完全依据规范目的而为。换言之，拟制规范的方法论功能不足以单独证立拟制规范的正当性，规范目的和性质共同作用于拟制规范的创设。黄茂荣认为，在拟制性法条制定上，固然立法者已经意识到拟处理的案型与要将之拟制为其一分子之案例并不相同，但它们之间的关系究竟如何，立法者并没有表示其观点。[2]进而，拟制规范与基础规范构成要件不同必然导出性质上的差异，事物的性质决定事物法则，事物的规范必须取决于事物的性质，始能确保符合事物法则。[3]拟制规范就是将明知不同者等同视之，事物性质在立法中发挥支配性作用，是立法的真正考量因素。就立法而言，事物性质作为公平原则的补充，为公平原则的具体化提供客观理由和实质正义，它成

---

〔1〕 王雷："民法典适用衔接问题研究动态法源观的提出"，载《中外法学》2021年第1期，第101页。作者认为，过去的法源理论更多聚焦于司法适用的静态法源观，比如法源包括宪法、地方性法规、行政规章。这种静态法源没有处理不同法源之间的矛盾和冲突的问题，只是简单做了法律位阶的排序，但是不同规范形式的法源之间的适用并不这么简单。动态法源观是相比于静态法源观而言的，是要发展和完善法源理论，对司法适用更妥当、更精细的方法论的。

〔2〕 黄茂荣：《法学方法与现代民法》，2020年自版发行，第329页。

〔3〕 黄茂荣：《法学方法与现代民法》，2020年自版发行，第340页。

为预防立法任意性的方法，平等或不平等是由它来回答的。[1]
普维庭认为，拟制要求把一个既定的要件事实视为存在，尽管
事实上不存在。[2]"性质"不是相同的而是最相类似的，这为
"明知不同者而等同视之"的拟制规范供给了妥当的方法论。

　　第二，"性质"为拟制规范方法论功能预留了通道。由于现
有的法律状态也要被作为一个"事项"来考虑，事物性质被证
明是一个特别有用的工具，可用于历史和保守的法律概念。[3]
事物性质蕴含法律对稳定性和确定性的追求。拟制规范是多彩
可塑的，不是苍白无力的。立法者考虑到事物性质并将其实在
化，把对参引规范与被参引规范的性质相似性作为法律规范的
内容，借助拟制规范和基础规范的关系加以体现。事物性质在
实在法规范内部获得了意义，表达了一种先验的秩序，以固定
方式显示社会生活事实间的关系。从抽象的法律规范适用于不
断变化的生活关系来看，事物性质有补充和修正法律的任务，
其要符合生活关系的性质。[4]从"性质"视角观察，拟制规范
的方法论功能不仅仅是权宜之计。

　　第三，"性质"确保拟制规范适用的正确性。拟制规范法律
适用存在双阶层的"性质"论证规则。第一阶层是"性质"在
拟处理案型与具体拟制规范之间的相似性论证中发挥解释力，
第二个阶层是"性质"在拟制规范参引基础规范法律效果的相
似性论证中发挥解释力。第一阶层落脚到构成要件的相似性，
属于传统法律适用方法的涵摄范畴；第二阶层落脚到法律效果
的相似性，属于新的法律适用方法参照适用范畴。本书在第二

　　[1]　Herbert Schambeck, Der Begriff der Natur der Sache, 1964, S. 142.

　　[2]　[德] 汉斯·普维庭：《现代证明责任问题》，吴越译，法律出版社 2000
年版，第 77 页。

　　[3]　Gustav Radbruch, Die Natur der Sache als Juristische Denkform, 1960, S. 13.

　　[4]　Herbert Schambeck, Der Begriff der Natur der Sache, 1964, S. 69.

章"拟制规范的基础理论"第四节"拟制规范的相似范畴"的第二部分"拟制规范与准用规范"关系论中已经得出这样的判断结论，即"适用"是连接两个调整对象的管道。基础规范与拟制规范之间是原则/例外关系，而不是一般/特别关系，将拟制规范对基础规范法律效果参引界定为参照适用更妥当。因此，拟制规范法律适用过程中，在第二层次上论证"性质"的时候，可以从参照适用条款"性质"方法中借鉴论证规则。图尔认为，以拟制形式进行的指示参照，也只应做如下理解：被指示参照的规范只能被"相应地"适用。[1]拟制规范"适用"基础规范的法律效果时，也是一种有限制、有条件的参照适用，这个限制因素或条件机制就是拟制规范中拟制事实的"性质"。

三、"性质"是疑难的民法学方法论

在民法学视野下，"性质"是疑难的民法学方法论，却常被理论和实践有意或无意地回避。原因有如下方面：其一，哲学语境下的"本质"在转化为民法语境下的"性质"时，存在哲学思维的抽象性与民法规范的实践性之间的张力。其二，传统民法解释方法作为法律方法论一家独大的局面长期未改变，间接限制民法学方法论视野的拓展。[2]"性质"更多情况下被认为无法为法律适用者所把握，无法被客观地描述。其三，立法

---

〔1〕〔德〕卡尔·拉伦茨：《法学方法论》（第6版），黄家镇译，商务印书馆2020年版，第335页。

〔2〕笔者认为，传统民法学方法论的视野过于狭窄，不仅是因为对"性质"方法论的忽视，还有对"合理期限"等不确定法律概念的方法论性质的忽视。明确不确定法律概念具体化在民法方法论中的定位，可为裁判者提供正确的方法指引。在类型无法提供有益的具体化路径之余，进一步抽取不确定法律概念具体化的一般方法，着重于概念和事实的映照，从概念范围、概念场域到事实范围、事实结构，对"合理期限"作出法律判断，从而完成具体化。因此，民法学方法论的视野应该与时俱进，不断丰富和发展民法学方法论的"家族成员"。

者没有在民法规范中给出"性质"的适用方法，也就是立法"留而未决"，形成了"性质"适用方法的真空。这种现象更是让人感觉到"性质"是一个空洞无物的民法概念。由此，民法理论界和实务界难以站在方法论视野下看待"性质"，遑论发展其方法论内涵以解释拟制规范等民法规范。因此，在民法学视野下，"性质"与民法学方法论之间存在难以逾越的鸿沟，"性质"与"方法论"产生关联的难度也可想而知。但是，如果因此就忽视对"性质"方法论及其理论命题的提炼和表达，就有"掩耳盗铃"之嫌。

"性质"是一切疑难法律问题的出发点，是民法规范法律适用中最疑难的话题。"性质"表面上看起来不可言说，但在漏洞补充过程中，法律适用者要借助论证的力量让其变得具体和可操作，提炼出关于"性质"的普遍方法论命题。将传统民法方法论上认为不可讨论、不可还原的"性质"，变得可讨论、可还原，案例的类型化就可以发挥这种转化的"通道"功能，"性质"的方法论命题借此通道被发现、发展和体系化。因为"性质"本身就是在比较的观点下展开的，这是不同学科关于性质讨论的共通方法，即使是哲学也是如此。例如，有观点认为"表述"与"指号"之间存在"本质性的区别"。[1]可见，"表述"与"指号"区别的本质性特征就是"含义"的有无，"含义"能够在本质上将二者区分开来。因此，类型化与比较密不可分，"性质"方法论涵括力越强，案例的类型化就必然要越充分，类型化的结论就必然要越整齐、集中和有序。

"性质"方法论的疑难命题为拟制规范的再证成提供了契机。相对于1999年《合同法》第125条的合同解释规则而言，

---

〔1〕　朱刚：《本原与延异——德里达对本原形而上学的解构》，上海人民出版社2006年版，第74页。

《民法典》第 142 条将"性质"作为新的意思表示解释方法。性质的解释方法被提升到了前所未有的地位，但"性质"与"目的"之间是何种关系？立法在诸多参照适用条款中，都是规定根据其性质参照适用，没有规定根据其目的参照适用，其中的缘由何在？这是否意味着立法者内心已经不自觉地将性质提升到最重要的地位？目的是一种规范论的诠释，那么性质呢？[1]但是，对应到拟制规范的创设中，其立法创设是性质和目的共同作用的结果，是拟制规范方法论本体和方法论功能协调互动的结果。在广义民法学方法论视野下，性质超越了规范论的诠释，兼顾立法学问和司法方法。如果以参照适用条款为观察对象，立法者在参照适用条款中规定"根据其性质"，暗含这样的判断结论：在认识论上，"性质"在参照适用条款中的适用方法已然形成了人类对民法学方法论认识的边界。例如，《民法典》第 1001 条规定："对自然人因婚姻家庭关系等产生的身份权利的保护，适用本法第一编、第五编和其他法律的相关规定；没有规定的，可以根据其性质参照适用本编人格权保护的有关规定。"据此，不同类型身份权利的性质又有什么不同呢？立法者没有进一步告诉我们答案。性质方法论的规范供给的不足，规范的补充、发展和完善，就交给了理论研究者和法律适用者。但是，对应到拟制规范的适用中，"性质"可以成为发展和完善方法论的首要方法。因为，在过往的理论和实践中，拟制规范的法律适用方法是简单粗糙的，主要包括拟制规范的不可反驳

---

〔1〕 凯尔森认为，如果内在于自然的规范被描述为自然设定的客观目的，也就是说，如果自然被诠释为一种合乎目的地组织起来的整体，如果假定有一种内在于自然的目的秩序，那么自然法学说就具有了一种目的论的性质。然而对自然的目的论诠释与规范论诠释只是术语上的区别而已。客观意义上的目的就是应当被实现之事。在此意义上，目的就是规范设定为应当的东西。参见 ［奥］ 汉斯·凯尔森：《纯粹法学说》（第 2 版），雷磊译，法律出版社 2021 年版，第 502 页。

性和拟制规范概括援引基础规范的法律效果，甚至这两个适用方法都存在"只知其然，不知其所以然"的情况。

四、"性质"与拟制规范的适用

以具体拟制规范为例，展示"性质"在拟制规范法律适用中的方法论品格。《民法典》第 16 条确立胎儿民事权利能力拟制规范，根据胎儿性质的特殊性，胎儿只能享有继承遗产或受赠财产等民事权利，不承担民事义务。根据完全民事行为能力人拟制规范，根据十六周岁以上的未成年人的特殊性，其在商事交易中违约，相对人是要求其承担全部责任还是相应的责任？这种思路并非子虚乌有的假问题。此时，可以对比另一种案型：有限公司的股权转让协议中，其他股东与非公司股东签订股权转让协议后，本公司股东在法定期限内行使优先购买权，前者的效力不因后者存在而无效。前者的受让人可以请求出让股东承担违约责任，问题是要求承担全部责任还是相应的责任？此种情形下，股东以外的股权受让人可以请求出让股东承担相应的违约责任。根据《全国法院民商事审判工作会议纪要》确立的规则，受让人应该承受更高的注意义务。商事交易的重要特殊性就是：商事交易主体更高的注意义务。由此，十六周岁以上的未成年人如果在商事交易行为中违约，根据商事交易特殊性，也应该承担相应的责任，此时交易相对人负有更高的注意义务。未成年人保护的理念、扩展未成年人行为能力的理念和商事交易主体更高的注意义务交织在一起，就不能直接适用违约损害赔偿的规则，而是要参照适用。

第四节　拟制规范的适用边界

《民法典》第 469 条第 3 款规定了书面形式拟制规范，将特定数据电文视为书面形式，借助拟制技术将数据电文嵌入民法体系以回应信息时代的需求，消解该规范对民法概念、规则和体系的冲击。《民法典》规定了诸多书面形式强制规范，即应当采用书面形式实施民事法律行为的规范。这些规范可以分为强制性规范与倡导性规范，书面形式拟制规范对前者的适用受到更严格的限制。书面形式强制规范具有证据方法品格和构成要件品格。书面形式拟制规范适用于书面形式强制规范调整案型的方法可以分为直接适用、参照适用、解释适用与类推适用。书面形式拟制规范并不是无差别适用于书面形式强制规范调整案型，而是要根据其性质，辅之书面形式民法功能等综合认定。根据广义体系解释方法，《民法典》物权编、人格权编和继承编的书面形式强制规范调整案型有适用书面形式拟制规范的空间，应优先在《民法典》内部完成找法、用法作业，以更好释放《民法典》的体系效益。

一、问题及其意义

（一）书面形式拟制规范入典路径与困境

书面形式的民法史，就是一部人类从农业社会到工业社会再到信息社会对书面形式的认知史。书面形式外延已从合同书、信件扩展到《合同法》第 11 条规定的数据电文，再扩展到《民法典》第 469 条第 3 款可以随时调取查用的数据电文（以下简称"书面形式拟制规范"），"书面形式＝基本书面形式＋拟制书面形式"的规范格局已经形成。围绕书面形式外延的变迁可得出如下结论。其一，书面形式的外延随交易形式创新而不断丰富，内涵遵循功能等值和原件主义。其二，《合同法》与《民法典》的数据电文内涵不同。《合同法》第 11 条数据电文部分成为《民法典》第 469 条第 2 款书面形式的基础、原则规范，《民法典》第 469 条第 3 款数据电文是书面形式的拟制、例外规范。其三，数据电文入典路径坚持立法经济和功能主义立场，不是与书面或口头形式并列，而以"旧瓶装新酒"方式嵌入书面形式，共享了"意思表示"等民法概念和规则。其四，《民法典》第 469 条第 3 款以拟制技术将符合原件主义的数据电文视为书面形式，这种数据电文分享了法律、行政法规规定或当事人约定采用书面形式订立法律行为的法律效果。事实上，书面形式拟制规范存在守成与创新的张力。立法者将数据电文视为书面形式具体类型，而不是并列于书面形式、口头形式的其他形式或独立的数据电文形式。该立法路径是否足够充分且正当？这既关涉民法规范的逻辑自洽和体系融贯，又关涉拟制规范的创设标准和适用方法。《民法典》既未堵上理论的大门，也未截然区分"前立法论时代"与"后解释论时代"。民法的理论执着永远是"正在进行时"的。

（二）书面形式拟制规范实践应用与追问

实践中存在书面形式拟制规范适用边界的样本。案例一，[1]高某通过孙某女儿刘某交付了投资款，孙某在微信上对高某表示"到最后你拿不到我赔给你"，高某据此请求孙某对投资款承担连带保证责任。问题是：高某与孙某之间是否订立保证合同？二审法院认定保证合同是要式合同，应以书面形式订立，明确被保证主债权种类、数额，但双方提交的微信记录未明确孙某意愿承担保证责任的主债权，微信陈述实难认定为承担连带保

---

[1] 上海市第一中级人民法院［2019］沪 01 民终 12371 号民事判决书。

证责任的意思表示。案例二，[1]一审法院认定保证合同应以书面形式订立。陈某在微信上针对李某就如何担保 2019 年 4 月 24 日之前 20 万元到账的质问，回复"我给您担保"，该回复不具备法律所规定的合同成立形式要件，不属于担保法意义上的保证。

微信数据电文能否作为保证合同书面形式？上述两案例中的法院都给出了否定的结论，但这两个案例的裁判论证逻辑不尽相同。案例一中，法院不是直接否定微信数据电文作为保证合同书面形式的可能性，而是否定孙某具有承担保证责任的意思表示。案例二中，法院直接否定微信数据电文作为保证合同书面形式的可能性。前案关涉书面形式强制规范的证据方法品格，后案关涉其构成要件品格。这对民事法律行为成立的影响强度不同，前案以举证不能间接否定民事法律行为成立，后案以构成要件欠缺直接否定民事法律行为成立。这提出如下法律适用难题。其一，《民法典》第 469 条第 3 款规定的数据电文有没有作为保证合同书面形式的资格？若有，须明确主债权种类和数额，还是依交易习惯解释确定保证意思即可？若无，则法理基础为何？其二，法律、行政法规规定的书面形式强制规范都没有适用书面形式拟制规范的可能吗？还是应进行类型区分？区分标准又是什么？其三，以何种方法讨论书面形式拟制规范的适用边界，既充分释放其信息时代基因，又能避免其被不合时宜、无差别地适用于书面形式强制规范？

本书讨论书面形式强制规范调整案型对书面形式拟制规范的适用边界问题。首先，论证书面形式的法律功能、书面形式拟制规范的合理性及例外品格。其次，书面形式强制规范分为

---

[1] 浙江省温州市鹿城区人民法院［2019］浙 0302 民初 10900 号民事判决书；浙江省温州市中级人民法院［2020］浙 03 民终 977 号民事判决书。

倡导性规范与强制性规范，论证书面形式拟制规范的适用差异。再次，论证《民法典》合同编、婚姻家庭编直接或参照适用书面形式拟制规范的边界，总结对应的适用方法。最后，论证《民法典》物权编、人格权编、继承编解释或类推适用书面形式拟制规范的困难，以及如何以广义体系解释方法化解该困难。

二、书面形式法律功能与拟制规范例外品格

　　书面形式强制规范是对民事法律行为形式自由的限制，这种限制在实证法规范中获得了初步的肯定，是"自由及其限制"的应有之义。因而，书面形式强制规范的讨论焦点就被放在了如何减少其对民事法律行为形式自由的限制上，却容易忽略减少限制的限度。《民法典》中"应当采用书面形式"字样共出现 18 次，除《民法典》第 490 条第 2 款外，其余 17 次对应了 17 个形式意义上的书面形式强制规范，此外还有 10 个实质意义上的书面形式强制规范。本书语境下的形式意义上的书面形式强制规范，是指包含"应当采用书面形式"字样的规范；实质意义上的书面形式强制规范，是指虽然不包含"应当采用书面形式"字样，但是书面形式本身在相应民事法律行为的成立或效力判断上发挥着实质作用，存在讨论书面形式是否限制民事法律行为形式自由的必要性。书面形式强制规范是形式意义上的书面形式强制规范与实质意义上的书面形式强制规范的上位概念。《民法典》只规定 27 个书面形式强制规范，显然是有限度地限制民事法律行为的形式自由。拟制规范具有例外品格，不同的书面形式强制规范调整案型对书面形式拟制规范的适用方法不同。依据意思自治过度强调书面形式强制规范的任意性或倡导性，可能会不当侵蚀书面形式强制规范的功能，忽视拟制规范的特殊品格。

（一）书面形式强制的法律功能

在法律思想史中，强调法律严格规范性和文义解释重要性的法律形式主义曾经盛极一时。但是，社会发展打破了概念法学的禁锢，弹性解释法律逐渐成为有力说，"形式"及"形式强制"一度遭到批判，形式主义也被视为功能主义等法律方法的对立面。我们要辩证看待这种法律现象，因为"形式"蕴含了丰富的思想和方法。在"形式"中可以获得思想，思想就像事件处于意识之流中那样处其形式实在中。[1]形式逻辑对认识客观世界、论证思想和表达思想发挥工具价值。[2]法学家"必须有能力将哲学、逻辑学、修辞学以及其他人文社会科学的知识进行转换（法学知识过滤），创造适合于表述法律世界之实在、处理法律世界之难题的概念、原理、方法，形成法学特有的知识形态"。[3]因此，我们反对的是极端的"形式"，但我们从未抛弃"形式"中的思想和方法，即可理解性、可验证性与可说服性。

"形式"蕴含着想象与描述民法世界的方法论。其一，"形式"是识别、判断民法规范性质和法律关系最直观的标准。以形式标准初步删选讨论对象，符合人类思维惯性和经验规律。例如，根据"视为""应当采用书面形式"字样，我们可以直观识别拟制规范与书面形式强制规范。形式与实质标准结合起来适用会更牢靠。其二，"形式"对法律解释具有结构性功能，这种功能就是要防止解释结论过度恣意，防止裁判者以过度的价值判断代替规则判断。在民法规范解释适用中，循环论证与决断论证是一个永恒的难题，解释往往就是论者的决断，以一

---

〔1〕 ［法］梅洛-庞蒂：《可见的与不可见的》，罗国祥译，商务印书馆2016年，第68页。

〔2〕 形式逻辑工具价值更详细的论证，参见金岳霖主编：《形式逻辑》（重版），人民出版社2018年版，第11~12页。

〔3〕 舒国滢：《法学的知识谱系》，商务印书馆2020年版，序第4页。

家之言疏解问题的症结。其三，"形式"中的目的因素可能转化为目的解释方法。其四，"形式"可以彰显民法理论通说，展示一种通行有效的观点。

学理上，形式强制规范服务于特定目的，具有证明、警示、澄清、控制功能，不同功能之间可能相互交叉。[1]民事主体借助书面形式审慎配置民事权利、义务和责任，通晓法律意义以防范轻率。宏观上，功能是形式强制的明线；微观上，不同形式功能侧重特定行为是形式强制的暗线。财产法律行为更强调书面形式在证据规范论视野下的证明功能，身份关系协议更强调书面形式的控制功能。不同财产法律行为对应的书面形式强制规范的性质也有所不同，有的属于调整特定私人利益的倡导性规范，有的属于调整特定公共利益的强制性规范。民法证据方法具有多元性，不宜笼统地将特定案型案件事实的证据方法限缩在书面形式上。有观点认为，法定形式的主要功能和法律后果体现在程序法领域，不应成为实体法上判定法律行为成立或生效的依据。[2]该结论有两个问题：其一，裁判者是以问题为导向裁判案件的，而不是以部门法为导向裁判案件的，法律适用须打破部门法的藩篱；其二，书面形式强制规范不仅具有证据方法功能，还具有实体构成要件功能，会影响民事法律行为的成立或生效。书面形式要想对合同形式发挥规范功能，就必须明确规定书面形式的构成要件与违反该构成要件的法律后果。[3]

---

[1]　［德］本德·吕特斯、阿斯特丽德·施塔德勒：《德国民法总论》（第18版），于馨淼、张姝译，法律出版社2017年版，第340~342页；王泽鉴：《民法总则》，北京大学出版社2009年版，第290页。

[2]　钟瑞栋："论'形式强制'规范的性质"，载《云南社会科学》2014年第2期，第125页。

[3]　朱广新："书面形式与合同的成立"，载《法学研究》2019年第2期，第67页。

实践中，本着促进交易的理念，原则上民事主体之间的缔约形式自由，基于交易理性和安全等要式行为的性质，法律例外规定严格的书面形式要件。例如，最高人民法院认为，抵押合同通常是单向负担义务，风险性较高，书面形式给了抵押人一次深思熟虑的机会以避免草率决定，所以应采取书面形式订立抵押合同，否则不符合抵押合同的法定形式。[1]例如最高人民法院曾判定，建行某分行向其下属城关支行出具的债项审批批复以及对公授信业务审批批复意见单，是银行内部履行贷款审批流程形成的文件，文件所载"待船舶建成后由新建船舶抵押置换保证"这一内容并没有以书面形式载入新兴公司和建行舟山城关支行的保证合同，不构成该城关支行就担保事项向新兴公司的承诺。[2]书面形式可以具有行政程序功能，行政机关对是否适用书面形式拟制规范具有判断余地。例如，《招标投标法》第46条规定，招标人和中标人按照招标文件和中标人的投标文件订立书面合同。此处的书面形式如果欠缺不会影响涉案合同经过招投标程序已成立的事实，只是对招标人与中标人间已成立合同关系的书面细化和确认，方便合同履行与行政管理，不是合同成立的实质要件。[3]

（二）书面形式拟制规范例外品格

1. 书面形式拟制规范的合理性

法律拟制有意将明知为不同者等同视之。以此事实作彼事实，是拟制规范入典的明线；价值判断相同性，是拟制规范入典的暗线。换言之，拟制规范的创设、识别应采形式和实质双重标准。形式上，要符合"明知不同仍等同视之"的命题，由

[1] 最高人民法院［2019］最高法民终58号民事判决书。
[2] 最高人民法院［2017］最高法民申3547号民事裁定书。
[3] 最高人民法院［2019］最高法民申2241号民事裁定书。

于拟制规范与基础规范之间存在必要差异，前者起码不能处在后者解释的射程内或延长线上。实质上，要符合"具有相同规范目的"的命题，拟制规范与基础规范需存在相同规范目的，否则无益于拟制规范方法论的提炼和体系效益的释放。

形式上，数据电文与书面形式存在明显差异。在书面形式拟制规范中，特定数据电文的特殊性是无法被书面形式吸收的。作为合同形式的数据电文至少有如下特殊性：其一，数据电文挑战要约承诺理论，意思表示撤回制度处境尴尬，[1]要约承诺理论对电子合同解释力明显不足。要约承诺也不是订立合同的唯一方式，[2]《民法典》第469条规定了合同订立形式，《民法典》第471条规定了合同订立方式。根据体系解释方法，要约承诺是基本书面形式背后的方式，而其他方式可能包含拟制书面形式背后的方式。在区分订立合同形式和方式、反思要约承诺理论解释力的语境下，数据电文形式的相对独立性就会凸显，因此有人主张，创设数据电文形式作为意思表示的新形式，修正意思表示形式判定标准。[3]其二，数据电文的内容是数据，这种证据方法具有特殊性，它与原件主义之间存在张力。最高人民法院《关于民事诉讼证据的若干规定》（法释〔2019〕19号）第15条第2款对电子数据原件采用拟制方法就足以说明该问题。其三，数据电文中的意思表示拘束力薄弱，这就为微信数据无法作为保证合同形式要件提供了补强理由。其四，实体

---

〔1〕 最高人民法院民法典贯彻实施工作领导小组主编：《中华人民共和国民法典合同编理解与适用（一）》，人民法院出版社2020年版，第153页。

〔2〕 王洪亮："法律行为与私人自治"，载《华东政法大学学报》2016年第5期，第55页；唐晓晴："要约与承诺理论的发展脉络"，载《中外法学》2016年第5期，第1380页。

〔3〕 于海防："论数据电文意思表示形式问题的体系化解决"，载《法学》2014年第11期，第123页。

法将数据电文拟制为书面形式，程序法将数据电文作为独立的证据方法，二者之间难以协调。[1]因此，数据电文特殊性使其存在被拟制为书面形式的足够空间，这些特殊性对书面形式拟制规范适用边界具有不可忽视的意义，后者未消解前者的特殊性，只是掩盖了其特殊性。

实质上，《民法典》第469条第2款书面形式基础规范和《民法典》第469条第3款书面形式拟制规范具有相同规范目的。"拟处理之案型"和"将拟处理案型拟制为其部分之案型"是两个不同的法律事实，两者的关系不能从拟制规范处获得足够的说明，此时相同规范目的具有补充说明的功能。书面形式拟制规范，是立法者借助拟制技术，以标准化和形式化的意思表示来维护信息时代交易制度的竞争力和优越性，释放信息时代交易制度的红利和活力。相同规范目的只在宏观层面和创设拟制规范的起点处具有实义，并不意味书面形式强制规范调整案型是无差别适用书面形式拟制规范的，还是要根据前者性质限制与修正后者适用。"法律或其适用如果与其所拟规范或处理之生活类型的性质（事理）脱节，那便会演成'指鹿为马'式的强词夺理"。[2]拟制规范借助拟制要件不可反驳性的强势效力，使讨论者容易忽视拟处理案型构成要件的差别，导致法律适用偏差。因此，数据电文不当然构成拟处理案型构成要件意义上的书面形式。

2. 书面形式拟制规范例外品格

拟制规范是不完全法条援引其他法律规范的效果，[3]实现

---

〔1〕 孙学致、孙博亚："反思与创新：电子意思表示的应然法定形式"，载《学习与探索》2019年第12期，第81页。

〔2〕 黄茂荣：《法学方法与现代民法》，2020年自版发行，第793页。

〔3〕 〔德〕齐佩利乌斯：《法学方法论》，金振豹译，法律出版社2009年版，第50页。

指示参照作用。[1]拟制规范中的事实构成与拟援引法律规范中的事实构成不相同或相异，但赋予这两者"同一"法律效果。[2]这种认识形成了一个被普遍遵循的命题，即"拟制有意将明知为不同者等同视之"。拟制规范是立法者有意将明知不相同或相异的两个事实构成等同对待。这种现象描述是直观的，却未必是全面的，因为该现象描述不仅将眼光局限于构成事实本身，而且遮蔽了拟制规范例外品格，"人们也可以通过拟制来规定例外情形"。[3]例外规范与原则规范共同构成完整的裁判规范或行为规范，但后者无法为前者提供充足的指引，前者蕴含了独立的方法论。拟制规范作为例外规范重要类型，扩展了"原则/例外"理论。例如，《民法典》第 469 条第 2 款是书面形式原则规范，《民法典》第 469 条第 3 款书面形式拟制规范是其例外规范。"在法律拟制场合，被参照的法条是一种基准性或典型性的规定，参照的法条是一种非典型性或特别的规定。"[4]

如果原则规范结构为"若符合构成要件 T，则生法律效果 R"，则例外规范的结构为"因出现特殊要素 T4，则原则规范 T 之法律效果 R 即不能产生"。[5]原则规范和例外规范的法律效果是相互对立的，例外规范在其适用范围内排除原则规范。以

---

〔1〕［德］卡尔·拉伦茨：《法学方法论》，陈爱娥译，商务印书馆 2003 年版，第 143 页。

〔2〕在"同一"的情形中，只有一个所指的对象。在"相同"的情形中，有两个所指的对象。参见梁慧星：《民法解释学》（第 4 版），法律出版社 2015 年版，第 100 页。

〔3〕［德］齐佩利乌斯：《法学方法论》，金振豹译，法律出版社 2009 年版，第 51 页。

〔4〕赵春玉：《刑法中的法律拟制》，清华大学出版社 2018 年版，第 15 页。

〔5〕易军："原则/例外关系的民法阐释"，载《中国社会科学》2019 年第 9 期，第 70 页。

《民法典》第 469 条第 2、3 款"原则/例外"规范为例，根据第 2 款，特定数据电文不属于书面形式，根据第 3 款，因特殊要素 T4 被法律拟制遮蔽，特定数据电文升格为书面形式。此时，例外规范分享原则规范的法律效果，这是拟制规范创设例外规范的特殊所在。若拟制退居幕后，原则规范和例外规范的法律效果是相互对立的。拟制规范是通过法律拟制遮蔽特殊要素 T4 的方法创设例外规范的，拟制规范分享了原则规范的法律效果。

立法上，我国以书面形式自由为原则，以书面形式强制为例外。书面形式拟制规范的例外品格未被清晰认识，它的构成特殊性与适用边界也未被重视。例如，最高人民法院主编的"民法典理解与适用丛书"普遍认为书面形式当然包括特定数据电文。[1]这存在对书面形式拟制规范的例外彰显不足之嫌。同时，书面形式强制规范的例外过度架空了这类规范的立法初衷，虚化了这类规范的立法功能。大陆法系立法通例于"法律行为欠缺法定形式无效"一般规则之外，仅在不动产买卖、赠与、保证、消费借贷合同等特殊情形，承认履行补正法定形式欠缺。《合同法》第 36、37 条，《民法典》第 490 条固然具有鼓励交易、尽量促成合同成立的作用，但因过于宽泛而背离其例外品性，丧失以形式控制合同效力的初衷。[2]因此，在书面形式拟制规范的例外不足及书面形式强制规范的例外过度的双重失范

---

〔1〕 例如最高人民法院民法典贯彻实施工作领导小组主编：《中华人民共和国民法典总则编理解与适用（下）》，人民法院出版社 2020 年版，第 693 页；最高人民法院民法典贯彻实施工作领导小组主编：《中华人民共和国民法典物权编理解与适用（下）》，人民法院出版社 2020 年版，第 794、909、1015 页等。

〔2〕 易军："原则/例外关系的民法阐释"，载《中国社会科学》2019 年第 9 期，第 89 页。

下,《民法典》中的书面形式强制规范会更加形同虚设。[1]《民法典》规定了诸多应当采用书面形式订立民事法律行为的复杂规范,可以将其分为强制性规范与倡导性规范,从而有助于推进书面形式拟制规范适用边界的讨论。

三、书面形式强制规范的立法配置与性质区分

《民法典》规定了诸多书面形式强制规范。这些规范既可以成为当事人借助民事法律行为约定排除其适用的对象,也可以成为当事人实施的民事法律行为违反的对象,属于复杂规范中的倡导性规范或强制性规范。[2]这种区分有三个方面的功能。其一,矫正功能,即矫正书面形式拟制规范例外不足及书面形式强制规范例外过度的双重失范现象。书面形式拟制规范对不同类型规范对应案型的适用边界不同。其二,界定功能,即引导讨论者有意识地界定作为证据方法的书面形式强制和作为构成要件的书面形式强制。[3]其三,保护功能,即强制性规范指向的是民事法律行为效力层次而非成立层次,最大限度保护当事人意思自治。

（一）书面形式强制规范的立法配置

《民法典》中"应当采用书面形式"字样共出现 18 次,除

---

〔1〕　履行治愈规则对财产法律关系具有更强解释力,兜着民事法律行为效力的"底"。实践中,履行治愈规则对书面形式强制规范具有普遍解释力。参见最高人民法院〔2017〕最高法民申 829 号民事裁定书;最高人民法院〔2016〕最高法民终 813 号民事判决书。

〔2〕　王轶:"民法典物权编规范配置的新思考",载《法学杂志》2019 年第 7 期,第 13 页。

〔3〕　根据《关于民事诉讼证据的若干规定》（法释〔2019〕19 号）第 14 条和第 15 条第 2 款,围绕数据电文产生的争议,很少表现在数据电文证据方法与证据能力上,更多还是如何对待数据电文的实体法品格。

《民法典》第 490 条第 2 款外，其余 17 次对应 17 个形式意义上的书面形式强制规范。此外，还有 10 个实质意义上的书面形式强制规范。围绕书面形式拟制规范适用边界展开的讨论，就是要通盘观照和考虑《民法典》中的书面形式强制规范。具言之，《民法典》物权编有 6 个书面形式强制规范，即《民法典》第 348 条、第 354 条、第 367 条第 1 款、第 373 条第 1 款、第 400 条第 1 款、第 427 条第 1 款。《民法典》合同编有 12 个书面形式强制规范，即《民法典》第 668 条第 1 款、第 685 条、第 696 条第 2 款、第 697 条第 1 款、第 707 条、第 736 条第 2 款、第 762 条第 2 款、第 789 条、第 796 条、第 851 条第 3 款、第 863 条第 3 款、第 938 条第 3 款。《民法典》人格权编、婚姻家庭编和继承编共有 9 个书面形式强制规范，即《民法典》第 1006 条第 2 款至第 3 款、第 1008 条第 1 款、第 1065 条第 1 款、第 1076 条第 1 款、第 1124 条第 1 款、第 1134 条至第 1136 条、第 1139 条。

（二）书面形式强制规范性质区分

区分书面形式强制规范的性质，微观上助力书面形式拟制规范适用边界的讨论。其一，推动书面形式拟制规范适用方法精细化，避免根据某一书面形式规范来制定整体方向，导致该拟制规范对某一书面形式强制规范的结论遮蔽其他规范的特殊性。其二，书面形式拟制规范对不同性质书面形式强制规范的适用边界不同，除另有约定外，倡导性规范不满足"应当采用书面形式"，不影响民事法律行为效力。强制性规范不满足"应当采用书面形式"，会导致民事法律行为无效或履行障碍。书面形式拟制规范适用边界直接关涉民事法律行为的效力或履行。[1]其三，书面形式拟制规范介入任意性规范与强制性规范

---

[1]　本书认为，如果书面形式拟制规范与管理性强制性规范所对应的行政程序相冲突，那么书面形式拟制规范在此类情形中也没有适用余地。

的方法不同。它可以借助拟制规范的强势效力、民事法律行为"其他形式"和证据方法规范的凸显，介入任意性规范的法律适用。当它介入效力性强制性规范时，要根据书面形式控制民事法律行为效力的根本性质与构成要件品格初始过滤，然后再结合警示功能、证据功能、拟制规范例外品格、书面形式拟制规范特殊品性即交易习惯等进行判断。

如果立法规定未采取特定形式的民事法律行为的法律后果，民事法律行为形式规范就是具有裁判规范功能的完全法条。[1]由于书面形式强制规范都未明确当事人不采用法定或约定形式的法律后果，因此均属于不完全法条，它们的法律性质不明，这也间接造成书面形式拟制规范的适用难题。例如，《民法典》第135条后段就属于不完全法条，这就带来了解释论难题。理论上，书面形式强制规范性质分歧较大，有强制性规范说、任意性规范说和倡导性规范说。前两种学说分别对应"违反法定形式的法律行为无效"命题的解释论与立法论，第三种学说是基于妥当判断民事法律行为效力的目的，对民法规范作的类型区分。[2]法律适用者无论持守何种学说前见，都要遵循一定方法区分书面形式强制规范的性质，厘清书面形式拟制规范对不同性质规范对应案型的适用边界。通说认为，要式合同的形式是合同成立要件，不符合形式要件的合同会发生一些特别法律效果。[3]但是，比较法上有理论认为意思表示成立/生效与法律行为成立、生效分属两个阶层，形式瑕疵仅仅控制民事法律行为

---

〔1〕　王雷："论合同法中证据规范的配置"，载《法学家》2016年第3期，第56页。

〔2〕　钟瑞栋："论'形式强制'规范的性质"，载《云南社会科学》2014年第2期，第123~125页。

〔3〕　韩世远：《合同法总论》（第3版），法律出版社2011年版，第61~62页。

效力，不影响其成立。[1]我国有学者也曾建议："合同不遵守法律、行政法规规定的书面形式的，无效，但法律、行政法规另有规定的除外。不遵守当事人约定的书面形式的，无效，但当事人另有不同意思的除外。"[2]但是，也有观点认为如此有违意思自治之嫌，会造成体系违反和逻辑矛盾。[3]可见，书面形式强制处境尴尬，它本来属形式自由的例外，讨论者却试图将其原则化。在合同证据方法视野下，书面形式有助于查清合同的性质及内容，处于配角地位。脱离合同法语境，书面形式就可能转客为主，如遗嘱继承的形式要件影响遗嘱的成立或效力。因此，笼统讨论书面形式强制规范的性质是不妥当的。

讨论书面形式拟制规范对书面形式强制规范对应案型的适用边界时，应遵循两项实体性论证规则。其一，在没有足够充分且正当理由的情况下，应当坚持书面形式强制控制民事法律行为效力。换言之，在没有足够充分且正当理由的情况下，应当坚持书面形式强制规范的强制性优先于倡导性判断，坚持书面形式强制规范的效力性强制性优先于管理性强制性判断。[4]书面形式强制是形式自由的例外，凡主张例外原则化的，须承担论证责任。此处的"例外原则化"是这样一种现象，即忽视立法者借助书面形式控制民事法律行为成立或生效的本意，忽视书面形式强制的这种例外，一味将其解释为书面形式自由的

---

〔1〕 王琦："德国法上意思表示和法律行为理论的新发展——兼论对中国民法总则立法的启示"，载《清华法学》2016 年第 6 期，第 57 页。

〔2〕 朱广新："书面形式与合同的成立"，载《法学研究》2019 年第 2 期，第 76 页。

〔3〕 马新彦："法律行为形式要件的反思与未来民法典的完善"，载《政法论丛》2016 年第 3 期，第 53~54 页。

〔4〕《全国法院民商事审判工作会议纪要》第 30 条纠偏了强制性规定的理论区分和审判思维，特别强调要在考量强制性规定所保护的法益类型、违法行为法律后果及交易安全保护等因素基础上认定其性质，并在裁判文书中充分说明理由。

原则。其二，在没有足够充分且正当理由的情况下，不得弱化作为倡导性规范的证据方法和作为效力性强制性规范的证据方法的区分，不得弱化作为证据方法的书面形式强制和作为构成要件的书面形式强制的区分。因为书面形式强制不仅是重要的证据方法，还具有构成要件品格。[1]《民法典》物权编、合同编、人格权编、婚姻家庭编和继承编都有书面形式强制规范，不存在一个放之上述五编而皆准的区分标准。各编内部的书面形式强制规范性质不尽相同。合同编书面形式强制规范调整案型适用书面形式拟制规范的方法是直接适用，婚姻家庭编是参照适用，物权编、人格权编、继承编是解释适用或类推适用。

四、书面形式拟制规范的直接或参照适用

当书面形式强制规范为大前提、争点为是否"应当采用书面形式"时，"应当采用书面形式"规范意义就会显现。合同自由只是理解"应当采用书面形式"规范意义的一面，远不是其全貌。根据总分结合的立法技术，合同编通则作为合同编的小总则，合同编通则的书面形式拟制规范对合同编的书面形式强制规范具有普遍解释力。合同编要求应当采用书面形式订立合同的，书面形式当然包括特定数据电文，主张不适用书面形式拟制规范的，应当承担说理论证责任。合同编借《民法典》第464条第2款的参照适用条款兜住身份关系协议法律适用的"底"，[2]书面形式拟制规范对婚姻家庭编的书面形式强制规范也有适用空间。

---

〔1〕　参见冯友兰：《中国哲学简史》，赵复三译，中华书局2015年版，第412~414页。

〔2〕　王雷："论身份关系协议对民法典合同编的参照适用"，载《法学家》2020年第1期，第45页。

（一）直接适用书面形式拟制规范的边界

合同编中有的书面形式强制规范对应交易背景下的民事法律行为，属于倡导性规范。合同编的底色是鼓励交易，这可以转化为鼓励交易的解释目的。这些规范对应的民事法律行为具有相对性，不存在突破合同相对性的例外，不涉及公共利益的保护。其中"应当采用书面形式"的"应当"是"最好"的意思，偏向证据方法，书面形式拟制规范有广阔适用空间。有观点认为，与合同法定书面形式有关的合同法规范仅是出于保存证据和督促当事人谨慎交易为目的的倡导性规范。[1] 书面形式不发挥构成要件功能，也就不存在特定数据电文适用过宽的问题。书面形式拟制规范适用边界止于当事人约定签订合同书作为民事法律行为的生效要件。当事人甚至会约定排除适用书面形式拟制规范，直接堵上其适用于倡导性规范的大门。《民法典》第 707 条、第 736 条第 2 款、第 762 条第 2 款、第 789 条与第 796 条也属于倡导性规范。

合同编中有的书面形式强制规范包含对公共利益的保护，属于效力性强制性规范。在形式自由、形式强制和数据电文形式之间，存在"原则—例外—例外的例外"复杂体系。体系化是《民法典》的生命，适用一个条文就是适用整部法典。书面形式拟制规范对应"例外的例外"，尤其是在书面形式的构成要件品格凸显的情形下，该拟制规范的适用就不宜过宽。此时，书面形式除具有证据方法的作用外，还具有警示功能和市场秩序维护功能。警示功能对应的方法是"签字"，提醒当事人确认意思表示，深刻体认"一诺千金，白纸黑字"的形式感。签名、盖章显示特定意思表示所属的表意者与受领者，反过来彰显并

---

[1] 王轶："论倡导性规范——以合同法为背景的分析"，载《清华法学》2007 年第 1 期，第 70 页。

影响特定意思表示。[1]此时，应严格限制书面形式拟制规范的适用。书面形式蕴含调和极端意思主义的法理。

效力性强制性规范中存在类型化的公共利益因素。首先，保证合同书面形式要件中蕴含公平原则，公平原则是重要的公共利益类型。意思自治的优先性只是问题分析的起点，若其他原则的抽象重力合在一起超过了意思自治原则的抽象重力，意思自治原则就必须被限制或排除。[2]这也是利益动态衡量方法在民法基本原则中的体现。保证合同的书面形式警示保证人，签字与保证合同的效力直接挂钩。同时，保证合同是单务、无偿合同，书面形式可以保护保证人的利益。其次，非自然人之间的借款包含着金融安全、禁止高利贷等公共利益因素。最后，技术安全属于整体国家安全观的有机组成部分，技术合同中包含的技术安全是广义公共利益。违反国家禁止出口规定的合同无效，违反国家限制进出口规定的合同未生效。[3]有观点认为，交易的行政管理和服务均附着于技术合同制度。因其管制使命，合同自由在技术交易领域的贯彻难言彻底，特别体现在合同无效制度和对合同书面形式的要求。[4]《民法典》第 668 条第 1 款、第 685 条、第 696 条第 2 款、第 697 条第 1 款、第 851 条第 3 款与第 863 条第 3 款也属于效力性强制性规范。

合同编中有的书面形式强制规范包含着行政程序的实现方

---

〔1〕 崔建远："合同解释语境中的印章及其意义"，载《清华法学》2018 年第 4 期，第 168 页。

〔2〕 方新军："内在体系外显与民法典体系融贯性的实现　对《民法总则》基本原则规定的评论"，载《中外法学》2017 年第 3 期，第 582 页。

〔3〕 技术进出口合同的效力判断，要结合《技术进出口管理条例》和《关于调整发布〈中国禁止出口限制出口技术目录〉的公告》共同认定。

〔4〕 徐卓斌："技术合同制度的演进路径与司法理念"，载《法律适用》2020 年第 9 期，第 80 页。

法，属于管理性强制性规范。行政机关对书面形式拟制规范的适用有判断余地。《民法典》第 938 条第 3 款规定物业服务合同应当采用书面形式。物业服务合同履行时间长、权利义务复杂，采取书面形式有利于明确双方权利义务，便于合同履行和纠纷解决，也便于行政主管部门备案。事实上，物业服务合同需要到指定的行政主管部门备案，各地行政主管部门一般都发布有《物业服务合同示范文本》，书面形式拟制规范也没有适用余地。如果数据电文无法实现行政程序的要求，则书面形式拟制规范在特定时空就没有适用余地，但这具有渐进性和流动性，随着行政程序信息化进程的推进等条件实现，书面形式拟制规范也存在适用可能性。

（二）参照适用书面形式拟制规范的边界

《民法典》第 464 条第 2 款规定身份关系协议的参照适用。合同编借助参照适用，提供身份关系协议法律适用的一般规则。根据夫妻财产约定协议和离婚协议的性质，既可能参照适用书面形式拟制规范，又可能补充适用总则编的规定。《民法典》第 1065 条第 1 款规定夫妻约定财产制应当采用书面形式，第 1076 条第 1 款规定夫妻双方自愿离婚应当签订书面离婚协议。夫妻财产约定协议和离婚协议以夫妻身份关系为基础并包含财产法律关系的内容，但不能被简单等同于财产法律关系，不能被简单认定为倡导性规范而简单参照适用书面形式拟制规范。首先，要结合二者的性质认识，即维护身份关系和谐安定、实现夫妻乃至家庭共同利益、养老育幼、未成年子女利益最大化等。[1]此时，侧重体现书面形式的控制功能，具有严格的构成要件品格。其次，要结合例外规范参照适用的方法认识。通说

---

[1] 王雷："论身份关系协议对民法典合同编的参照适用"，载《法学家》2020 年第 1 期，第 32 页。

认为，例外规范不得类推适用，避免不当扩大例外规范的适用范围。[1]参照适用书面形式拟制规范也存在类似问题，即参照规范效果的限定。[2]最后，要结合身份关系协议效力溢出性和外部性认识。

《民法典》第 1065 条第 1 款规定夫妻约定财产制应当采用书面形式，属于效力性强制性规范，法律适用者应严格限制该案型参照适用书面形式拟制规范，原因如下。其一，身份关系协议性质集中体现了书面形式的控制功能。作为构成要件的书面形式能更好地实现该控制功能，也能更好地贯彻身份关系协议性质。其二，在夫妻债务的司法裁判中，夫妻财产约定往往会产生很强的外部性，尤其是对夫或妻的债权人影响很大。《民法典》第 1065 条第 3 款规定，夫或妻的债权人是否知道夫妻财产约定，直接影响债权的担保范围。书面形式的夫妻财产约定协议，便于夫或妻对外负债时向债权人出示。这里的书面形式不仅具有构成要件品格，还具有重要的证据方法品格，这种证据方法中间接隐藏着保护债权人的目的。但是，夫妻财产约定中的外部性和第三人信赖利益的保护还是有所区别的。这是因为夫妻财产约定协议本质上是合同，具有相对性，原则上不对第三人发生效力，也不存在不特定第三人享有对夫妻财产约定协议的信赖利益的问题。夫妻债务认定在实践中乱象丛生，该规范宜属于效力性强制性规范。采取数据电文形成约定财产协议，存在"后"覆盖"前"问题，不利于保护债权人等问题。

《民法典》第 1076 条第 1 款规定夫妻双方自愿离婚应当签

---

〔1〕 相反观点可参见［奥］恩斯特·A. 克莱默：《法律方法论》，周万里译，法律出版社 2019 年版，第 183 页。

〔2〕 张弓长："《民法典》中的'参照适用'"，载《清华法学》2020 年第 4 期，第 116 页。

订书面离婚协议，属于效力性强制性规范，也具有管理性强制性规范的品格。事实上，离婚协议属于附生效条件的身份关系协议，条件是到民政部门办理离婚登记。[1]实践中，夫妻要到民政部门申请登记离婚，民政部门会要求他们提交离婚协议，如果夫妻双方不提交书面离婚协议，则无法正常办理离婚手续，非书面的离婚协议就未生效，解除婚姻的身份法律行为也未生效。因此，该规范没有书面形式拟制规范适用的余地。

五、解释或类推适用书面形式拟制规范

物权编、人格权编、继承编也存在书面形式强制规范。根据法律适用方法，这些规范无法像合同编中书面形式强制规范那样，存在直接适用书面形式拟制规范的可能，也无法像婚姻家庭编中书面形式强制规范那样，存在参照适用书面形式拟制规范的可能。因此，书面形式拟制规范对物权编、人格权编、继承编的书面形式强制规范的适用方法，应从解释和类推适用入手。[2]本书有意识地区分类推适用与参照适用书面形式拟制规范这两种适用方法，尽管它们都要求法官基于相似事物相同处理的原则，对不存在明确规则供给的问题寻找解释方案，其共性大于个性。本书之所以仍然对其作出区分，是因为书面形式拟制规范作为例外规范，参照适用与类推适用对该拟制规范的限制路径不同。参照适用是立法者已经替裁判者作出了判断，在一定程度上消解"例外规范不得类推"命题的

---

〔1〕 夫妻离婚协议可以补充适用《民法典》第158条。在法律适用方法上，身份关系协议既可以参照适用《民法典》合同编的规则，也可以补充适用《民法典》总则编的规则。

〔2〕 "法律解释与法律补充之典型的情形究竟有区别，且其区别不论在法律实务上（如禁止法律补充的情形），还是在法学方法论上都具有重大的意义。"参见黄茂荣：《法学方法与现代民法》，2020年自版发行，第699页。

限制，但类推适用书面形式拟制规范无法直接绕开该命题的限制。这种区分旨在明确不同适用方法介入书面形式拟制规范的清晰度。

（一）类推适用书面形式拟制规范的困境

书面形式拟制规范能否当然适用于物权编、人格权编、继承编的书面形式强制规范调整案型，涉及对《民法典》第135条书面形式外延的解释。如果该条书面形式外延包括数据电文，则书面形式拟制规范当然对物权编、人格权编、继承编的书面形式强制规范有适用空间。通说认为，总则编采用提取公因式的立法技术，为各分编的法律适用提供一般性规则。根据狭义法律解释方法，很难将《民法典》第135条书面形式解释为"书面形式=基本书面形式+拟制书面形式"，原因如下。其一，书面形式拟制规范处在较复杂的"原则/例外"关系中，无法上升到原则层面。其二，合同编有区分合同书与数据电文形式的思维。例如，《民法典》第490、493条使用"合同书"字样，合同书是书面形式的基本类型，跟数据电文形式有本质差别。其三，人格权编和侵权责任编处于民事法律行为的边缘地带，适用民事法律行为的空间本身有限。所以，很难说总则编规定的民事法律行为形式就当然适用于各分编，这可能也是书面形式拟制规范规定在合同编的原因。其四，合同编规定书面形式拟制规范，回应信息时代民商法理论和实践需求，更多是以交易背景下民事法律行为为原型。各分编对信息时代的展现方法各有不同。例如，继承编第1137条规定的录音录像遗嘱，并不是以拟制方法，而是根据遗嘱法律关系性质，以录音录像方法体现继承编对信息时代的回应。因此，根据总分结合和提取公因式的技术，借助狭义法律解释方法不能得出《民法典》第135条书面形式包括数据电文形式的结论。

这也不意味书面形式拟制规范在物权编、人格权编、继承编的适用就山穷水尽了。在物权编、人格权编、继承编书面形式强制规范案型对书面形式拟制规范适用产生争议的情形下，当狭义解释方法无法得出结论时，法律就存在漏洞，需要类推适用填补法律漏洞。严格限制例外规范的类推适用已是通说。例外既可不适用原则，自不能从宽解释，必须从严解释，否则原则必被破坏殆尽。[1]根据书面形式拟制规范的例外品格，原则上不得类推适用。[2]理论上，类推适用例外规范可能不当扩大其适用范围，带来利益失衡，违反例外规范的立法目的。[3]立法上，我国澳门特别行政区的《澳门民法典》第10条规定："例外规定不得作类推适用，但容许扩张解释。"类推适用排斥例外规范，这是类推适用结论的特殊性与例外规范的特殊性共同作用的结果。一方面，类推适用是由"特殊到特殊"的推论，与"演绎""归纳"推论不同，其类推导出的结论可能不太准确，甚至是错误的。[4]另一方面，例外规范本就是对原则规范的背离，是与普遍、一般对立的特殊、个别情形，例外规定不允许延伸。因此，类推适用例外规范会减损具案处理结论的妥当性与公正性。尽管"例外规范原则上不得类推适用"命题是有力说，深刻影响着具体案件的规范配置，但民法学方法论的思考不会止步于该命题给出的既有判断结论。在谬误和真理相互转化的过程中，法学上的讨论往往取法"道理"，讲究诸多道理（决定性理由和补强性理由等）形成的论证合力。事物普遍

---

〔1〕 郑玉波：《法谚（一）》，法律出版社2007年版，第32页。

〔2〕 王利明：《法学方法论》，中国人民大学出版社2011年版，第510页。

〔3〕 反对意见可参见〔奥〕恩斯特·A.克莱默：《法律方法论》，周万里译，法律出版社2019年版，第183页。

〔4〕 杨仁寿：《法学方法论》，中国政法大学出版社1999年版，第148~149页。

联系和永恒发展的辩证法揭示了"例外自体亦属一种原则"。[1]
但是，狭义法律解释和类推适用也反映出，物权编、人格权编、
继承编解释或类推适用书面形式拟制规范存在理论困境。这就
需要进一步发展和完善方法论，充分释放《民法典》体系效益，
为发展我国民事法律制度提供理论支撑。鉴于此，广义体系解
释方法就有助于推进该问题的思考。

（二）书面形式拟制规范适用方法延伸

服务于丰富和发展民法学方法论的目的，有学者富有洞见
地提出了广义民法学方法论与广义体系解释方法。[2]广义体系
解释方法，是指从体系解释出发但又不局限于狭义体系解释本
身，充分把握《民法典》体系化的精髓，真正实现法律适用漏
洞的补充。法律适用者首先要穷尽《民法典》规则，尽量在
《民法典》中完成法律适用作业。合同编通则不仅为合同编分
则提供一般规则，还具有为其他分编提供一般规则的可能性。
在区分倡导性规范与强制性规范的基础上，书面形式拟制规范
有适用于物权编、人格权编、继承编中书面形式强制规范的
可能。

物权编规定的6个书面形式强制规范都属于倡导性规范，
即《民法典》第348条、第354条、第367条第1款、第373条
第1款、第400条第1款与第427条第1款。这些规范仅涉及交
易当事人私人利益安排，与公共利益无关，其确立的复杂规范
并非强制性规定，而是提倡和诱导当事人采用特定行为模式的倡

---

〔1〕　郑玉波：《法谚（一）》，法律出版社2007年版，第32页。

〔2〕　需要特别强调的是，本书语境下的广义体系解释方法，是直接借鉴自中
国政法大学民商经济法学院副教授王雷的民法学方法论思想。参见王雷："对《中
华人民共和国民法典（草案）》的完善建议"，载《中国政法大学学报》2020年第
2期，第85页。

导性规定。[1]除地役权与动产质权外，其他书面形式强制规范对应的物权创设都是自登记时设立。不动产物权的登记本身包含国家信用这种更高的公信力。此时，书面形式作为不同物权对应合同行为构成要件的必要性不大。登记不能成为否定书面形式拟制规范适用的理由。[2]地役权采登记对抗主义，地役权不登记，不得对抗善意第三人。地役权登记后当然具有公信力，不登记也不存在妨害善意第三人信赖利益的可能。质权自出质人交付质押财产时设立，交付本身就是法定的物权公示方法。除了现实交付之外，替代交付也可成为动产所有权移转的公示方法，占有改定无法有效表彰动产质权，无法实现动产质权的取得。[3]因此，书面形式拟制规范对建设用地使用权出让的合同、建设用地使用权处分合同、居住权合同和抵押权合同具有适用余地，除非当事人明确约定排除其适用。

人格权编第 1006 条第 2 款、第 3 款确定了人体捐献应当采用书面形式的规则。人格权编第 1008 条第 1 款规定人体临床试验要经受试者或其监护人书面同意。这两个书面形式强制规范属于效力性强制性规范，书面形式具有严格的构成要件意义，并且签名属于书面形式的构成要件，书面形式拟制规范不具有

---

〔1〕 王轶："论物权法文本中'应当'的多重语境"，载《政治与法律》2018年第 10 期，第 24 页。

〔2〕《不动产登记暂行条例实施细则》第 9 条规定："申请不动产登记的，申请人应当填写登记申请书，并提交身份证明以及相关申请材料。申请材料应当提供原件。因特殊情况不能提供原件的，可以提供复印件，复印件应当与原件保持一致。"最高人民法院《关于民事诉讼证据的若干规定》第 15 条第 2 款规定："当事人以电子数据作为证据的，应当提供原件。电子数据的制作者制作的与原件一致的副本，或者直接来源于电子数据的打印件或其他可以显示、识别的输出介质，视为电子数据的原件。"

〔3〕 有学者认为应收账款质权应同时具备书面质押协议和登记两个要件方可成立。参见刘平："去存法典化：应收账款质权之路径反思与制度重塑"，载《交大法学》2018 年第 4 期，第 94 页。

适用余地。因为，器官捐献和人体试验关涉自然人生命权、健康权、人格尊严等基本人身权利，属于公共利益的具体类型。其中，人体临床试验更应该经过相关主管部门的行政审批，[1]行政审批一般要求狭义书面形式。狭义书面形式还是立遗嘱人所立书面遗嘱的严格构成要件，也是彰显立遗嘱人所立遗嘱重要证据方法。这可以加强论证书面遗嘱不包括数据电文形式。

继承编第 1124 条第 1 款规定了继承人应当在遗产处理前以书面形式作出放弃继承的表示，该规范属于倡导性规范。放弃继承的继承人可采用数据电文形式，便于作出放弃继承的意思表示。继承编第 1134 条自书遗嘱、第 1135 条代书遗嘱、第 1136 条打印遗嘱、第 1139 条公证遗嘱，都应该采用书面形式订立，这些规范属于效力性强制性规范。遗嘱形式要件要求比其他民事法律行为更高，除录音录像遗嘱外，其他类型遗嘱要求严格的书面形式法律行为。合同订立的要件是签名、盖章或按指印，但是书面遗嘱强调的签名，遗嘱形式要件彰显的是立遗嘱之人的身份。根据体系解释方法，在多种证据方法规范里面，立法者对遗嘱的证据方法规范和对合同书的证据方法规范是不一样的。根据历史解释方法，《继承法》第 17 条也仅仅规定了遗嘱要"签名"，足以彰显遗嘱亲笔签名的重要性，且签名不同于签字。目前看，书面遗嘱没有书面形式拟制规范适用余地。正如此，有学者认为不宜过度僵化对要式行为中行为方式的规定，应该对遗嘱法定形式的效力性强制性规定作适当缓和，以实现形式无害真意。[2]

不同的文本形式，对民事法律行为效力影响的强度也不同。

---

〔1〕　王利明：《人格权重大疑难问题研究》，法律出版社 2019 年版，第 399 页。

〔2〕　王雷："我国《继承法》修改中应着力协调的三种关系"，载《苏州大学学报（法学版）》2014 年第 4 期，第 27 页。

书面形式拟制规范的法律适用，补充、完善和发展民法方法论。书面形式拟制规范与书面形式强制规范结合，凸显前者适用边界的规范价值。立法者借助拟制技术将网络交易形式嵌入《民法典》，回应信息时代民商法理论和实践需求，缓和数据电文入典存在的守成和创新张力。书面形式强制规范可区分为强制性规范与倡导性规范，书面形式拟制规范对强制性规范的适用边界比对倡导性规范的适用边界更严格。书面形式强制规范具有证据方法和构成要件品格。合同编书面形式强制规范调整案型可直接适用书面形式拟制规范，婚姻家庭编书面形式强制规范调整案型可参照适用该拟制规范。但是，物权编、人格权编、继承编解释或类推适用书面形式拟制规范面临着理论困境，广义体系解释方法可化解该困境，提供理论证成的可能。不能无差别地适用书面形式拟制规范，要根据其性质，结合书面形式功能、拟制规范例外品格、数据电文形式特殊品性、民商事交易习惯、拟处理案型根本性质及行政程序等综合认定。

结　论

　　本书的研究对象是《民法典》中的拟制规范，即拟制规范的现象、思想和方法。本书的目的就是要树立拟制规范在民法学方法论体系中应有的理论地位，就是要在教义学层面和认识论层面推进拟制规范的讨论方法，就是要切实回应拟制规范的困惑与难题。试图对立法者无意识配置的拟制规范加以体系化，对立法者配置不当的拟制规范进行解释论融贯，为拟制规范立法和司法的科学化储备理论。本书关于拟制规范的研究具有四个层次，即：整理法律拟制/拟制规范的通说知识；完善和拓展法律拟制/拟制规范的通说知识，参与创建法律拟制/拟制规范新的通说知识；运用民法学和其他社会科学积淀的丰富思想资源，贡献关于法律拟制/拟制规范的洞见；尝试发展关于法律拟制/拟制规范的思想资源和分析框架。

　　拟制规范的现象描述就是为其法律适用服务的，就是要发现抑制拟制规范法律适用方法的立法和司法因素，就是要洞察拟制规范法律适用方法的发展空间和方向。拟制规范蕴涵丰富的方法论命题，不仅具有立法技术的品格，还具有司法技术的品格。拟制规范立法惯性中心主义、立法面向中心主义与非拟制规范中心主义三个立法现象描述命题，拟制规范司法适用的粗糙性及相关司法现象描述命题，需要我们时刻警惕、反思和修正。但是，拟制规范立法与司法现象描述中的积极因素，助力形成拟制规范方法论的研究确信。借助知识考古学和谱系学贡献的方法，在考察民法拟制规范的过去、当下和未来的过程中，总结三个立法现象描述命题，目的就是探究拟制规范方法论品格不彰的立法原因。通过对民法拟制规范的司法适用，尤其是裁判文书中论证说理的梳理，辩证地看待拟制规范方法论品格不彰的司法原因，总结出司法实践中蕴涵的拟制规范丰富方法论命题。例如，司法实践在"胎儿民事权利能力拟制规范"中发展出胎儿利益保护的法定补偿义务，为法定补偿义务作为债之独立类型进行了重要背书。

拟制规范的基础理论涉及拟制规范的基本概念、规范性质、类型区分与体系建构、相似范畴的区分与整合。首先，就拟制规范的基本概念而言，拟制规范与法律拟制不尽相同。拟制规范的上位概念有两个，即"法律拟制"与"不完全法条"。学术史上对法律拟制所作的评价，不能当然作为全部类型法律拟制的正当性与合理性的论证理由，要辨别不同评价所针对的法律拟制类型而分别使用。法律拟制是一个上位法律概念，拟制规范仅是其具体类型。拟制规范既是一种立法技术方法，又是一种司法技术方法，还是一种民法规范类型。其次，就拟制规范的性质而言，在正确对待拟制规范不可反驳性基础上，拟制规范是民法规范论视野下的不完全规范，是法律后果参引规范。作为解释性任意性规范的拟制规范，同时具有补充性任意性规范的品格，拟制规范分享解释性任意性规范与补充性任意性规范的法律功能、适用方法。拟制规范方法论命题更多蕴涵在实质拟制规范的法律适用中。民法案件事实的形成环节蕴涵丰富的方法论命题，民事证据规范作为案件事实形成环节"小司法三段论"的大前提，同样蕴涵丰富的方法论命题。拟制规范属于重要的民事证据规范，共享后者的方法论命题。再次，就拟制规范的类型区分与体系建构而言，拟制规范可以区分为实质意义上的拟制规范和形式意义上的拟制规范，实质意义上的拟制规范分为简单拟制规范和复杂拟制规范。拟制规范的类型区分与体系建构，始终立足并不断靠近司法适用。根据形式"必要差异"与实质"相同的规范目的"双重标准，可以将"视为"规范区分为实质意义上的拟制规范与形式意义上的拟制规范，后者包括事件推定规范、法律行为推定规范、事实行为推定规范和注意规范。最后，就拟制规范的相似范畴区分与融合而言，主要研究拟制规范与类推适用、准用规范、推定规范三者之间的关系，发现区别，寻找方法论上的借鉴，在比较思维下，丰富、发展和完善拟制规范的方法论命题。主要考量就是，拟制规范的方法论命题并不都能在其自身中得到有效证立，还必须借助外部的论题及方法。拟制规范的类推适用是拟制规范法律效果的扩张和外溢，与拟制规范法律效果的限缩相对应，二者相辅相成，共同构成了拟制规范适用边界的全貌。"拟制终究无非是类推"命题掩盖拟制规范的方法论品格，拟制规范与类推适用在方法论功能和方法论内部构成上均有不同，但作为例外规范的拟制规范有类推适用的可能。在广义上，引用性法条是拟制规范与准用规范的上位概念，二者具有家族亲缘性，这也是考察二者关系命题的切入点和破题点。准用规范中的相似性是立法者限定语境之下的相似性，这是一种规范上的相似性，而不是事实上、必然的相似性。准用规范中的性质方法可以为拟制规范提供方法借鉴，即拟制规范与基础规范调整案型的性质具有高度的相似性。在适用、补充适用与参照适用区别的前提下，基础规范与拟制规范之间是原则/例外关系，而不是一般/特别关系。因此，拟制规范对基础规范法律效果的参引被界定为参照适用更妥当，在各种区分标准中，形式区分论无法担当区分重任，无法消解"视为"规范区分论支持者的质疑，但有初始正当性。构造区分论、概率区分论和阶层区分论都旨在为反驳形式区分论寻找足够充分的理由，但仍然任重道远。拟制规范与推定规范可以提炼出一个共同的上位概念，即"民法证据规范"。在此之下，依据动态方法论可以缓和"视为"规范区分论命题内部隐含的促使拟制规范与推定规范分道扬镳的张力。

拟制规范的方法论功能，就是拟制规范在民法规范中优越性的转化表达。拟制规范具有积极的效用或有用性，以"旧瓶装新酒"方法避免民法规范大厦被随时推倒重建，避免民法理论的自洽性被随时质疑，通过渐进的方法不断完善既有民法规范对社会生活调整不周之处，展现强烈的法律实用主义色彩。拟制规范方法论功能要解决的问题，具有阶层化、类型化与内外部区分性的特点。方法论功能并不解决拟制规范的法律适用等问题，妥当将方法论功能表达的命题以看得见的方式实现在法律适用中，是拟制规范方法论本体构成要解决的问题。方法论功能是拟制规范正当性证成的补强性理由，方法论本体是拟制规范正当性证成的决定性理由。拟制规范的方法论功能类型化为事实判断、价值判断、解释选择、立法技术和司法技术功能。拟制规范方法论功能具有内外部区分性特点，无法当然为其他部门法拟制规范提供方法论上的借鉴，不同部门法中的拟制规范之间更多是方法论本体构成的相互借鉴，即拟制规范适用方法等法学方法论的借鉴、反思与完善。

拟制规范具有丰富的方法论功能。就拟制规范对事实判断的功能而言，拟制规范具有弥补生活事实与民法规范之间时效差的功能，具有完善事实的类型区分及论证方法的功能。法律拟制连接的两个具体事实是真实的，只不过这两个具体事实之间的连接关系是拟制的。就拟制规范对价值判断的功能而言，拟制规范具有展现新的利益取舍排序结论的功能，具有丰富民法正义观的内容与体系的功能。社会发展会导致拟制规范中各种价值此消彼长、重新取舍、重新排序，反过来改变拟制规范的法律适用方法，解构或重构传统民事法律制度。这展现拟制规范的流动性、包容性和可塑性。拟制规范内含管制与自治之间的张力，因为此类规范对应的构成要件或法律关系，直接绕过了民事主体的意思或意愿，可以说是以立法者价值判断限缩民事主体自我决定的空间。拟制事实与拟制基础之间平等延伸的程度，是价值判断功能合理化的重要识别标准。就拟制规范对解释选择的功能而言，拟制规范具有丰富民法解释社会生活方法的功能，具有补充民法解释社会生活形式的功能。就拟制规范对立法技术的功能而言，拟制规范具有避免繁琐重复规定、确保语言结构清晰明了的功能，具有符合立法美学要求、便于裁判依据寻找与援引的功能，推动法律发展。例如，拟制规范为或有期间理论的发展提供了直接的制度依据。异议期间是通过直接决定买受人究竟是否能够获得违约责任请求权或合同解除权，间接限制买受人的请求权或解除权，甚至或有期间的买受人异议期间的正当性与解释力，是标的物合约拟制规范赋予的，如果立法者不创设该拟制规范，则买受人异议期间作为或有期间就缺乏实证法依据。同时，这种间接限制也展现拟制规范的谦抑性特点。就拟制规范对司法技术的功能而言，拟制规范具有弥补法典漏洞的功能。然而，拟制规范可能遮蔽法律理论独立发展的可能性，限缩法律理论可开垦的范围。通过拟制方法稀释新的观点，虽然可避开法律理论的部分疑问，但未能结束法律适用的争议，甚至制造诸多解释论上的难题，丧失了拟制规范的理论与实践延展性。例如，保管合同拟制规范可能不当限制了法律的发展和方法论的完善，保管合同拟制规范对民事责任竞合理论的限制就是典型例子。拟制规范方法论功能的证成，无法从根本上消除拟制规范的正当性危机。为了克服部分拟制规范在方法论功能上的困境，需要借助外部方法矫正和完善拟制规范的法律适用方法。

拟制规范的方法论构成，就是从微观层面继续证成拟制规范的正当性，继续发现拟制规范的方法论命题。本书讨论的拟制规范方法论构成包括法理基础、一般结构、论证规则和适用边界。拟制规范法理基础要正确对待两个理论难题：正确对待演绎逻辑在民法规范体系中的地位；正确对待拟制规范的逻辑构成，发展和完善拟制规范的方法论命题，即相似性论证方法。拟制规范的功能描述是法理研究的"前见"，决断性功能往往被重点介绍，方法论功能则鲜被提及。拟制规范的学说包括虚构事实说、法律真实说和法律品性说三种。"虚构性"是观察拟制规范现象、思想和方法的一条明线。该学说在拟制规范"虚构性"基底上展开作业，其他学说也以拟制规范"虚构性"为"靶子"展开驳论与立论。

首先，拟制规范法理基础是平等和类比中的相似性及相似性论证规则，相似性的观点及其论证规则，对拟制规范具有足够充分的解释力。性质和目的都是相似性论证规则的方法论。在"相似性"观点下，拟制规范并没有违反正义的平等内核，"相似性"同时又属于类比推理的核心范畴。拟制规范相似性的第一层次是规范目的相似性，而不是构成要件事实的相似性，也不是价值判断的相似性。规范目的相似性是拟制规范正当性层面的控制方法，也是拟制规范平等法理的证成方法。事实上，拟制规范"当为"相似性论证指向规范目的相似性，是以目的论方法作为桥梁的相似性，目的论的解释过程指向类推结构。目的法学的思想和方法，对拟制规范当为相似性具有足够充分的解释力。

其次，整体视阈观和个体视阈观下，拟制规范一般结构的建构路径有所不同。现有拟制规范的一般结构都无法担当起一般结构的功能，需要外部的方法辅助识别实质意义上的拟制规范。拟制规范的一般结构命题，就是要回答：在拟制规范的立法创设和司法适用过程中，是否存在一个相对客观的、清晰的、可操作的规范结构，消解立法创设的正当性质疑，保证司法适用的正确性。在个体视阈观下，拟制规范一般结构面临循环论的困境，这也是由继承自个体视阈观的基因所导致的。在整体视阈观下，如果要将"以非 A 与 A"结构作为拟制规范一般结构，指导立法者妥当创设拟制规范，指引裁判者正确适用拟制规范，则要遵循其中的逻辑结构和概念界定。据此，非 A 和 A 有同一个属概念。但是，有的拟制规范恰恰不能完全被"以非 A 与 A"结构所涵括，例如"胎儿民事权利能力拟制规范"。拟制规范一般结构应该是一个相对开放的结构，应该有助于拟制规范类型区分与体系建构，不应该是非此即彼的排他性的、闭合性的结构。因为，拟制规范本身就是为应对民法规范的僵化和滞后而存在，不应该再受制于自身的封闭结构之中。

再次，"性质"方法论是民法拟制规范重要的相似性论证方法。立法论上，"性质"与"目的"配合以实现拟制规范创设的正当性；解释论上，"性质"具有强大的解释力，包括拟处理案型与拟制规范对应案型的相似性论证，根据拟制规范调整的法律事实的性质特殊性，参照适用基础规范的法律效果，以实现拟制规范法律适用的正确性。"性质"方法对拟制规范的解释力主要表现在拟制规范的立法创设和司法适用两个层次的以下三个方面："性质"确保拟制规范创设的正当性，为拟制规范供给妥当的方法论，为拟制规范的方法论功能预留了通道。从"性质"视角切入观察，拟制规范的方法论功能不再是权宜之计和无源之水。"性质"确保拟制规范适用的正确性。拟制规范法律适用存在双阶层的"性质"论证规则。第一阶层是"性质"在拟处理案型与具体拟制规范之间的相似性论证中发挥解释力，第二个阶层是"性质"在拟制规范参照适用基础规范法律效果的相似性论证中发挥解释力。第一阶层落脚到构成要件的相似性，属于传统法律适用方法的涵摄范畴；第二阶层落脚到法律效果的相似性，属于新的法律适用方法参照适用范畴。但是，传统解释方法作为法律方法论一家独大的局面长期未改变，间接限制民法学方法论视野的拓展。"性质"更多情况下被认为无法为法律适用者所把握，无法被客观地描述。理论界和实务应该站在方法论视野下看待"性质"。

最后，拟制规范的适用边界包括构成要件和法律效果的适用边界。以"书面形式拟制规范"适用边界为例，这不仅体现拟制规范构成要件适用边界的丰富命题，而且体现拟制规范法律效果适用边界的丰富命题。书面形式强制规范可以分为强制性/倡导性规范，书面形式拟制规范对强制性规范适用边界比对倡导性规范适用边界更狭窄、更严格。书面形式强制规范兼具证据方法规范与构成要件品格。根据法律适用方法，民法典合同编书面形式强制规范对应案型可以直接适用书面形式拟制规范，民法典婚姻家庭编书面形式强制规范对应案型可以参照适用该拟制规范。但是，民法典物权/人格权/继承编解释/类推适用该拟制规范面临理论困境，广义体系解释方法可化解该困境，提供理论证成的可能。

参考文献

一、中文文献

（一）中文著作

1. 陈一云主编：《证据学》（第2版），中国人民大学出版社2000年版。

2. 曾世雄：《民法总则之现在与未来》，中国政法大学出版社2001年版。

3. 陈嘉映：《泠风集》，东方出版社2001年版。

4. 崔建远：《合同法学》，法律出版社2015年版。

5. 陈自强：《契约错误法则之基本理论——契约法之现代化Ⅳ》，新学林出版股份有限公司2015年版。

6. 陈自强：《契约之内容与消灭》，元照出版有限公司2016年版。

7. 陈华彬：《民法总则》，中国政法大学出版社2017年版。

8. 陈甦主编：《民法总则评注》（下册），法律出版社2017年版。

9. 陈聪富：《民法总则》，元照出版有限公司2019年版。

10. 陈锐：《中国传统法律方法论》，中国社会科学出版社2020年版。

11. 陈曦：《法律规范性的哲学研究》，法律出版社2020年版。

12. 段厚省：《请求权竞合要论——兼及对民法方法论的探讨》，中国法制出版社2013年版。

13. 段晓彦：《刑民之间："现行律民事有效部分"研究》，中国法制出版社2019年版。

14. 冯友兰：《中国哲学简史》，赵复三译，中华书局2015年版。

15. 樊崇义：《证据法治与证据理论的新发展》，中国人民公安大学出版社

2020 年版。

16. 高家伟：《证据法基本范畴研究》，中国人民公安大学出版社 2018 年版。

17. 胡长清：《中国民法总论》，中国政法大学出版社 1997 年版。

18. 黄瑞祺主编：《再见福柯：福柯晚期思想研究》，浙江大学出版社 2008 年版。

19. 黄舒芃：《变迁社会中的法学方法》，元照出版有限公司 2009 年版。

20. 韩世远：《合同法总论》（第 3 版），法律出版社 2011 年版。

21. 黄卉：《法学通说与法学方法：基于法条主义的立场》，中国法制出版社 2015 年版。

22. 何家弘：《司法证明方法与推定规则》，法律出版社 2018 年版。

23. 黄薇主编：《中华人民共和国民法典合同编解读》（下册），中国法制出版社 2020 年版。

24. 韩忠谟：《法学绪论》，北京大学出版社 2009 年版。

25. 黄茂荣：《法学方法与现代民法》（第 5 版），法律出版社 2007 年版。

26. 黄茂荣：《法学方法与现代民法》，2020 年自版发行。

27. 姜世明：《证据评价论》，新学林出版股份有限公司 2014 年版。

28. 金岳霖主编：《形式逻辑》（重版），人民出版社 2018 年版。

29. 骆永家：《民事举证责任论》，商务印书馆股份有限公司 1972 年版。

30. 《梁启超法学文集》，中国政法大学出版社 2000 年版。

31. 李可：《举证责任研究——法理的视角》，贵州人民出版社 2004 年版。

32. 卢鹏：《拟制问题研究》，上海人民出版社 2009 年版。

33. 李浩主编：《证据法学》，高等教育出版社 2009 年版。

34. 李慧英主编：《证据法学》，西南交通大学出版社 2013 年版。

35. 刘宇、任继鸿编著：《证据法》，中国政法大学出版社 2014 年版。

36. 李振林：《刑法中法律拟制论》，法律出版社 2014 年版。

37. 梁慧星：《民法解释学》（第 4 版），法律出版社 2015 年版。

38. 梁慧星：《民法总论》（第 5 版），法律出版社 2017 年版。

39. 李宇：《民法总则要义：规范释论与判解集注》，法律出版社 2017 年版。

40. 林洲富：《民事诉讼法理论与案例》，元照出版有限公司 2020 年版。

41. 毛淑玲：《推定原理研究》，中国政法大学出版社 2020 年版。

42. 欧阳天健：《税法拟制论》，北京大学出版社 2021 年版。

43. 彭漪涟：《事实论》，上海社会科学院出版社 1996 年版。

44. 史尚宽：《民法总论》，中国政法大学出版社 2000 年版。

45. 苏永钦：《走入新世纪的宪政主义》，元照出版有限公司 2002 年版。

46. 孙彩虹主编：《证据法学》，中国政法大学出版社 2008 年版。

47. 宋朝武主编：《民事诉讼法学》（第 5 版），中国政法大学出版社 2018 年版。

48. 舒国滢：《法学的知识谱系》，商务印书馆 2020 年版。

49. 王泽鉴：《民法思维：请求权基础理论体系》，北京大学出版社 2009 年版。

50. 王泽鉴：《民法总则》，北京大学出版社 2009 年版。

51. 王泽鉴：《债法原理》（第 2 版），北京大学出版社 2013 年版。

52. 王泽鉴：《民法学说与判例研究》（重排合订本），北京大学出版社 2015 年版。

53. 王泽鉴：《侵权行为》（第 3 版），北京大学出版社 2016 版。

54. 王少禹：《侵权与合同竞合问题之展开——以英美法为视角》，北京大学出版社 2010 年版。

55. 王利明：《法学方法论》，中国人民大学出版社 2011 年版。

56. 王利明等：《民法学》（第 4 版），法律出版社 2015 年版。

57. 吴从周：《概念法学、利益法学与价值法学：探索一部民法方法论的演变史》，中国法制出版社 2011 年版。

58. 许可：《民事审判方法：要件事实引论》，法律出版社 2009 年版。

59. 许士宦：《民事诉讼法》（下），新学林出版股份有限公司 2017 年版。

60. 杨仁寿：《法学方法论》，中国政法大学出版社 1999 年版。

61. 杨仁寿：《法学方法论》（第 2 版），中国政法大学出版社 2013 年版。

62. 姚小林：《法律的逻辑与方法研究》，中国政法大学出版社 2015 年版。

63. 姚其圣：《民事诉讼法论》（下册），新学林出版股份有限公司 2016 年版。

64. 姚辉：《民法学方法论研究》，中国人民大学出版社 2020 年版。

65. 赵敦华：《现代西方哲学新编》，北京大学出版社 2001 年版。

66. 郑玉波：《民法总则》，中国政法大学出版社 2003 年版。

67. 朱刚：《本原与延异——德里达对本原形而上学的解构》，上海人民出版社 2006 年版。

68. 郑玉波：《法谚（一）》，法律出版社 2007 年版。

69. 周赟：《立法用规范词研究》，法律出版社 2011 年版。

70. 张继成：《证据基础理论的逻辑、哲学分析》，法律出版社 2011 年版。

71. 周宝峰：《证据法之基本问题》，内蒙古大学出版社 2015 年版。

72. 朱庆育：《民法总论》（第 2 版），北京大学出版社 2016 年版。

73. 张家勇：《合同法与侵权法中间领域调整模式研究——以制度互动的实证分析为中心》，北京大学出版社 2016 年版。

74. 赵春玉：《刑法中的法律拟制》，清华大学出版社 2018 年版。

75. 郑文革：《推定制度研究》，中国人民大学出版社 2019 年版。

76. 张越：《立法技术原理》，中国法制出版社 2020 年版。

77. 最高人民法院民法典贯彻实施工作领导小组主编：《中华人民共和国民法典合同编理解与适用（四）》，人民法院出版社 2020 年版。

（二）中文论文

1. 崔建远："论法律行为或其条款附条件"，载《法商研究》2015 年第 4 期。

2. 崔建远："合同解释语境中的印章及其意义"，载《清华法学》2018 年第 4 期。

3. 崔建远："合同法应当奉行双轨体系的归责原则"，载《广东社会科学》2019 年第 4 期。

4. 陈金钊："批判性法理思维的逻辑规制"，载《法学》2019 年第 8 期。

5. 陈金钊："探究法学思维的基本姿态——尊重逻辑、塑造法理、捍卫法治"，载《浙江社会科学》2020 年第 7 期。

6. 陈金钊："法源的拟制性及其功能——以法之名的统合及整饬"，载《清华法学》2021 年第 1 期。

7. 杜景林："民商事往来中沉默的法律责任"，载《法学》2014 年第 2 期。

8. 冯洁语："论法定条件的教义学构造"，载《华东政法大学学报》2018

年第 5 期。

9. 方新军："内在体系外显与民法典体系融贯性的实现——对《民法总则》基本原则规定的评论"，载《中外法学》2017 年第 3 期。

10. 高圣平、严之："房地单独抵押、房地分别抵押的效力——以《物权法》第 182 条为分析对象"，载《烟台大学学报（哲学社会科学版）》2012 年第 1 期。

11. 郭富青："商事立法拟制的类型化研究与价值评判"，载《国家检察官学院学报》2012 年第 6 期。

12. 郭明瑞："论侵权请求权"，载《烟台大学学报（哲学社会科学版）》2013 年第 3 期。

13. 胡学军："解读无人领会的语言——医疗侵权诉讼举证责任分配规则评析"，载《法律科学（西北政法大学学报）》2011 年第 3 期。

14. 韩富鹏："民法中'例外规定不得类推适用'之反思与重构"，载《西北民族大学学报（哲学社会科学版）》2021 年第 1 期。

15. 金印："论信用卡合同中'视为本人'条款的法律效力"，载《东方法学》2015 年第 2 期。

16. 纪海龙："《合同法》第 48 条（无权代理规则）评注"，载《法学家》2017 年第 4 期。

17. 纪格非："医疗侵权案件过错之证明"，载《国家检察官学院学报》2019 年第 5 期。

18. 纪格非："论法律推定的界域与效力——以买受人检验通知义务为视角的研究"，载《现代法学》2020 年第 6 期。

19. 梁慧星："论《侵权责任法》中的医疗损害责任"，载《法商研究》2010 年第 6 期。

20. 刘风景："'视为'的法理与创制"，载《中外法学》2010 年第 2 期。

21. 刘召成："部分权利能力制度的构建"，载《法学研究》2012 年第 5 期。

22. 龙卫球："《侵权责任法》的基础构建与主要发展"，载《中国社会科学》2012 年第 12 期。

23. 李巍："相似、拣选与类比：早期中国的类概念"，载《社会科学》

2021 年第 2 期。

24. 李大何："论附随义务及其救济方式"，载《浙江工商大学学报》2018
年第 2 期。

25. 李永军："我国《民法总则》第 16 条关于胎儿利益保护的质疑——基
于规范的实证分析与理论研究"，载《法律科学（西北政法大学学
报）》2019 年第 2 期。

26. 李昊："论生态损害的侵权责任构造——以损害拟制条款为进路"，载
《南京大学学报（哲学·人文科学·社会科学）》2019 年第 1 期。

27. 雷磊："如何理解'同案同判'？误解及其澄清"，载《政法论丛》2020
年第 5 期。

28. 孟庆延："历史社会学的本土实践：'源流'研究的理论、议题与方
法"，载《广东社会科学》2020 年第 3 期。

29. 潘玮磷："构建损害赔偿法中统一的可预见性规则"，载《法学家》
2017 年第 4 期。

30. 亓同惠："'事实怀疑论'的背景、类型与矫正策略——兼论中国司法
实践中的'事实'"，载《法学》2013 年第 3 期。

31. 屈茂辉、廖子轩："定义性条款配置研究——以民法典编纂为中心"，
载《学习与探索》2020 年第 6 期。

32. 阮堂辉、陈俊宇："'同案不同判'现象的内在逻辑与治理路径"，载
《学习与实践》2018 年第 7 期。

33. 冉克平："'身份关系协议'准用《民法典》合同编的体系化释论"，
载《法制与社会发展》2021 年第 4 期。

34. 荣学磊："中国法语境下共有推定规则的误读与澄清"，载《东方法学》
2021 年第 1 期。

35. 孙海波："'同案同判'：并非虚构的法治神话"，载《法学家》2019 年
第 5 期。

36. 孙海波："重新发现'同案'：构建案件相似性的判断标准"，载《中
国法学》2020 年第 6 期。

37. 尚连杰："拟制条件成就的法理构造"，载《法律科学（西北政法大学
学报）》2017 年第 4 期。

38. 沈健州："民法解释选择问题的分析框架：以或有期间概念为分析范例"，载《中外法学》2019 年第 4 期。

39. 石佳友："民法典的立法技术：关于《民法总则》的批判性解读"，载《比较法研究》2017 年第 4 期。

40. 唐晓晴："要约与承诺理论的发展脉络"，载《中外法学》2016 年第 5 期。

41. 谭启平："论民法典第 16 条的限缩解释——以胎儿不能成为征地补偿对象而展开"，载《东方法学》2020 年第 4 期。

42. 王利明："《侵权责任法》的中国特色解读"，载《法学杂志》2010 年第 2 期。

43. 王利明："民法分则合同编立法研究"，载《中国法学》2017 年第 2 期。

44. 王利明："民法典合同编通则中的重大疑难问题研究"，载《云南社会科学》2020 年第 1 期。

45. 王轶："民法价值判断问题的实体性论证规则——以中国民法学的学术实践为背景"，载《中国社会科学》2004 年第 6 期。

46. 王轶："对中国民法学学术路向的初步思考——过分侧重制度性研究的缺陷及其克服"，载《法制与社会发展》2006 年第 1 期。

47. 王轶："论合同法上的任意性规范"，载《社会科学战线》2006 年第 5 期。

48. 王轶："《物权法》的任意性规范及其适用"，载《法律适用》2007 年第 5 期。

49. 王轶："论物权法的规范配置"，载《中国法学》2007 年第 6 期。

50. 王轶："论合同法中的混合性规范"，载《浙江工商大学学报》2008 年第 3 期。

51. 王轶："论民事法律事实的类型区分"，载《中国法学》2013 年第 1 期。

52. 王轶："作为债之独立类型的法定补偿义务"，载《法学研究》2014 年第 2 期。

53. 王轶："民法典的规范类型及其配置关系"，载《清华法学》2014 年第

6 期。

54. 王轶、关淑芳："民法商法关系论——以民法典编纂为背景"，载《社会科学战线》2016 年第 4 期。

55. 王轶："民法总则之期间立法研究"，载《法学家》2016 年第 5 期。

56. 王轶："如何评价《民法总则》"，载《中国应用法学》2017 年第 4 期。

57. 王轶："法律规范类型区分理论的比较与评析"，载《比较法研究》2017 年第 5 期。

58. 王轶："当前民法典编纂争议问题的讨论方法"，载《北京航空航天大学学报（社会科学版）》2018 年第 1 期。

59. 王轶、关淑芳："论民法总则的基本立场"，载《国家行政学院学报》2018 年第 1 期。

60. 王轶："民法典物权编规范配置的新思考"，载《法学杂志》2019 年第 7 期。

61. 王轶："行政许可的民法意义"，载《中国社会科学》2020 年第 5 期。

62. 王雷："民法规范的性质——游走在自治和管制之间"，载《法学杂志》2009 年第 12 期。

63. 王雷："我国民法典中证据规范的配置——以证明责任规范为中心"，载《法商研究》2015 年第 5 期。

64. 王雷："论合同法中证据规范的配置"，载《法学家》2016 年第 3 期。

65. 王雷："论物权推定规范"，载《比较法研究》2016 年第 6 期。

66. 王雷："民法典编纂的地方经验——以南阳市依法治国若干实践为题材"，载《财经法学》2017 年第 1 期。

67. 王雷："论容忍义务在我国民法典中的体系位置"，载《河南财经政法大学学报》2017 年第 1 期。

68. 王雷："违约金酌减中的利益动态衡量"，载《暨南学报（哲学社会科学版）》2018 年第 11 期。

69. 王雷："论我国民法典中决议行为与合同行为的区分"，载《法商研究》2018 年第 5 期。

70. 王雷："对《中华人民共和国民法典（草案）》的完善建议"，载《中国政法大学学报》2020 年第 2 期。

71. 王雷："论身份关系协议对民法典合同编的参照适用"，载《法学家》2020 年第 1 期。

72. 王雷："民法典适用衔接问题研究动态法源观的提出"，载《中外法学》2021 年第 1 期。

73. 王学棉："论推定的逻辑学基础——兼论推定与拟制的关系"，载《政法论坛》2004 年第 1 期。

74. 王文胜："论合同法和侵权法在固有利益保护上的分工与协作"，载《中国法学》2015 年第 4 期。

75. 王洪亮："法律行为与私人自治"，载《华东政法大学学报》2016 年第 5 期。

76. 王彬："案例指导制度下的法律论证——以同案判断的证成为中心"，载《法制与社会发展》2017 年第 3 期。

77. 王琦："论民法典的规范技术——以《民法总则》为主要例证的阐释"，载《北大法律评论》2018 年第 1 期。

78. 谢鸿飞："违约责任与侵权责任竞合理论的再构成"，载《环球法律评论》2014 年第 6 期。

79. 谢鸿飞："违反安保义务侵权补充责任的理论冲突与立法选择"，载《法学》2019 年第 2 期。

80. 郗伟明："论合同保护义务的应然范围"，载《清华法学》2015 年第 6 期。

81. 谢潇："罗马私法拟制研究"，载《比较法研究》2017 年第 3 期。

82. 徐国栋："我国民法典应承认诚信缔结的无效婚姻效力并确立宣告婚姻无效请求权的时效"，载《上海政法学院学报（法治论丛）》2020 年第 1 期。

83. 杨震："民法总则'自然人'立法研究"，载《法学家》2016 年第 5 期。

84. 杨立新："《民法总则》中部分民事权利能力的概念界定及理论基础"，载《法学》2017 年第 5 期。

85. 杨立新："民法总则规定民事责任的必要性及内容调整"，载《法学论坛》2017 年第 1 期。

86. 易军："原则/例外关系的民法阐释"，载《中国社会科学》2019 年第 9 期。

87. 叶名怡："《合同法》第 122 条（责任竞合）评注"，载《法学家》2019 年第 2 期。

88. 严崴："论司法拟制的性质与意义"，载《安徽大学学报（哲学社会科学版）》2021 年第 3 期。

89. 于程远："《民法典》背景下婚姻法回归民法的路径选择——兼论《民法典》分编转介规范的运用"，载《中国高校社会科学》2021 年第 4 期。

90. 张谷："论约定保证期间——以《担保法》第 25 条和第 26 条为中心"，载《中国法学》2006 年第 4 期。

91. 张保生："推定是证明过程的中断"，载《法学研究》2009 年第 5 期。

92. 朱广新："我国民法拟制成年制度的反思与重建"，载《法商研究》2011 年第 1 期。

93. 朱广新："书面形式与合同的成立"，载《法学研究》2019 年第 2 期。

94. 钟瑞栋："论'形式强制'规范的性质"，载《云南社会科学》2014 年第 2 期。

95. 钟维："论民法中的推定规范"，载《东方法学》2015 年第 6 期。

96. 翟远见："《合同法》第 45 条（附条件合同）评注"，载《法学家》2018 年第 5 期。

97. 翟远见："论宣告死亡及其撤销在婚姻上的效力"，载《中国法学》2021 年第 2 期。

98. 占善刚、王译："民事法律规范中'视为'的正确表达——兼对《民法总则》'视为'表达之初步检讨"，载《河北法学》2018 年第 12 期。

99. 张平华："违约责任与侵权责任竞合：理想模式、现实状态与未来趋向"，载《北方法学》2019 年第 5 期。

100. 张焕然："论拟制规范的一般结构——以民法中的拟制为分析对象"，载《法制与社会发展》2021 年第 4 期。

101. 张世明："由简约通达正义：税法类型化观察法的适用"，载《经济法论丛》2019 年第 2 期。

102. 张海燕："'推定'和'视为'之语词解读?——以我国现行民事法律规范为样本"，载《法制与社会发展》2012年第3期。

103. 张海燕："论不可反驳的推定"，载《法学论坛》2013年第5期。

104. 张海燕："民事推定法律效果之再思考——以当事人诉讼权利的变动为视角"，载《法学家》2014年第5期。

105. 祝颖："证据法视野下夫妻共同债务推定规则检讨"，载《西南政法大学学报》2018年第1期。

106. 张弓长："中国法官运用类推适用方法的现状剖析与完善建议——以三项重要的合同法制度为例"，载《中国政法大学学报》2018年第6期。

107. 张弓长："《民法典》中的'参照适用'"，载《清华法学》2020年第4期。

108. 张金星："环境污染侵权一元归责之审视与修正——基于对《侵权责任法》第65条和《物权法》第90条的再思考"，载《法律适用》2019年第1期。

109. 朱虎："债法总则体系的基础反思与技术重整"，载《清华法学》2019年第3期。

110. 周江洪："民法典中介合同的变革与理解——以委托合同与中介合同的参照适用关系为切入点"，载《比较法研究》2021年第2期。

111. 章剑生："行政诉讼中民事诉讼规范之'适用'——基于《行政诉讼法》第101条展开的分析"，载《行政法学研究》2021年第1期。

112. 周铭川："论刑法拟制的本质、正当性及应有类型"，载《交大法学》2021年第1期。

113. 周维栋、汪进元："法律概念的规范构造：从'既定规范'到'个案规范'"，载《江苏行政学院学报》2021年第3期。

（三）译著

1. ［德］本德·吕特斯、阿斯特丽德·施塔德勒：《德国民法总论》（第18版），于馨森、张姝译，法律出版社2017年版。

2. ［德］彼得·A.温德尔："合同责任与侵权责任的统合与区分"，载王利明主编：《判解研究》（2019年第1辑，总第87辑），人民法院出版社 2019 年版。

3. ［奥］恩斯特·A.克莱默：《法律方法论》，周万里译，法律出版社 2019 年版。

4. ［日］富井政章：《民法原论》（第 1 卷），陈海瀛、陈海超译，中国政法大学出版社 2003 年版。

5. ［德］海因·克茨：《欧洲合同法》（上卷），周忠海、李居迁、宫立云译，法律出版社 2001 年版。

6. ［美］侯世达、［法］桑德尔：《表象与本质：类比，思考之源和思维之火》，刘健、胡海、陈祺译，浙江人民出版社 2018 年版。

7. ［奥］汉斯·凯尔森：《纯粹法学说》（第 2 版），雷磊译，法律出版社 2021 年版。

8. ［日］近江幸治：《民法讲义 I 民法总则》（第 6 版补订），渠涛等译，北京大学出版社 2015 年版。

9. ［日］加藤雅信等编：《民法学说百年史：日本民法施行 100 年纪念》，牟宪魁等译，商务印书馆 2017 年版。

10. ［德］卡尔·拉伦茨：《法学方法论》，陈爱娥译，商务印书馆 2003 年版。

11. ［德］卡尔·拉伦茨：《论作为科学的法学的不可或缺性》，赵阳译，商务印书馆 2021 年版。

12. ［德］卡尔·拉伦茨：《德国民法通论》（下册），王晓晔等译，法律出版社 2013 年版。

13. ［德］卡尔·拉伦茨：《法学方法论》（第 6 版），黄家镇译，商务印书馆 2020 年版。

14. ［德］卡尔·恩吉施：《法律思维导论》，郑永流译，法律出版社 2004 年版。

15. ［英］梅因：《古代法》，沈景一译，商务印书馆 1959 年版。

16. ［法］米歇尔·福柯：《词与物——人文科学的考古学》，莫伟民译，上海三联书店 2016 年版。

17. ［法］福柯：《福柯说权力与话语》，陈怡含编译，华中科技大学出版社 2017 年版。

18. ［美］弗雷德里克·绍尔："重访法律拟制"，王玥译，载陈金钊主编：《法律修辞研究》（第 6 卷），上海三联书店 2020 年版。

19. ［英］霍布斯：《利维坦》，黎思复、黎廷弼译，商务印书馆 1985 年版。

20. ［美］霍菲尔德：《基本法律概念》，张书友编译，中国法制出版社 2009 年版。

21. ［英］吉尔伯特·赖尔：《心的概念》，徐大建译，商务印书馆 1992 年版。

22. ［澳］柯武刚、［德］史漫飞、［美］贝彼得：《制度经济学：财产、竞争、政策》，柏克、韩朝华译，商务印书馆 2018 年版。

23. ［美］理查德·波斯纳：《各行其是：法学与司法》，苏力、邱遥堃译，中国政法大学出版社 2017 年版。

24. ［德］罗尔夫·旺克：《法律解释》（第 6 版），蒋毅、季红明译，北京大学出版社 2020 年版。

25. ［德］罗伯特·阿列克西：《法律论证理论：作为法律证立理论的理性论辩理论》，舒国滢译，商务印书馆 2019 年版。

27. ［德］海德格尔：《存在与时间》，陈嘉映、王庆节合译，生活·读书·新知三联书店 1999 年版。

28. 《马克思恩格斯全集》（第 25 卷），人民出版社 1974 年版。

29. ［法］梅洛-庞蒂：《可见的与不可见的》，罗国祥译，商务印书馆 2016 年版。

30. ［法］梅洛-庞蒂：《意义与无意义》，张颖译，商务印书馆 2018 年版。

31. ［法］莫里斯·奥里乌：《法源：权力、秩序和自由》，鲁仁译，商务印书馆 2015 年版。

32. ［英］尼尔·麦考密克：《法律推理与法律理论》，姜峰译，法律出版社 2018 年版。

33. ［德］齐佩利乌斯：《法学方法论》，金振豹译，法律出版社 2009 年版。

34. ［德］魏德士：《法理学》，丁晓春、吴越译，法律出版社 2005 年版。

35. ［德］维尔纳·弗卢梅：《法律行为论》，迟颖译，法律出版社 2013 年版。

36. ［奥］维特根斯坦:《哲学研究》,陈嘉映译,商务印书馆 2016 年版。

37. ［德］温弗里德·哈斯默尔、乌尔弗里德·诺伊曼、弗来克·萨利格主编:《当代法哲学和法律理论导论》(第 9 版),郑永流译,商务印书馆 2021 年版。

38. ［英］休谟:《人性论》,关文运译,商务印书馆 2016 年版。

39. ［美］约翰·罗尔斯:《正义论》,何怀宏、何包钢、廖申白译,中国社会科学出版社 1988 年版。

40. ［德］亚图·考夫曼:《类推与"事物本质"——兼论类型理论》,吴从周译,学林文化事业有限公司 1999 年版。

41. ［德］考夫曼:《法律哲学》,刘幸义等译,法律出版社 2004 年版。

42. ［德］J. H. 冯·基尔希曼:"作为科学的法学的无价值性——在柏林法学会的演讲",赵阳译,载《比较法研究》2004 年第 1 期。

43. ［美］朱尔斯·科尔曼、斯科特·夏皮罗主编:《牛津法理学与法哲学手册》,杜宴林等译,上海三联书店 2017 年版。

（四）学位论文

1. 吕玉赞:"'把法律作为修辞'理论研究",山东大学 2015 年博士学位论文。

2. 谢潇:"私法拟制论:概念、源流与原因",厦门大学 2016 年博士学位论文。

二、外文文献

1. Claes Peterson, Praeterea censeo metaphysicam esse delendam, Die Natur der Sache in rechtsrealistischer Fassung, FS Canaris, 2017.

2. Dieter Meurer, Fiktion und Strafurteil. Untersuchungen einer Denk – undSprachform in der Rechtsanwendung, 1973.

3. Detlef Leenen, BGB Allgemeiner Teil: Rechtsgeschäftslehre, 2. Aufl. , 2015.

4. Friedrich Carl von Savigny, Vom Beruf unserer Zeit für Gesetzgebung und Rechtswissenschaft, 1814.

5. Gustav Demelius, Die Rechtsfiktion in ihrer Geschichtlichen Und Dogmatischen Bedeutung: Eine Juristische Untersuchung, 1858.

6. Gustav Radbruch, Die Natur der Sache als Juristische Denkform, 1960.

7. Hans Kelsen, Zur Theorie der juristischen Fiktionen, Mit besonderer Berücksichtigung von Vaihingers Philosophic des Als Ob, Annalen der Philosophie 1, 1919.

8. Hans Vaihinger, Die Philosophie des Als Ob, Raymund Schmidt (hrsg.), 2. Aufl., 1924.

9. Herbert Schambeck, Der Begriff der Natur der Sache, 1964.

10. Hans-Peter Haferkamp, Methodenehrlichkeit-Die juristische Fiktion im Wandel der Zeiten, FS Horn, 2006.

11. Josef Esser, Wert und Bedeutung der Rechtsfiktionen, 2 Aufl., 1969.

12. Karl Larenz, Methodenlehre der Rechtswissenschaft, 6. Aufl., 1991.

13. Karl Larenz u. Claus Wilhelm Canaris Methodenlehre der Rechtswissenschaft, 1995.

14. Kristin Y. Albrecht, Fiktionen im Recht, 1. Aufl., 2020.

15. Larenz/Wolf, Allgemeiner Teil des Bürgerlichen Rechts, 9. Aufl., 2004.

16. Lon L. Fuller, *Legal Fictions*, Stanford University Press, 1967.

17. Manfred Pfeifer, Fiktionen im öffentlichen Recht, inbesondere im Beamtenrecht, 1980.

18. Oliver R. Mitchell, "The Fictions of the Law: Have They Proved Useful or Detrimental to Its Growth?", 7 (1893), 249.

19. Raymund Schmidt (Hrsg.), Die deutsche Philosophie der Gegenwart in Selbstdarstellungen, Bd. 2, 1921.

20. Reinhard Bork, Allgemeiner Teil des Bürgerlichen Gesetzbuchs, 3. Aufl., 2011.

21. Zippelius, Reinhold: Juristische Methodenlehre, 7. Aufl., 1999.

后 记

　　《民法典中的法律拟制规范研究》这篇博士学位论文只是我对民法拟制规范论研究的一个阶段性小结，该文远不是我对民法拟制规范论研究的总结，但其构成我今后研究民法拟制规范论的一个重要起点。该文选题确定于 2020 年 3 月初，开题于2021 年 1 月 8 日，初稿成于 2021 年 11 月 4 日，预答辩于 2022年 1 月 3 日，二稿成于 2022 年 3 月 10 日，正式答辩于 2022 年 5月 22 日。该文从确定选题到正式答辩，共历时约 2 年 3 个月，几乎贯穿我博士研究生的三年时光，基本完整反映了我博士研究生三年的学习心得。在该文的写作过程中，我严格遵循王雷老师对博士学位论文思想性和方法性的要求，完整记录王老师对该文的每一个指导意见并据此不断地反思写作的方向。

　　学术作品的诞生，大多数是艰难的、曲折的，学术作品本身的思想性和方法性也是相对的，我的博士学位论文也是这样。因此，一个成熟的学术研究者和表达者，始终会警惕将内心形成的阶段性学术确信演变成排他性的孤芳自赏。在攻读博士学位的三年里，我对时间流逝的感受强烈而真实。在我工作后，这种时间的流逝感更加强烈，周一和周五之间好像在不断缩短。我记得高考结束的那个夏天，我跟爷爷在老家院子里的核桃树下乘凉，爷爷说他感觉 80 多年的时间一晃而过，几十年前的事好像就发生在昨天。"人生漫长又短暂"这个道理只有在具体的生活和流逝的岁月中才能被逐渐理解。当然，我对博士研究生阶段学术生活的记忆也是明晰而深刻的。我的博士学位论文几乎都是一点点累积起来的，是在请教前辈学者和同龄学友的过程中建构起来的，很难有胸有成竹、一气呵成的畅快感。但是，我在写作过程中，借助三个方法控制我博士学位论文相关命题的可理解性和可讨论性，即以小论文的形式完成每个章节的写作；在繁杂的文献中形成民法拟制规范的脉络和线索；不断追求写作内容的思想性和方法性。

在三年博士生活中，我更加坚信：我的每一点进步很大程度都得益于他人的慷慨与善意，我自己的努力只是最基础的条件。对此，我始终深怀感恩。

感谢我学习和生活过的中国政法大学和中国青年政治学院。在本科和博士阶段，我在中国政法大学度过了 8 年；在硕士阶段，我在中国青年政治学院度过了 2 年。在这期间，我的人格不断完善，理想不断确信。在我本科一年级末，是中国政法大学 60 周年校庆，当时诸多场景我记忆犹新；在我博士三年级末，是中国政法大学 70 周年校庆。我的博士学位论文能够顺利出版，更是离不开中国政法大学的大力支持。

感谢我的导师王雷教授。王老师的为学之道与为人之道值得我终身学习和领会。王老师待人接物宽厚谦和，为学治学严谨朴实。我对王老师始终心怀敬畏、深怀感恩。自 2016 年秋季至 2022 年 6 月，我跟随王老师攻读了硕士学位和博士学位。如果没有王老师的鼓励、指导、关心、支持和帮助，我几乎不可能在自己理想的轨道上进步分毫，我对此完全确信。在诸多关涉我人生转折点的事情上，王老师都给了我最恰当的建议，事后看也是最准确的建议。在王老师的言传身教下，我不断磨练心性，摒弃浮躁，祛除急功近利，逐渐树立实事求是的学术品格。

感谢舒国滢教授。舒老师在我考研时给予了我非常重要的帮助，在我读博期间，舒老师允许我担任本科生研讨课助教，在此期间对我博士学位论文提出了诸多很有启发的建议。我在此深表感谢。

感谢中央财经大学法学院的朱晓峰教授。2016 年秋季，经朱晓峰教授推荐，我得以跟随王雷老师攻读硕士学位。此后，朱老师对我论文写作和诸多困惑多次给予耐心帮助和指导。感谢易军教授，在我读博期间，易老师多次拨冗帮我修改小论文，多次给我写博士学位论文资助等推荐意见，关心我的求职。

感谢中国政法大学 2019 级民商法专业的诸位博士研究生以及其他专业的博士同学，我们经常一起讨论和交流学术问题。感谢诸位留学德国的博士同学慷慨而友好地为我提供了很多法律拟制的德国文献。

感谢我的家人和亲人们，家人和亲人是我坚强的后盾，他们在我遇到困难的时候主动、积极提供援助，这让我倍感温暖，他们身上朴素、谦虚、包容、上进的品格深刻影响着我。

人是非常有限的，人的强大和力量有很大一部分来源于意志的扩张力。人类的生存面临着很多复杂的挑战，常怀敬畏之心是如此的必要，用爱和善良让绝大多数人不至于太不幸也是如此的必要。

李伟伟

2023 年 6 月 8 日于北京市门头沟区